대통령과
종교

대통령과 종교

종교는 어떻게 권력이 되었는가?

백중현 지음

인물과
사상사

책머리에

내가 '대통령과 종교'에 관심을 갖게 된 건 김영삼이 대통령에 당선된 1992년 제14대 대선 때다. 김영삼 장로를 대통령으로 만들자는 이슈는 개신교 내부에서 커다란 반향을 불러일으켰다. 당시 종교 전문지 기자로 있던 나는 이승만에서 김영삼까지 대통령 5명의 종교와 정치 성향을 다룬 특집 기획을 준비하고 있었으나 사정상 외부 매체에 기고하는 수준에서 끝이 났다.

그로부터 15년이 흐른 지난 2007년 제17대 대선에서 놀랍게도 그때와 동일한 현상이 반복되고 있다는 사실을 발견했다. '김영삼 장로 대통령 만들기' 구호는 '이명박'으로 사람 이름만 바뀌었을 뿐 여전히 개신교는 힘을 발휘하고 있었다. 김영삼 장로가 대통령이 된 것과 마찬가지로 이명박 장로가 또다시 대통령에 당선된 것이다. 이번에는 김영삼이 대통령에 당선된 때와는 비교도 되지 않을 만큼 압도적 표차였다.

대한민국이 건국된 이후 현재까지 대통령은 11명이다. 이 중 재임 기간이 짧은 윤보선(1년 8개월)과 최규하(8개월)를 제외하면 실제로는 9명이다. 이들을 종교별로 보면 개신교가 3명(이승만, 김영삼, 이명박)으로 가장 많고, 불교 1명(노태우), 천주교 1명(김대중)이다. 이들은 비교적 뚜렷한 종교적 색체를 드러냈다. 반면 전두환과 노무현은 취임 전 천주교인이었으나 퇴임 이후 불교와 가까운 모습을 보이는 등 '성향' 수준에 머물렀다. 최초의 부녀 대통령인 박정희와 박근혜는 공식적으로 종교가 없다.

대통령들이 얽어간 종교 관련 사건들은 일반 정치적 사건을 방불케 할 만큼 다양하고 그 자체로 흥미롭다. 개신교 대통령일 때는 불교계를 중심으로 한 종교 편향 논란이 일었으며, 군사독재정권은 체제 유지를 위해 종교계와 유착하기도 하고 때로는 종교를 탄압하기도 했다. 진보정권이 들어서자 보수 종교인들은 가장 큰 반정부 세력이 되기도 했다. 또 정권의 종교색이 바뀔 때마다 구설수에 오른 '청와대 불상', 계속해서 논란의 중심에 있는 '국가조찬기도회' 등 정권마다 그야말로 다양한 종교 관련 이슈들이 있었다.

대통령과 종교는 뗄레야 뗄 수 없는 관계를 맺어왔다. 대표적 종교가 개신교다. 개신교는 이승만·박정희·전두환·노태우·김영삼 때까지 정권과 밀착 관계를 맺으며 자신의 몸집을 키워나간 정권의 수혜자였다. 그 후 진보정권인 김대중·노무현 정권과 갈등을 빚기도 하고, 개신교 대통령인 이명박을 압도적 표차로 당선시켰다. 종교가 대통령을 만들 수 있는 '권력'이 될 수 있음을 보여준 것이다. 이게 시사하듯, 개신교 130년의 역사는 그야말로 '성장의 압축판'이라고 볼 수 있다. 그 과정은 상당히 정치적이었다.

이 책은 개념서나 학술서가 아니기 때문에 독자들이 부담 없이 읽을 수 있을 것이다. 이를 위해 되도록 쉽게 쓰려고 하다 보니 부득불 복잡한 내용을 단순화한 부분이 없지 않다. 또 기독교 대신 개신교라는 용어를 사용한 것은 천주교와 혼동을 방지하기 위해서다. 마지막으로 이 책은 개인의 믿음과 신앙에 관한 책이 아니다. 단지 종교와 권력의 관계에 초점을 맞추었다. 따라서 이 책을 종교의 본질이나 신앙 문제로 연결시키지 않았으면 한다. 바쁜 와중에도 원고 정리에 힘써 준 아내에게 감사한다.

서울 평창동에서

백중현

개신교는
어떻게
성장했는가?

개신교는 축복받은 종교다. 적어도 한국에서 이룩한 '압축성장' 측면에서는 그렇다. 잘 맞아 돌아가는 톱니바퀴처럼 한국 현대사의 변화의 시기마다 우연찮게 개신교에 기회가 생겼다. 일제가 물러난 해방 공간에서 모든 종교는 동일한 출발선상에 있었지만, 해방군으로 들어온 미군에 의해 개신교의 독주는 이미 예견된 것이나 다름없었다. 개신교는 역사적으로 6번의 계기를 통해 급성장해왔고, 이는 개신교의 정치화와 권력화를 부른 요인이 되었다.

첫째, 서양의 종교인 개신교가 한국에 뿌리내릴 수 있었던 계기는 '안전지대'의 역할 때문이었다. 청일전쟁(1894~1895)과 러일전쟁(1904~1905) 등 서구 열강의 각축장이 된 한반도에서 거의 유일한 치외법권 지역은 교회였다. 당시 팍팍한 삶을 살았던 조선 민중에게 개신교는 '힘의 종교'로 인식되었고, 이 때문에 사람들이 교회로 몰려들기 시작했다.

둘째, 개신교는 해방 정국에서 주도권을 쥔 미국의 종교였다는 점이다. 한반도에서 마지막 제국전쟁인 미일 전쟁에서 미국이 승리했다는 것은 개신교에 대단한 행운이었다. 일제강점기 말 거의 소멸되어가던 개신교가 주류 종교로 등극하는 계기가 되었기 때문이다. 개신교는 한반도에 진주한 미군정의 도움으로 압축성장의 기틀을 마련할 수 있었다. 그것은 통역정치, 적산 배분, 개신교 대통령 등 3가지 특혜 위에서 마련되었다. 당시 영어가 가능했던 대부분의 사람은 개신교인으로, 이들이 미군정에 참여하면서 개신교의 정치적 영향력을 급속히 확대시켰다. 또 일본이 남기고 간 적산 배분 과정에서 개신교는 유리한 위치에서 분배를 받아 경제적 기틀을 마련했다. 마지막으로 미국 유학파 출신의 이승만이 초대 대통령 자리에 오르면서 개신교는 국가의 법과 제도적 지원 아래 성장가도를 달릴 수 있었다.

셋째, 6·25전쟁이다. 6·25전쟁은 개신교에 또 한 번의 성장의 계기였다. 6·25전쟁을 계기로 북한의 개신교인들이 대거 월남하면서 갑작스런 숫적 증가와 함께 개신교의 중심축이 북한에서 남한으로 이전했기 때문이다. 당초 개신교는 북한 지역 편중 현상이 두드러졌는데, 공산정권과 대립한 북한 개신교인들의 월남으로 인해 한반도 종교 지형이 바뀌었던 것이다. 이로 인해 북한은 개신교 소멸국가로, 남한은 갑작스런 부흥국가로 탈바꿈하며 남북 모두 비정상적인 종교 형태를 갖게 되었다. 이 때문에 남한의 개신교는 반공이라는 분명한 정체성을 갖게 되었으며, 이는 다음에 등장할 군사독재정권과 연결되는 중요한 '끈' 역할을 한다.

넷째, 군사독재정권의 등장이다. 군사독재정권과 개신교는 '반공과 친미'를 교집합으로 삼아 절묘한 협력 관계를 이루었다. 애초 박정희의 군부 세력은 개신교에 우호적이지 않았다. 당시 군부 세력 내에는 불교 신자가 많았는데, 이들은 이승만의 노골적인 친개신교 정책 때문에 개신교에 대한 반감이 많았다. 그렇지만 개신교와 군사독재정권은 하나의 끈으로 연결되었다. 바로 '반공'과 '친미'였다. 정권의 기반이 취약했던 군사독재정권은 반공을 최우선 과제로 삼을 수밖에 없었고, 또 미국의 지지와 지원도 절실했다. 이 둘을 모두 가진 최대 조직이 바로 개신교였다. 이에 개신교는 박정희·전두환·노태우의 군사정권과도 돈독한 유대 관계를 형성하며 지속적인 성장을 추구해나갈 수 있었다.

다섯째, 빠른 속도로 진행된 산업화다. 1970~1980년대의 산업화는 개신교에 하늘이 내려준 절호의 성장 기회였다. 이 시기 개신교는 농촌을 떠난 농민과 도시 빈민들을 흡수하며 폭발적 성장을 해나갔다. 당시 개신교에는 보수교회 중심의 교회성장운동과 진보교회 중심의 민중교회운동이 있었는데, 두 흐름 모두 교회 성장을 이끈 동력이 되었다. 한쪽에서는 개인의 아픈 영혼을 치료하면서, 한쪽에서는 소외된 약자들의 목소리를 대변하며 농민과 도시 빈민들을 흡수해갔던 것이다. 또한 대형 집회를 계기로 도시 중산층들도 교회로 유입되면서 개신교는 더 없는 호황기를 누렸다.

마지막으로 개신교는 1990년대 이후 활성화된 직선제를 통해 정치적 영향력을 극대화할 수 있었다. 1987년 6월 민주항쟁이 가져다준

열매인 직선제는 개신교에 또다른 선물을 안겼다. 권력이 총구가 아닌 선거에서 나오는 상황에서 이미 대형화되고 조직화된 개신교의 정치적 영향력은 더욱 거세졌다. 대통령 선거는 물론 지역을 기반으로 하는 국회의원, 지방자치 단체장들의 교회 방문이 잇따르기 시작했던 것도 이때부터다. 개신교는 특히 막강해진 정치적 영향력을 토대로 정권과 대립하거나 정권을 창출하기도 했다. 개신교는 김대중 · 노무현 정부 등 진보정권이 들어서자 보수 세력을 리드하며 대정부 투쟁을 주도했으며, 보수 개신교 장로를 대통령으로 만들며 그 힘을 과시했다. 개신교만의 독자적인 정당인 '기독교 정당'을 만들며 독자 정치 노선을 걷기도 했다

이렇듯 개신교는 역사적 고비마다 성장을 거듭해왔다. 그리고 그 성장은 개신교 권력화로 귀결지어졌다. 역사에서 '가정'은 무의미하다지만 한번쯤 뒤집어 생각해보면 그 의미가 더욱 확연해진다. 미일 전쟁에서 일본이 승리했다면? 6 · 25전쟁이 일어나지 않았다면? 군사독재정권이 들어서지 않았다면? 급격한 도시화와 산업화가 일어나지 않았다면? 선거정치가 활성화되지 않았다면? 과연 현재와 같은 성장과 권력화가 가능했을까? 이런 가정이 시사하듯이 한국에서 개신교의 성장은 '역사적 축복'이라 불러도 손색이 없다.

이 책은 역대 대통령들의 종교 성향, 종교 정책, 종교적 사건을 대통령 재임 시기별로 살펴볼 것이다. 대통령과 종교 이야기를 읽다가 보면 필시 그들을 관통하는 흐름을 발견하게 된다. 그것은 앞서 살펴본 6번의 계기를 통한 '개신교의 권력화'다. 굴곡진 한국 현대사가 만

들어낸 권력과 종교의 유착은 서양 종교인 개신교를 130년 만에 권력의 최정점에 세우는 위력을 발휘했다. 지금부터 개신교가 어떻게 빠른 속도로 권력화할 수 있었는지, 한국 현대사를 통과하면서 권력과 어떤 관계를 맺었는지 이야기하고자 한다.

제1장 해방 전후 | 개신교, 압축성장의 기틀을 다지다

제2장 이승만 | "한국을 완전한 예수교 나라로 만들겠다"

제1장

해방 전후

개신교, 압축성장의 기틀을 다지다

미국의 영향력 아래 놓이다

　세상에 알려지지 않은 조용한 아침의 나라 조선을 깨운 것은 서양의 함대였다. 이들은 조선과 병인양요(1866)와 신미양요(1871) 등 두 차례의 전투를 치른 후, 얼마 지나지 않아 군함과 무기 대신 십자가와 『성경』을 들고 나타났다. 조선에 공식 선교사가 상륙한 때는 1884년으로, 헨리 아펜젤러Henry G. Appenzeller(감리교)와 호러스 언더우드Harace G. Underwood(장로교) 선교사가 처음이었다. 이 시기 여러 나라가 선교사를 파견했지만 가장 많은 수의 선교사를 파견한 나라는 미국이었다. 해방 이전 활동했던 선교사의 65.9퍼센트가 미국인 선교사였으며, 영국인(13.0퍼센트)과 캐나다인(6.3퍼센트)이 그 뒤를 이었다.[1]

　이 때문에 한국 개신교는 미국 개신교의 영향력 아래 있었다. 특히 미국 장로교회는 해방 이전 선교사의 34.6퍼센트를 차지하며 한국 개신교의 신앙적 특성에 많은 영향을 미쳤다. 미국 감리회가 26.3퍼센트, 구세군이 8.1퍼센트, 오스트레일리아 장로회가 5.5퍼센트, 영국 성공회가 5퍼센트를 차지했다.[2] 이는 근본주의, 경건주의, 교파주의로 요약된다.

근본주의는 『성경』은 글자 하나에도 오류가 없다고 여기며, 『성경』에 나오는 모두를 사실로 믿는 일종의 교리수호운동이다. 미국에서 이 운동을 주도한 교파가 장로교단이었다. 보수 성향의 장로교단 선교사들이 선교사역을 주도하면서 한국 개신교회에 경건주의 특성도 심어졌다. 이로 인해 한국 개신교에는 교회의 사회적 역할보다는 개인의 '영성 체험'을 더욱 중요시하는 경향이 만들어졌다. 김진호 목사는 "미국인 선교사들이 한국인 성직자들을 낮은 지적 수준에 묶어 두는 대신 강렬한 영적 체험을 중시하는 경향을 띄게 만들었다"고 지적했다.[3]

또한 미국은 피선교국 한국에 교파주의를 심었다. 유럽은 영국 성공회, 독일 루터교회 등 국가와 교회를 하나로 보는 '국가교회주의'를 택하고 있다. 반면 미국은 한 나라 안에 장로교, 감리교, 침례교 등 여러 교파가 나눠져 있는 교파주의 국가다. 미국의 이런 교파주의에 영향을 받은 한국 개신교는 이슈와 갈등이 있을 때마다 교파가 분열되어 왔다. 2008년 기준 등록된 개신교 교단만 124개나 되는 것도 이 때문이다.[4]

한신대학교 교수 강인철은 "한국에 상륙한 개신교는 유럽형의

'국가교회'가 아니라 미국형의 '교파교회'였다. 따라서 선교사들에 의해 한 교파 내의 분파들조차 그대로 이식되었다. 1940년 서구의 외국 선교사들이 직접 이식한 개신교 교파는 장로교 4개, 감리교 2개를 포함해 모두 12개, 일본 개신교 교회들이 한국에 진출한 교파는 6개, 외국 선교부와 간접적인 관계를 맺거나 독립한 교파는 13개로, 모두 30여 개 교파에 달했다"고 말했다.[5]

개신교가 뿌리내릴 수 있었던 힘

서양의 종교인 개신교가 한반도에 빠르게 뿌리를 내릴 수 있었던 것은 교회가 조선 민중들에게 '안전지대'의 역할을 해주었기 때문이다. 청일전쟁-러일전쟁-외교권 박탈-군대해산-일제에 의한 강제 병합 등 구한말 불안정한 정치 상황 속에서 조선 민중들에게 교회는 도피처로 인식되었다. 당시 선교사들이 운영하는 교회는 '치외법권적 특권'을 누리고 있었기 때문이다. 서양의 한 종군기자가 전하는 당시의 상황을 보자.

"1904년 초 한겨울에 시작된 전쟁은 매서운 바람을 쏟아내는 산속으로 사람들을 몰아냈다. 북진하는 일본 군대를 맞이한다는 게 무엇을 의미하는지를 대중은 충분히 알고 있었다. 저들은 사람들을 징발할 뿐 아니라 가옥을 약탈하고 불사르고, 여인들을 성폭행하며 저항하는 이들을 무자비하게 처형하는 등 군대 폭력은 전쟁 2년간 자행되었다. 하지만 조선 정부는 자국의 양민들을 보호할 능력도 의지도 없었다. 이런 상황에서 오직 맨몸으로 전쟁을 견뎌야 했던 이들은 군대의 폭력, 추위, 전염병, 기근을 스스로 감내해야 했다. 이때 많은 이들이 교회로 몸을 위탁하며 들어갔다."[6]

1900년부터 북장로교 선교사로 내한해 활동한 찰스 샤프Charles E. Sharp도 "기독교로 오는 많은 사람들이 갖고 있는 첫 번째 동기는 보호와 힘에 대한 욕구이다. 시기가 불안정한 까닭에 사람들은 서로 도움을 얻기 위해 상호 결속하였다"고 말했다.[7]

실제 평안도 등 서북지역에 '개신교 편중 현상'이 나타난 것도 이와 무관치 않다. 이만열은 "농민전쟁과 청일전쟁, 러일전쟁의 격전장이었던 평안도 지역민들은 전쟁의 참화로 회복할 수 없을 정도의 막대한 물적·인적 피해를 겪으며 생존의 위협을 받아왔다. 1906년 평양교회의 교인수가 급증했는데, 이 사실은 많은 사람들이 암울한 상황에서 희망과 위로를 찾아 교회로 몰려왔음을 말하며, 그것이 이어지는 대부흥운동의 정서적 기반을 형성했음을 의미한다"고 강조했다.[8]

전쟁에서 이긴 나라의 종교

한반도를 둘러싼 마지막 제국전쟁인 미일 전쟁이 미국의 승리로 끝난 것은 한국 개신교 역사를 통틀어 가장 중요한 사건으로 기록될 것이다. 일본의 탄압으로 존폐의 기로에 섰던 개신교가 미국의 승리로 대반전을 이루었고, 나아가 압축성장의 기틀까지 마련했기 때문이다.

태평양전쟁에서 미국이 일본에 승리하면서 한국의 개신교는 압축성장의 기틀을 마련할 수 있었다. 미군의 미주리함에서 맥아더가 지켜보는 가운데 종전을 알리는 항복 문서에 서명하고 있는 일본 대표.

일제강점기 말 조선총독부는 미국인 선교사 전원 추방, 개신교 신사 참배 강요, 교단의 인위적 통합, 군소교단 해산, 『성경』과 『찬송가』의 부분적 사용 금지 등 개신교 말살 정책을 진행하고 있었다. 미일전쟁이 미국의 승리로 끝나자 한반도에는 잠시 종교적 공백 상태가 형성되었다. 조선이 장려했던 유교, 일제가 심은 신사, 전통적인 불교, 짧은 역사의 개신교 모두 다 새로운 출발선에 있었지만 이미 개신교의 독주가 예견되고 있었다.

해방이 되자 일제에 의해 추방되었던 미국인 선교사들이 속속 재입국했다. 선교사들은 미군정의 고문 역할을 수행하면서 일제에 의해 해체되거나 강제 통합된 교단을 재건해나갔다. 미군정은 '효과적인 군정'을 위해 한국의 문화와 역사, 언어와 풍습을 이해하는 선교사들의 도움이 필요했기 때문이다. 이런 맥락에서 주한미군 사령관 존 하지John R. Hodge는 선교사들의 귀환을 요청했다. 미국의 해외선교 단체들로 구성된 '해외선교한국위원회'는 1945년 10월 15일 회합에서 한국 선교를 재개하기로 공식적으로 합의했다.[9]

선교사들이 종교 영역뿐만 아니라 미군정을 도와 건국 과정에도 깊이 개입했다는 사실은 중요한 의미를 갖는다. 개신교가 국가 재건 과정에 참여할 수 있는 기회가 생겼기 때문이다. 이는 향후 개신교의 권력화를 만든 씨앗이었던 셈이다.

미국은 왜 개신교에 특혜를 주었나?

해방 이후부터 1948년 8월 15일 건국까지 3년은 개신교에 매우 중요한 시간이었다. 모든 것이 시작이었던 이 시기, 개신교는 미군정의 지원으로 압축성장의 기틀을 마련했기 때문이다. 이는 크게 '통역정치'와 '적산敵産 배분', '개신교 대통령'의 3가지 요소로 볼 수 있다. 개신교는 '통역정치'를 통해 정치적 영향력을, '적산 배분'을 통해 경제적 기틀을, '개신교 대통령'을 통해 제도적 특혜를 받으며 짧은 기간 성장의 기틀을 마련하는 데 성공했다.

통역정치라는 용어는 미군정의 통역을 담당하며 정치력 영향력을 행사한다는 의미로 쓰인 말이다. 당시 미군정은 군정 통치를 위해 영어를 할 줄 아는 한국인을 찾고 있었는데, 이들의 상당수가 개신교 인들로 채워졌다. 당시 개신교는 영어를 구사할 줄 아는 미국 유학파 출신의 엘리트를 가장 많이 보유한 집단이었다.

또 미군정에 참여한 선교사들의 개신교인 발탁도 개신교의 미군 정 참여율을 높인 계기가 되었다. 미군정 통치자인 존 하지는 한국에 서 활동하던 선교사들의 도움이 절실하다고 판단했다. 그는 일제강점 기 말 추방당한 조지 윌리엄스George Williams 목사를 농업 고문으로, 호러스 언더우드를 군정 고문 자격으로 앉힌데 이어, 1945년 11월에 는 미 국무성에 선교사 10여 명을 더 보내줄 것을 요청하는 등 선교사 들을 적극 활용했다. 이에 따라 선교사들과 친분이 있는 개신교인들 의 미군정 참여가 확대되었다.

이는 당시 미군정 부처장 19명 중 11명이 개신교인이었으며,[10] 1946년 미군정 최고위직에 임명된 한국인 50명 중 35명(70퍼센트)이 개신교 신자였다는데서 알 수 있다. 해방 당시 개신교인의 비율이 전 체 인구의 1퍼센트도 안 되었던 점을 감안하면 높은 수치다.

"당시까지만 해도 미국 유학생과 영어를 구사할 수 있는 사람들 을 가장 많이 배출한 집단이 교회였다. 따라서 미군정에서 일한 한국 인 관료들 중에 기독교 신자가 많은 것은 자연스런 현상이었다.……
많은 기독교인들이 미군정의 관료나 통역으로 일하며 이른바 '통역 정치'를 통해 해방 정국에서 영향력을 미쳤다."[11]

한국 개신교가 압축성장의 기틀을 마련한 두 번째 계기는 적산 배분이다. 적산은 일본이 소유했던 재산으로, 이를 불하하는 과정에서 개신교는 미군정의 특혜를 받았다. 일본 종교 단체들이 남기고 간 자리에 100개가 훨씬 넘는 기독교 시설이 들어섰는데, 특히 일본신사와 조합교회의 재산은 거의 대부분 개신교에 불하되었다. 개신교는 이를 두고 "하나님의 특별한 은총인 동시에 기독교의 승리"라고 기뻐했다.[12] 이와 관련 허명섭은 "많은 귀속재산들이 미군정 당국의 주관에 따라 불하되는 경우가 많았다. 따라서 당시 종교 단체들 중 미군정에 대해 가장 높은 접근 능력을 가졌던 기독교가 미군정의 임의적인 귀속재산 불하정책에 가장 많은 혜택을 입었을 가능성이 크다"고 해석했다.[13]

월남 목사인 김재준 목사와 한경직 목사 등은 미군정의 도움으로 일제의 천리교 재단을 접수해 교회를 세웠다. 당시 서울 시내에는 40여 곳의 천리교 포교당이 있었는데, 천리교 본부가 있던 용산 동자동에는 조선신학교와 성남교회가 만들어졌고, 가장 큰 천리교회가 있던 저동에는 영락교회가, 두 번째 큰 천리교회가 있던 자리에는 경동교회가 설립되었다. 해방 후 10년간 설립된 교회 2,000여 개 중 90퍼센트 이상이 월남자 교회였다는 점은 일제의 적산이 교회 건립에 유용한 기본 자산으로 쓰였다는 것을 보여준다. 이 같은 혜택은 초기 개신교의 경제적 기틀을 마련하는 데 큰 도움이 되었다. 당시 적산 불하로 세워진 교회는 〈표 1-1〉과 같다.[14]

미군정이 개신교에 특혜를 준 것은 타종교에 비해 일제의 탄압을 많이 받은 종교라고 인식했기 때문이다. 또 공산주의와 싸우다 월남한 개신교인들에 대한 배려도 있었다. 신앙의 자유를 찾아 내려온 북

〈표 1-1〉 적산 불하로 세워진 교회

교회	적산 형태	교회	적산 형태	교회	적산 형태
장로교					
경동교회	천리교	남영교회	적산대지	노량진교회	적산가옥
농천교회	적산가옥	다사교회	적산건물	대구동부교회	천리교
대구서부교회	적산건물	대구신암교회	적산건물	대봉교회	적산건물(대지)
대전제이교회	적산가옥	대전중앙교회	신사(금광교)	도림교회	적산대지
목포남부교회	적산건물	반야월교회	신사	보광동교회	적산건물
부산광복교회	일본인 교회	부산부전교회	적산건물	부산서문교회	적산건물(교회)
부산온천교회	적산건물	부산중앙교회	일본인 교회	목동대흥교회	적산가옥
상애교회	일본인 기지	서대문교회	적산가옥	서소문교회	천리교
서울성남교회	천리교	창립북부산교회	적산부지	수원교회	불교사찰
신흥교회	일본인 교회	영락교회	천리교	영암교회	적산대지
오류동교회	적산가옥	옥천교회	적산건물	완도제일교회	불교사찰
원당교회	적산건물(창고)	유천교회	적산대지	이리신광교회	적산대지(농장)
이리제일교회	사찰(서본원사)	인천제일교회	일본인 교회	전성교회	일본인 교회
전주덕진교회	적산건물	제일신마산교회	신사	제일진해교회	적산가옥
진주성남교회	적산건물	춘천동부교회	적산가옥	충무교회	적산건물(병원)
포항중앙교회	신사	하양교회	적산건물(주재소)	향린교회	적산건물(향린원)
황동교회	적산가옥				
성결교					
공주교회	일본인 사원	강릉교회	적산대지	군산중앙교회	불교사찰(대지)
논산교회	적산가옥	독립문교회	동회사무소	만리현교회	적산건물
모리아교회	일본인 사원	밀양교회	청년연맹사무실	상도교회	적산건물
서면교회	적산공장(창고)	성북교회	적산대지	수원교회	불교사찰(대각사)
안성교회	적산가옥	연희동교회	적산건물	영도교회	적산가옥
완주교회	불교사찰	인천중앙교회	적산가옥	장충단교회	일본인 교회
전주교회	불교사찰(쌍전사)	조치원교회	불교사찰	천안교회	불교사찰

개신교, 압축성장의 기틀을 다지다

체부동교회	제과공장	춘천중앙교회	불교사찰(본원사)	홍성교회	적산건물
홍성성결교회	불교사찰(운흥사)	활천교회	적산대지	후암백합교회	적산가옥
감리교					
부천제일교회	불교사찰(대지)	의정부교회	신사	아천감리교회	신사
인천중앙교회	신사	김천교회	신사(금광사)	남산교회	일본인 교회
주안교회	적산가옥	대구제일교회	적산가옥	부산제일교회	적산가옥
감람교회	적산가옥	숭의교회	적산건물(대지)	석교교회	적산건물
유성교회	적산대지	동해교회	적산대지	인천성산교회	신사(천리교)

한 개신교인들은 예배 처소를 얻기 원했고, 미군정은 이들을 배려해 주었다. 또 영어를 구사할 수 있는 인재가 많은 개신교 특성상 타종교에 비해 유리한 협상을 벌일 수 있었다.

마지막으로 개신교가 압축성장의 기틀을 마련한 세 번째 요소는 '개신교 대통령'이다. 첫 번째 대통령이 개신교인이었다는 점은 상당한 의미를 갖는다. 나라의 기틀이 세워지던 초기에 그가 어떤 정책을 쓰느냐에 따라 향후 미칠 파장이 크기 때문이다. 제2장에서 살펴보겠지만 목사로 통할 만큼 독실한 신자인 이승만은 정교일치를 꿈꾸며 개신교에 특혜 정책을 쏟아냈다. 이에 따라 개신교는 건국 초기부터 빠르게 성장의 발판을 만들어나갈 수 있었다. 이승만이 초대 대통령이 될 수 있었던 배경에는 미국이 있었다.

이승만은 그의 인생에서 크게 3번의 계기를 통해 대통령에 오를 수 있었다. 첫째로 한국의 독립을 요청하는 민영환의 밀지를 들고 미국을 방문해 어렵사리 프랭클린 루스벨트 대통령을 만났다는 점이다.

이로 인해 이승만은 일약 유명인사 반열에 오르게 된다. 이는 두 번째 계기인 임시정부 대통령으로 추대되는 이유가 되기도 했다. 미국의 영향력을 인지한 임시정부 인사들이 미국과의 관계를 고려해 이승만을 대통령에 추대했던 것이다.

마지막으로 해방 후 임시정부 인사들이 개인 자격으로 귀국한 반면, 미국에 있던 이승만은 입국 전 일본에 진주하고 있던 태평양지구 사령관 더글라스 맥아더와 면담하고, 맥아더의 전용기를 타고, 그것도 주한미군 사령관 존 하지와 함께 입국했다는 점이다. 맥아더는 존 하지를 일본까지 불러 이승만과 면담케 하고 자신의 전용기까지 내주는 특혜를 베풀었다.[15] 이 때문에 이승만은 귀국하자마자 유명인사가 될 수 있었으며 그 모든 과정에는 미국이 있었다.

제2장

이승만

"한국을 완전한 예수교 나라로 만들겠다"

목사로 불리는 '장로 대통령'

이승만은 개신교 성향이 강한 대통령이다. 그는 미국에서 신학을 공부했고, 미국인들 사이에서는 목사로 불렸다. 1920년대와 1930년대 미군 정보당국 문서들은 그를 '이 목사 Rev. Rhee'로 기록하고 있다. 하지만 이승만의 가족 내력에는 기독교적 배경이 전혀 없다. 이승만은 양녕대군의 16대손으로, 몰락한 양반집 자식이었다. 아버지 이경선은 족보를 공부하는 유학자였고, 시골 훈장의 딸인 어머니는 독실한 불교 신자였다.

그런 그가 개신교를 접한 것은 배재학당에서 신학문을 접하면서부터였다. 11번의 과거시험 실패로 좌절의 시기를 보내고 있던 이승만은 한 친구의 권유로 배재학당에 입학했다. 이승만은 배재학당에서 서재필과 윤치호의 영향을 받고 독립협회와 만민공동회 등에서 정치 활동을 벌여나갔다. 한편으로는 선교사들에게서 영어와 함께 기독교적 이념과 서양의 합리적인 가치관 등도 접했다. 이때까지만 해도 이승만은 개신교를 애국계몽운동 정도로 여겼다.

이승만이 개신교를 신앙으로 받아들인 것은 옥중獄中 회심을 통해서였다. 이승만은 독립운동을 한 혐의로 1899년 경시청에 체포되어 한성감옥에서 5년 7개월을 보냈다. 6개월간의 고문과 독방수감, 언제 처형될지 모른다는 죽음의 공포 속에서 이승만은 심각한 종교적 고뇌를 겪으며 변해갔다. 그의 〈투옥경위서Mr. Rhee's story of His Imprisonment〉에 그런 심정이 잘 드러나 있다.

"나는 감방에서 혼자 있는 시간이면 『성경』을 읽었다. 그런데 선교학교(배재학당)에 다닐 때에는 그 책(『성경』)이 나에게 아무 의미가 없었는데 이제 그것이 나에게 깊은 관심거리가 되었다. 어느 날 나는 선교학교에서 어느 선교사가 하나님께 기도하면 하나님께서 그 기도에 응답해주신다고 했던 말이 기억났다. 그래서 나는 평생 처음으로 감방에서 '오, 하나님 나의 영혼을 구해주시옵소서' 라고 기도하였다. 그랬더니 금방 감방이 빛으로 가득 채워지는 것 같았고, 나의 마음에 기쁨이 넘치는 평안이 깃들면서 나는 완전히 변한 사람이 되었다. 동시에 그때까지 내가 선교사들과 그들의 종교에 대해 갖고 있던 증오감, 그리고 그들에 대한 불신감이 사라졌다. 나는 그들이 우리에게 자기들 스스로 대단히 값지게 여기는 것을 주기 위해서 왔다는 것을 깨달았다." [1]

이승만은 감옥에서 죄수 40여 명을 개신교로 개종시키기도 했으며, 출감 후에는 상동교회와 상동청년회에서 활동을 펼치다가 미국으로 건너갔다. 이승만은 출국 전 유학을 염두에 두고 호러스 언더우드와 윌리엄 스크랜턴William B. Scanton 등 한국에 있는 미국인 선교사들에게서 무려 19통이나 되는 추천서를 받아두기도 했다. 실제 그는 조지워싱턴대학 시절 목사가 되기로 결심하고 학교 측에서 목회 장학금을 받기까지 했다.

이승만은 하와이 망명 시절, 교포 2세들의 민족의식 고취 활동과 함께 호놀룰루와 LA에 교회를 세우는 등 개신교 활동도 열심히 했다. 그는 특히 민족운동과 개신교를 결합한 새로운 정치 실험에 많은 관심을 가졌다. 이후 이는 '대통령 이승만'의 국정운영 철학의 기반이 되었다. 맹청재는 이렇게 말한다.

"이승만은 배재학당과 독립협회 시절에 서재필로부터 많은 영향을 받았는데 유교적 전통을 배격하고, 그 대신 기독교의 바탕 위에 있는 서양 문명을 수용하며, 쓰러져가는 조선의 현실 속에 한국인이 소생할 수 있는 희망의 원천을 '예수교'라 생각하였다. 유학 시절 이승만은 한국민을 위한 기독교 교육에 헌신하겠다고 다짐했으며, 미국에서 독립 활동을 하면서 장차 한국을 '완전한 예수교 나라'로 만들겠다는 생각을 해왔다." [2]

해방 직후인 1945년 11월 정동제일교회에서 열린 귀국 환영대회에서 이승만이 한 다음과 같은 발언은 향후 국정운영의 단초를 암시하고 있다.

"지금 우리나라를 새로이 건설하는 데 있어서 아까 김구 주석의

이승만이 하와이 망명 시절인 1918년에 설립한 '한인기독학원'의 교직원과 학생들.
이승만은 이 학교에서 매일 예배 시간에 설교를 했다.

말씀대로 튼튼한 반석 위에다 세우려는 것입니다. 오늘 여러분이 예물로 주신 이 성경 말씀을 토대로 해서 세우려는 것입니다. 부디 여러분께서도 하느님의 말씀으로 반석 삼아 의로운 나라를 세우기 위해 매진합시다."[3]

"우리 대통령은 신앙자다"

건국 이후 개신교는 대통령 선거에 적극적으로 개입했다. 이승만 집권기에는 1948년, 1952년, 1956년, 1960년 등 모두 네 차례의 정·부통령 선거가 있었다. 이 중 1948년의 선거는 국회의원에 의한

국회 간접선거였기 때문에 국민들이 직접 표를 행사한 선거는 1952년이 처음이었다.

　1952년 제2대 정·부통령 선거에서 개신교는 가장 조직적으로 개입했다. 한국기독교연합회(KNCC의 전신)는 중앙에 기독교선거대책위원회를 조직하고, 그 조직을 각 도道-군郡-개체 교회까지 세분화했다. 대책위는 정·부통령 선거 직전 주일을 '선거 기도일'로 정해 전국적 차원의 기도회를 여는 등 이승만 당선에 앞장섰다. 개신교는 이승만이 국기에 대한 경례를 주목례로 바꾸고, 군종제도를 실시한 친개신교 인물이라는 점을 들어 지지를 호소했다. 1952년 7월 4일자 『기독공보』는 사설을 통해 이승만이 대통령에 당선되어야 하는 이유를 다음과 같이 역설했다.

　"우리의 영도자는 애국자요 실력자요 또한 크리스천이기를 원한다.……우리 대통령은 독재자가 아니요 신앙자다.……매일 아침 5시에 예배드리고 감옥전도제, 종군목사제, 국기주목례를 제정하여 전도의 길을 열어준 신앙자다. 우리 대통령은 한 가지 일에만 독재자다. 공산당 토벌에만 독재자다."[4]

　당시 부통령 선거에서는 개신교 후보자가 난립했는데 9명의 부통령 후보 중 6명이 개신교 후보였다. 특히 장로교의 함태영 목사와 감리교의 이윤영 목사가 부통령 후보로 나와 장로교와 감리교의 교단 간 대결 양상을 보이기도 했다.

　1956년 제3대 정·부통령 선거에서는 이전의 과도한 선거 개입에 대한 자제 움직임이 일어났다. 1952년 정·부통령 선거와 1954년 국회의원 선거에서 보여준 지나친 선거 개입에 대한 자성의 목소리였다. 이에 따라 공식적인 선거운동 조직은 결성되지 않았다. 하지만 비공식 조직인 '정·부통령 선거 기독교중앙회'에 개신교 인사들이 개인적으로 참여하는 방식으로 선거 활동을 지원했다. 기독교중앙회 위원장에 한국기독교연합회 교육국장인 전필순 목사가, 부위원장에 사회국장인 김광우 목사가, 총무에 유호준 목사 등이 참여했다. 이승만의 소속 교회인 정동제일교회는 1956년 1월 이승만을 장로로 선임하고, 3월에는 이승만에게 '3선 출마 호소문'을 보내기도 했다. 3월 22일 감리교 중부연회도 '이승만 박사 재출마 요청 성명'을 내기로 하고 그 위원으로 박현숙, 김활란, 구성서, 이호빈, 박창현을 선출했다.[5] 한편 제3대 정·부통령 선거에서는 부통령으로 감리교 권사인 이기붕과 천주교의 적극적인 지지를 받은 장면이 맞서면서 개신교와 천주교 간의 대결 양상을 보였다.

　　1960년 제4대 정·부통령 선거 때에는 조직 결성보다는 교계 지도자 초청모임이나 호소문 발표 등이 주를 이루었다. 개신교의 과도한 선거 개입에 대한 일반인들의 부정적 인식이 확산되었기 때문이다. 1960년 2월 자유당 주최로 열린 교계 지도자 초청모임에는 개신교 지도자들이 대거 참석해 이승만에게 힘을 실어주었다. 또 이승만과 이기붕은 '전국 교회 150만 신도에게 드리는 호소문'을 발표해 개신교의 적극적인 지지를 당부하기도 했다. 이승만은 선거 도중 민주당 조병옥 후보가 사망하면서 대통령에 당선되었으나, 부정선거 시비와 4·19혁명으로 권좌에서 물러나는 비운을 맞게 되었다.

개신교계는 국회의원 선거에서도 개신교 후보를 지지하거나 직접 입후보시키는 방법으로 선거에 관여했다. 1954년 제3대 국회의원 선거에서는 한국기독교연합회 차원에서 선거구별 대책위를 구성해 입후보자에 대한 교회의 '공인제' 실시를 결의하기도 했다.[6]

개신교 국가를 꿈꾸다

이승만은 한국을 개신교 국가처럼 운영했다. 그는 첫 국회인 제헌의회를 기도로 시작하고, 대통령 취임식 석상에서도 자신의 종교 성향을 자주 드러냈다. 제헌의회 임시의장으로 추대된 이승만은 개회사를 통해 "우리가 오늘 제1차 국회를 열기 위하야 모인 것입니다. 우리가 오늘이 잇게 된 데 대하야 첫째로는 하나님의 은혜와 둘째로는 우리 애국선열들의 희생적 혈전血戰한 공적과 셋째로는 우리 우방들 특히 미국과 유엔의 공의상 원조를 감사치 안흘 수 없는 것입니다"라고 말했다.[7] 이어 이승만은 제헌의회 의원이자 감리교 목사인 이윤영에게 개회 기도를 부탁했다. 당시 이 기도는 모든 의원이 기립한 가운데 진행되었다고 한다. 다음은 국회 개회 기도문의 일부다.

"오랜 시일에 걸쳐 괴로움에 잠겨 있던 이 민족을 보호하여 주시고 인간의 역사를 승리로 이끄시는 하나님께 감격의 이날을 맞게 하여 주시니 감사합니다. 원컨대 우리 민족과 함께 앞으로 기리 독립을 주시고 평화를 세계에 펴게 하시와 자손만대에 빛나는 역사를 전하는 자리가 되게 하여 주소서."[8]

1948년 5월 31일 제헌국회 개원식 장면. 최고령자로 임시의장에 선출된 이승만은 하나님에
대한 기도로 역사적인 첫 회의를 시작했다.

　　이승만은 1948년 7월 24일 열린 대통령 취임식에서도 자신의 결
심을 하나님께 맹세했다. "여러 번 죽었던 이 몸이 하나님의 은혜와
동포의 애호로 지금까지 살아 있다가 오늘에 이와 같이 영광스런 추
대를 받는 나로는 일변 감격한 마음과 일변 감당키 어려운 책임을 지
고 두려운 생각을 금하기 어렵습니다.……오늘 대통령 선서하는 이
자리에 하나님과 동포 앞에서 나의 직책을 다하기로 한층 더 결심하
며 맹세합니다."[9]

이승만은 1952년 8월 15일 두 번째 대통령 취임식에서도 국회의원인 배은희 목사에게 국가의 장래를 위해 하나님께 기도해줄 것을 요청했다. 이게 시사하듯, 그의 종교 성향은 국가 예식에서도 가감 없이 드러났다.[10] 대통령 재임 기간 중에 있었던 이승만의 친개신교적 성향을 말해주는 사건들을 몇 가지 살펴보자.

첫째, 제헌의회 선거일 연기다. 당초 첫 국회의원 선거인 제헌의회 선거일은 1948년 5월 9일 일요일로 정해졌다. 하지만 한국기독교연합회 등 개신교 단체는 이날이 '주일'이라는 이유로 연기를 요청했고, 이에 따라 선거일은 하루 늦춰진 5월 10일 월요일로 연기되었다.

둘째, 국영방송을 통한 선교를 허락했다. 1947년 3월부터 매주 주일마다 국영방송인 서울중앙방송을 통한 복음 전도가 이루어졌다. 각 종교 단체에 주 1회 10분씩 편성되었지만, 다른 종교 단체가 시간을 채우지 못하거나 한 달이 다섯 주간인 경우에는 개신교가 그 시간을 활용하도록 배려했다.[11] 크리스마스에는 특별방송과 예배 생중계 등이 국영방송을 통해 방송되기도 했다.

셋째, 건국 이후 첫 민간방송으로 1954년 기독교방송CBS을 인가했다. 정부 수립 후 설립된 첫 번째 방송국이 기독교방송이었다는 점은 의미하는 바가 크다. 국영방송인 서울중앙방송의 독점 체제에서 첫 민간방송인 기독교방송이 개국하면서 쌍두마차 체제가 형성되었기 때문이다. 『동아일보』 1957년 9월 27일자는 "현재 이 나라 안에서의 주요한 방송은 관영인 공보실 관할하의 서울중앙방송을 비롯한 각 지방 방송국과 예수교의 선교를 주목적으로 하고 있는 기독교방송 등

2대 방송이라고 할 수 있다"고 적었다.[12]

넷째, 이승만은 해마다 성탄 메시지를 발표했는데 1953년 메시지에서는 "남북통일의 숙원들을 또 새해로 미뤄야 하는 오늘! 세계적인 명절날 크리스마스를 또 맞이하는 우리들의 마음속에 언제나 검소하고 경건한 태도의 잔치가 필요할 것이다"라며, "인류들의 평화와 행복을 보다 보장하기 위해 탄생한 예수님의 1953년째 생일잔치를 뜻있게 맞이하자!"고 강조했다. 이승만은 같은 해 '성탄선물과 크리스마스카드를 많이 만들자'는 대국민 담화를 발표했으며,[13] 국회에서 성대한 성탄파티를 열기도 했다.[14]

다섯째, 국기배례國旗拜禮를 주목례로 바꾸었다. 개신교인들이 국기배례에서 일제강점기에 있었던 신사참배의 아픈 기억을 떠올렸기 때문이다. 일제의 강요에 못 이겨 했던 신사참배는 해방 후 개신교계를 심각한 혼란과 자괴감에 빠뜨릴 만큼 큰 사건이었다. 이 때문에 해방 이후 개신교인들 사이에서는 신사참배를 연상시키는 국기배례를 거부하는 일들이 종종 벌어져 사회문제가 되었다.

1949년 3월 경기도 파주의 봉일천초등학교에서 수십 명의 학생들이 국기배례를 거부하는 사건이 발생했다. 당시 국기배례는 일제강점기와 같이 국기에 허리를 굽혀 절하는 방식이었는데, 개신교계는 이것을 우상숭배로 본 것이다. 이 사건으로 학생 42명이 퇴학을 당하자 개신교계는 즉각적으로 국기배례가 일제 잔재의 전형이라며 시정을 촉구하고 나섰다.

한국기독교연합회를 중심으로 각 교단 연석회의를 열고, '국기배례 반대서명운동'에 돌입하기도 했다. 사태가 일파만파 커지자 이승만은 개신교계의 의견을 받아들여, 국기에 대한 의식을 국기배례에서 주목례로 바꾸었다. 1950년 4월 25일 열린 국무회의는 국기에 대한 의식을 '오른손을 왼쪽 심장에 대고 국기를 주목'하는 방식의 주목례로, 구령은 배례에서 주목으로 바꾸기로 최종 확정했다. 국무회의 결의 이후 퇴학당한 초등학생 42명은 전원 복교 조치되었다.

기독교방송과 극동방송

최초의 방송국은 1927년 조선총독부에 의해 만들어진 경성방송국이다. 경성방송국은 1948년 이후 서울중앙방송으로 이름을 바꾸고 국영방송의 역할을 한다. 서울중앙방송에 이어 만들어진 두 번째 방송은 1954년에 설립된 기독교방송이다. 건국 이후 설립된 최초의 방송이자 첫 민간방송이다. 이승만은 기독교방송에 기독교 관련 내용뿐 아니라 시사, 뉴스, 교육 등의 편성을 허용해 개신교에 사실상의 종합방송국 허가를 내주었다. 기독교방송에 대한 방송 허가는 이승만의 도움으로 성사될 수 있었다. 당시 이를 추진했던 엄요섭 목사는 이렇게 말했다.

"그때 체신부 장관이 군산교회 장로였던 윤석구였는데, 과거 애국운동을 한 사람으로 기독교방송 설립에 매우 적극적이어서 전파사용 허가는 쉽게 받았습니다. 그러나 사설방송 허가는 공보처로부터 받아야 하는데 공보처에서는 지금 상황으로는 민영방송을 설립할 필

| 1954년 설립된 건국 이후 최초의 민간방송인 기독교방송.

요가 없다면서 반대했습니다. 그때 마침 이승만과 친분이 두터운 김
모 목사를 찾아가 사정을 말씀드렸더니 기꺼이 협력해주겠다고 했습
니다. 그 후 김관식 목사가 이승만 대통령을 면담해 마침내 민영방송
에 대한 허락을 받았습니다."[15]

기독교방송 개국 2년 뒤인 1956년에는 극동방송이 만들어졌는
데, 이는 선교사 파송이 불가능한 극동지역 주민과 국민들에게 복음
을 전하기 위해 만들어진 개신교 복음방송이었다. 그러니까 건국 이
후 첫 번째와 두 번째로 만들어진 방송이 모두 개신교가 운영하는 방
송이었고, 또 이 두 방송은 이승만 집권기에 허가된 방송이기도 했다.
KBS · MBC · TBC 등 공중파 3대 방송 체제가 만들어진 것은 1960년
대 들어서다. 불교방송(불교)과 평화방송(천주교) 등 타종교 방송은 기
독교방송이 설립된 지 36년이 지난 1990년에서야 설립되었다.

이승만의 개신교 특혜 정책

이승만의 재임 기간에 개신교에 유리한 정책들도 쏟아졌다. 군대와 교도소, 경찰서에 개신교 선교를 할 수 있는 권한을 주어 국가 기관과의 밀접한 연결 통로를 만들어주었다. 또 개신교 기념일인 크리스마스를 공휴일로 지정하는가 하면, 해외지원 자금을 자유롭게 사용할 수 있는 종교불宗敎弗의 계정 간 이체를 허용해 금전적 혜택을 주기도 했다. 종교불은 종교 사업을 위해 해외 단체에서 우리나라의 종교 단체에 보내온 달러를 말한다. 이 시기 개신교계에 제공된 특혜는 다음과 같다.

첫째, 군종軍宗(군목)제도의 시행이다. 군대에서 개신교 선교를 가능케 한 군종제도는 6·25전쟁 중인 1951년 처음 실시되었다. 6·25전쟁이 발발하자 감리교 선교사 윌리엄 쇼William Show 등은 이승만에게 군종제도의 필요성을 역설했다. 이승만은 군에서는 피복·식량 등 병참 관계만 담당하고, 모든 경비는 각 종단에서 분담한다는 조건으로 승인했다. 이에 따라 1951년 2월, 성직자 32명이 군목으로 입대해 군종제도가 시작되었다. 이후 군종제도는 1969년 불교계의 참여가 있을 때까지 개신교에 의해 독점적으로 운영되었다.

1954년 군종 현황을 보면 개신교가 87.8퍼센트, 천주교가 12.1퍼센트로 나타나 개신교 편중 현상이 뚜렷함을 알 수 있다. 이런 수치는 10년 후인 1964년 5월 조사에서도 동일했다. 군목 586명 가운데 개신교인 비중이 87퍼센트 이상이었다. 장로교 301명(51.3퍼센트), 감리교

군대에서 선교를 가능하게 한 군종제도는 이승만이 개신교에 특혜를 준 대표적인 정책이다.
6·25전쟁 중이던 1951년 4월 18일의 군종목사 1기 수료식.

© 한국기독교역사연구소

131명(22.3퍼센트), 성결교 77명(13.1퍼센트), 구세군 4명(0.6퍼센트)이었다. 이에 반해 천주교는 73명(12.4퍼센트)에 불과했다. 불교계는 군종제도 시행 18년이 지난 1969년이 되어서야 참여할 수 있었다. 주목할 만한 사실은 군종제도는 군과 개신교를 연결시킨 중요한 통로가 되어 향후 등장할 군사독재정권과 개신교가 협력할 수 있었던 배경이 되었다.

둘째, 형목刑牧제도의 시행이다. 당초 교도소 선교는 일본 불교가 독점하고 있었는데, 해방 후 개신교가 교도소 선교 사업 참여를 희망했다. 당시 미 군정청 인사행정 처장이던 정일형 목사는 1945년 11월 개신교의 요구를 받아들여 법무부 내에 형정과刑政科를 만들고 초대과장에 장로교의 김창덕 목사를 임명했다. 전국 18개 형무소 교무과장 직에는 장로교 목사 13명과 감리교 목사 5명 등 모두 개신교 목사를 임명했다. 특히 형무소 목사가 정식 '공무원'으로 임명되면서 개신교 특혜 논란을 불러일으키기도 했다. 결국 천주교인인 장면 정권이 들어서며 '무보수 촉탁제'로 바뀌었고, 5·16 직후인 1961년 12월에는 형행법刑法(형의 집행 및 수용자 처우에 관한 법률)이 개정되어 타종교로 문호가 개방되었다.

셋째, 경목警牧제도의 시행이다. 1954년 개신교는 경찰 전도를 위한 경목제도와 관련해 정부 당국과 협의하지만 결국 뜻을 이루지는 못했다. 하지만 경기도 경찰국 등에서는 매주 한 차례의 예배를 진행하는 등 자생적인 모임이 진행되고 있었다. 이는 당시 김문환 개성 경찰서장과 경기도 경찰국 경무과장이던 조제용 총경의 적극적인 후원에 의한 것이었다. 이 같은 움직임은 박정희 집권기에 결실을 맺어 1966년 5월 경목제도가 공식 시행되었다. 경목제도 시행으로 목사 3명이 서울 시경에 파송되었는데, 시행 초기부터 개신교가 독점하면서 특혜 논란을 일으켰다. 이후 1969년 내무부 내규에 의해 전국적으로 확대되었다.

넷째, 크리스마스의 공휴일 지정이다. 크리스마스가 공휴일로 지정된 것은 1949년 5월 24일 국무회의를 통해서다. 이승만은 국무회의에서 '국경일에 대한 법률안'과 '관공서의 공휴일'에 관한 건을 심의하면서 일요일과 함께 크리스마스를 국가 공휴일로 공식 지정했다. 국교가 없는 나라에 개신교 축하일인 크리스마스가 공휴일로 지정된

"한국을 완전한 예수교 나라로 만들겠다"

〈표 2-1〉

	개신교	불교	차이
공휴일 지정	크리스마스(1949년)	석가탄신일(1975년)	26년
교도소 선교	형목제도(1945년)	형승제도(1961년)	16년
군대 선교	군목제도(1951년)	군승제도(1969년)	18년
경찰 선교	경목제도(1966년)	경승제도(1986년)	20년
종교방송 설립	기독교방송(1954년)	불교방송(1990년)	36년

것은 매우 이례적인 일이라 할 수 있었다. 이승만은 이에 앞서 1948년에도 대통령 임시조치를 통해 크리스마스를 임시 공휴일로 공표했다. 불교의 석가탄신일은 크리스마스보다 26년 뒤쳐진 1975년에 공휴일로 지정되었다.

다섯째, 종교불宗敎弗 계좌 간 이체 허용이다. 1957년 재무부는 연간 700만 달러에 달하는 종교불의 계정 간 이체를 전격 허용했다. 당초 정부는 외환에 대해서는 계정 간 이체를 금지해왔으나 종교 관련 외환에 대해서는 이를 푼 것이다. 이에 따라 외국 선교 단체가 송금해오는 종교불은 일반 수입 계정으로 이체가 가능해져 자율적 사용이 가능해졌다.

이처럼 이승만 집권기 개신교가 타종교에 비해 특혜를 받아왔다는 사실은 불교와 비교한 〈표 2-1〉을 보면 더욱 확연해진다. 불교에 비해 종교 기념일의 공휴일 지정은 26년, 교도소 선교는 16년, 군대 선교는 18년, 경찰 선교는 20년, 방송국 설립은 35년을 앞섰다.

크리스마스, 개천절, 석가탄신일

　종교와 관련된 공휴일에는 크리스마스(12월 25일)와 석가탄신일
(음력 4월 초파일), 개천절(10월 3일)이 있다. 크리스마스와 개천절은
1949년에 공휴일로 지정되었다. 석가탄신일은 이로부터 26년이 지
난 1975년에야 공휴일로 지정되었다. 여기에는 한 변호사의 끈질긴
법정투쟁이 있었다. 독실한 불교 신자인 용태영 변호사는 1973년, 크
리스마스의 공휴일 지정이 형평성에 어긋난다며 총무처 장관을 상대
로 소송을 제기했다. 용태영은 "성탄절인 12월 25일이 공휴일이라면
석가탄신일인 4월 8일도 공휴권이 있다"며, 석가탄신일이 공휴일이
아니라면 성탄절도 공휴일 지정이 무효화되어야 한다고 주장했다.[16]

이승만은 크리스마스를 공휴일로 지정해서 개신교 특혜 논란을 불러일으켰다.
크리스마스를 맞아 백화점에 몰려든 인파.

"한국을 완전한 예수교 나라로 만들겠다"

법원은 용태영의 소송에 대해 각하 판결을 내렸다. '크리스마스가 공휴일로 지정되면서 불교계가 이익을 침해당했다고 볼 만한 자료가 없다'는 것이 이유였다. 용태영은 이에 불복해 대법원에 상고하는 등 상당 기간 법정 공방을 벌였는데, 결국 대법원에 계류 중이던 1975년 1월 15일 국무회의를 통해 법정 공휴일로 지정되었다.

사람들은 개천절이 건국 직후 크리스마스와 함께 국가 공휴일로 지정된 데 대해 의아해한다. 단군을 교조로 하는 대종교의 종교 기념일인 개천절이 공휴일로 지정된 것은 당시 상하이임시정부 세력과 연관이 있다. 대종교는 1914년 일제에 대항하기 위해 본산을 만주 북간도로 옮기는데, 이때부터 상하이임시정부 세력과 깊은 유대 관계를 형성해왔다. 실제 당시 임시정부 의원과 각료의 절반 이상이 대종교 신자였을 정도다.

해방 후 환국還國한 대종교는 임시정부 인맥을 등에 업고, 여러 혜택을 받는다. 그중 대표적인 것이 개천절의 국경일 지정이었다. 이 밖에도 '단기' 연호 사용, 홍익대학교 인가 등의 특혜를 받았다. 당시 초대 내각의 대종교 신자로는 부통령 이시영을 비롯해 국무총리 이범석, 문교부 장관 안호상, 감찰위원장 정인보 등이 있다. 또 초대 국회인 제헌의회 의원으로 대종교 신자 10여 명이 활동하는 등 해방 직후 대종교의 위세는 대단했다. 1971년 출간된 『대종교중광60년사』는 "안호상 문교부 장관의 노력으로 개천절이 국경일로 제정되었다"고 적고 있다.[17]

개신교, 정치에 참여하다

건국 초기 개신교는 국가 형성 과정에 깊숙이 개입하며 각 분야에서 두각을 나타내기 시작했다. 개신교는 정치 분야뿐만 아니라 군대, 교육, 여성, 의료, 언론, 사회복지 등의 분야에서 두터운 인맥을 형성하며 한국의 근간을 만들었다고 해도 과언이 아니다.

개신교의 정치 참여는 타종교에 비해 월등했다. 먼저 이승만 초대 내각을 보면 정·부통령과 국무총리를 제외한 21개 부서장 가운데 9명(42.8퍼센트)이 개신교 신자였으며 그중 2명은 목사였다. 이는 이승만 집권 기간 요직을 맡았던 사람들의 종교적 배경에서도 나타난다. 1952년부터 1962년까지 장·차관, 고급 공무원, 대사, 장성, 의회지도자를 지낸 298명에 대한 조사 결과, 개신교인 39.2퍼센트, 불교인 16.2퍼센트, 천주교인 7.4퍼센트, 천도교인 0.3퍼센트, 미상 18.3퍼센트로 나타났다.[18]

국회도 마찬가지였다. 1946년 12월 7일 발표된 입법의원 90명 가운데 23퍼센트인 21명이 개신교 신자였는데, 이 중에는 이윤영·오택관·이남규·오석주 등 목사 7명이 포함되어 있었다. 1948년 5월 10일 국회의원 선거에서 선출된 국회의원 208명 중 21.2퍼센트가 개신교인이었으며 이 중 13명이 목사였다.[19] 이후 이승만 집권기 전반에 걸쳐 개신교 국회의원 숫자는 20퍼센트 내외를 유지했다. 당시 개신교 신자 비율이 인구 대비 6퍼센트 미만이었다는 상황을 감안하면 상당히 높은 수치였다.

군대 내 개신교 인맥도 상당했다. 우선 육군을 보면, 이승만의 심복으로 부산 정치 파동을 해결한 원용덕 조선경비대 초대사령관이 있다. 뛰어난 영어 실력으로 미군정 국방사령부 한국인 고문과 군사영어학교 교장을 지낸 원용덕은 독실한 감리교 장로로, 1923년 기독청년동우회에 참가하기도 했다. 육군 참모총장을 지낸 이응준과 정일권, 이형근도 군내 개신교 인맥이다. 이응준은 1981년 예장통합 교단에서 운영하는 신학교의 이사장에 추대되기도 했으며, 정일권은 6·25전쟁 당시 자신의 고문이었던 황성수 의원의 권유로 개신교인이 되었다. 제9대 참모총장을 지낸 이형근은 참모총장 시절 군의 핵심간부를 배출하는 군사영어학교를 감리교신학교 건물에서 개교시켰다.

해군에는 해군의 산파 역할을 했던 손원일 참모총장이 있다. 손원일은 3·1운동 당시 33인 가운데 1명인 손정도 목사의 아들로, 해병단장, 해군사관학교장, 조선해양 경비단장 등을 역임했다. 1945년 8월 26일에는 해군의 모태가 된 해사대海事隊를 서울의 안동교회에서 조직해 교육과 군사훈련을 시켰다. 정부 수립 후 이범석 국방 장관에게 군목제도 창설을 주장했지만, 받아들여지지 않자 독자적인 군목 활동을 하기도 했다.

해병대를 창설한 김성은 참모장 역시 개신교인이다. 김성은은 1949년 해군에서 갈라져 나와 해병대를 창설하고 초대 참모장이 되었다. 이후 사령관을 지낸 공정식, 김대식, 장기천 등도 모두 개신교인으로, 해병대는 개신교 인맥이 강한 곳 중의 하나다. 김대식은 감리교 남선교회 전국연합회 회장을, 장기천은 기독교장교회 회장을 역임하는 등 독실한 개신교인이다.

공군에서는 최용덕 육군항공부대 사령관이 대표적인 개신교인이다. 최용덕은 제2대 공군 참모총장과 초대 국방부 차관을 지내며 공군 창군에 많은 역할을 했다. 김구 선생의 아들이자 제6대 공군 참모총장을 지낸 김신 총장 역시 공군 내 개신교 인맥에 속한다. 이처럼 개신교인들은 각 군의 창군 과정에 깊숙이 개입하며 두터운 인적 네트워크를 형성했다.

개신교, 교육에 참여하다

개신교는 교육계에도 많은 영향력을 미쳤다. 건국 과정에서 교육 정책의 틀을 짜는 중요한 시기에 개신교인들의 참여가 두드러졌다. 1945년 9월 미군정의 자문기관으로 구성된 조선교육위원회의 위원 11명 중 현상윤, 유억겸, 백낙준, 김활란, 윤일선, 백남훈 등 6명이 개신교인이었다.[20] 이들은 향후 건국 과정에서 교육행정의 중추를 담당했다.

개신교는 가장 많은 교육 기관을 운영해왔던 곳이기도 하다. 1956년 개신교는 10개 대학과 1개 간호학교, 11개 신학대와 57개 중고등학교를 운영했다. 여기에 개신교 신자가 운영하는 학교까지 합치면 그 수는 상당히 늘어난다. 개신교가 운영한 대표적 대학으로는 연희전문학교와 세브란스의학전문학교(현 연세대학교), 이화학당의 후신인 이화여자전문학교(현 이화여자대학교), 숭실전문학교(현 숭실대학교)

가 있다. 1944년까지 연희전문학교와 세브란스의학전문학교를 졸업한 학생은 2,888명이며, 이화학당과 이화여자전문학교의 졸업생은 771명에 달한다. 숭실전문학교도 1938년 폐교될 때까지 학생 446명을 배출했다. 이들 3개 대학의 졸업생만 따져도 당시 대졸 학력 인구의 15~18퍼센트에 달한다. 개신교는 이로 인해 그 어떤 세력보다 고급 지식인을 많이 보유한 집단으로 급성장했다

개신교는 인텔리 여성의 산실이기도 하다. 이화학당을 비롯해 덕성여자초급학교(현 덕성여자대학교), 성신여학교(현 성신여자대학교), 중앙여자대학(현 중앙대학교), 서울고등가정학교(현 명지대학교) 등을 운영하며 기독교 정신에 입각한 여성 인텔리들을 배출해왔다. 이런 이유로 개신교는 여자국민당, 한국애국부인회, 독립촉성중앙부인단, 독립촉성애국부인회 등의 여성 단체를 사실상 독점했다.

개신교의 장로교단과 감리교단이 협력해 만든 세브란스병원은 의료 역사에 중요한 업적을 남겼다. 한국 최초의 서양의학 교육기관인 세브란스의학전문학교를 통해 배출된 의사는 1940년까지 548명으로 해방 당시 한국인 의사 가운데 3분의 1이 이 학교 출신이었다. 또 부설 간호학과를 통해서도 188명이 졸업했으며, 이들은 모두 개신교인이었다. 이와는 별도로 감리교 등은 6·25전쟁 직후 인천, 강화, 천안, 원주에 각각 기독병원을 신설하며 의료 역사의 산파 역할을 했다.

개신교의 활동은 미디어 분야에서도 활발했다. 1945년 한국 최초의 기독교 일간지인 『국민신문』을 창간한 것을 비롯해 1946년 3종, 1947년 2종, 1949년 2종, 6·25전쟁 중인 1951년 2종, 1955년 3종의

개신교는 가장 많은 교육기관을 운영하면서 건국 과정에서 교육행정의 중추를 담당했다.
최초의 한국 여성교육기관인 이화학당 여학생들의 수업 모습(1920년경).

신문을 창간했다. 1954년에 설립된 기독교방송은 1950년대 가장 높은 청취율을 자랑했다.

개신교는 사회복지 분야에서도 두각을 드러냈다. 이는 해외에서 들어오는 원조에 대한 배분권을 개신교가 상당 부분 쥐고 있었기 때문이다. 특히 1952년에는 '외국민간원조기관 한국연합회KAVA'가 결성되어 막대한 해외 원조가 시작되었다. 이에 따라 1950년대 10년 동안 51개의 원조 단체가 생겼는데, 이 중 대다수는 개신교 계통이었다. KAVA는 1950년대 후반 막대한 원조를 기반으로 '제2의 보사부'로 불리기도 했다.[21] 1957년 개신교에서 운영하는 사회복지기관은 593개소에, 수용 인원만 6만 3,787명에 달했다. 개신교의 사회복지에 대한 관심은 학과 개설로 이어져 1947년 이화여자대학교가 국내 최초로 기독교사회사업과를 설립했다.

월남한 북한의 개신교인들

6 · 25전쟁은 남북한에 강한 트라우마를 남긴 전쟁이었다. 6 · 25
전쟁으로 250만 명이 사망했고, 산업시설과 공공시설의 80퍼센트가
파괴되었다. 미군의 폭격으로 북한의 22개 도시 중 18개가 사라졌다
는 보고도 있다. 그러나 무엇보다 6 · 25전쟁은 동포끼리 벌인 전쟁이
었다는 점에서 그 후유증이 컸다. 남과 북을 극단화된 사회로 만들었
으며, 남한에서는 '반공 · 친미', 북한에서는 '친공 · 반미'를 중심으
로 하는 이념 쏠림 양상이 뚜렷하게 나타났다.

남북이 극단적 사회가 되었다는 것을 잘 보여주는 사례가 개신교
다. 6 · 25전쟁을 거치며 개신교 분포 지도가 완전히 바뀌었던 것이
다. 당시 개신교 교세는 남한보다는 북한이 월등히 우세했다. 그러나
북한 정권과 이념적으로 대결해온 북한 개신교인들이 대거 남하하며
남한은 갑작스런 '교세 증가'를, 북한은 '교세 소멸'을 경험하게 된다.
1945년에서 1951년까지 6 · 25전쟁을 전후한 시점에 월남한 개신교
인은 북한 지역 개신교인의 35~40퍼센트 정도인 7~8만 명에 이르는
것으로 추정된다. 한반도 전체로 보면 거의 3분의 1의 개신교인이 월
남했음을 뜻한다. 여기에는 장로교의 평양신학교, 감리교의 성화신학
교 출신의 목회자와 신학생 1,200명이 포함되어 있었다.

북한 개신교인의 월남은 두 가지 변화를 동반했다. 우선 남한이
갑작스레 개신교 부흥국가가 되었다는 점이고, 두 번째는 이로 인해
남한 개신교가 뿌리 깊은 반공 성향을 갖게 되었다는 점이다.

월남한 북한 개신교인들은 남한 개신교의 새로운 권력으로 부상했다. 이들은 미군정과 선교사들의 도움으로 남한에 정착한 뒤, 반공을 매개로 군사정권과 유착 관계를 형성했다. 이를 통해 북한 출신 개신교인들은 교회성장운동의 중심 세력이 되어갔다. 실제 영락교회를 비롯해 광림교회, 금란교회, 소망교회, 충현교회, 성락교회 등 우리가 잘 아는 대형 교회의 상당수가 북한 출신 목회자에 의해 성장했다.

서울신학대학교 교수 박명수는 "처음에 북한에서 공산주의와 공존을 모색했던 기독교는 얼마 후 이것이 가능하지 않다는 점을 알게 되었고 이들은 대거 남하하여 철저한 반공의 입장에 서게 되었다. 이런 입장에 서 있는 대표적인 인사가 바로 한경직 목사였다"라고 말했다.[22]

개신교와 이승만의 몰락

이승만 정권을 위기로 몰고 간 직접적 계기는 1960년 3·15 부정선거였다. 선거 개표 결과 이승만과 이기붕은 각기 88.7퍼센트와 79퍼센트를 얻어 정·부통령에 당선되었지만, 국민들은 선거 결과를 인정하지 않았다. 3월 15일 마산에서 시작된 부정선거 항의 시위는 전국으로 확대되어 마침내 4·19혁명으로 이어졌다. 이 같은 시국 상황을 바라보는 개신교계의 안일한 태도는 이승만 정권의 몰락을 부채질했다.

3·15 부정선거 규탄 열기가 고조되고 있는데도 이승만이 다니는 정동제일교회에서는 이승만과 이기붕의 당선 축하 전보를 발송하

고, 3월 마지막 주일예배를 당선 축하 예배로 드리기로 결정했다. 또한 감리교 신자인 이화여자대학교 김활란은 4 · 19 직후 서울 시내 총장 모임에서 "4 · 19 사건은 우리가 교육을 잘못시켜 발생한 것이니 우리 모두 이승만 대통령께 사과하러 가자"고 말했다.[23]

이처럼 안이한 상황 인식은 국민인들에게 지탄을 받기에 충분했다. 4 · 19 직후 서울 종로5가 기독교회관 앞에는 개신교가 부정선거에 협력했다며 항의 시위가 벌어졌고, 서울운동장에서 열린 4 · 19 순국학생합동위령제를 불교식으로 치르기도 했다.

게다가 목사 자질 시비를 불러온 '가짜박사 사건', 막대한 선교자금을 허술하게 관리하면서 발생한 '달러 파동', 개신교 국회의원인 황성수 · 박영출 의원의 '국제시계 밀수 사건' 등 개신교의 공신력을 추락시키는 사건들이 연이어 발생하자, 반反개신교 분위기가 확산되었다. 특히 황성수 · 박영출 의원의 '국제시계 밀수 사건'은 제3대 국회 최고의 스캔들로 보도되며, 1956년 『경향신문』 10대 뉴스로 선정되기도 했다.

언론의 보도 태도에도 이 같은 상황이 반영되었다. 이승만 집권 전반기에는 개신교에 긍정적 기사가 많았던 반면 후반기로 갈수록 부정적 기사가 확연히 늘어났다. 예컨대, 이승만 집권 전반기 61.5퍼센트에 달했던 『조선일보』의 긍정적 평가는 후반기 39.3퍼센트로 하락했고, 반대로 부정적 평가는 38.5퍼센트에서 60.7퍼센트로 증가했다. 『동아일보』 역시 긍정적 평가는 71.4퍼센트에서 4.1퍼센트로 줄었고 부정적 평가는 28.6퍼센트에서 95.9퍼센트로 늘었다.[24]

천주교의 강력한 지지를 받은 장면

이승만 집권기 천주교인들의 장면에 대한 지지는 거의 절대적이었다. 처음부터 노기남 주교(서울대교구장)의 추천을 받아 미군정이 주도하는 입법의원이 되어 정치 무대에 등장한 장면은 천주교회 정치세력화의 상징처럼 여겨졌다.[25]

1953년 『천주교회보』에는 "병든 민주주의를 바로잡기 위하여 신앙 깊고 학식 넓은 장면 박사를 부통령으로 추대하자"는 제언이 실렸다. 1956년 정·부통령 선거를 앞두고 『가톨릭청년』 5월호는 "세계 외교무대에서 장면 박사는 그의 인격과 덕망 웅변으로 특색 있는 '차밍'한 존재로서 그의 이름을 떨치고 있다. 우리 한국 사람의 전형적인 모습에다 동양적인 겸허한 태도와 천주교 신자로서 경건한 마음, 그리고 조리 있는 열변은 다른 외국의 외교관들에게 보기 어려운 존재"라고 치켜세웠다.[26]

이는 장면이 집권한 제2공화국에 들어서도 계속되었다. 장면 정권하에서도 정치적 혼란이 계속되자 노기남 주교는 "상황이 궁핍하고 어려움이 많더라도 천주께 희생한다는 마음으로 (장면) 정부를 믿고 기다리자고" 인내를 촉구했다. 또 『가톨릭청년』 1961년 1월호는 "참고 견디는 것이 오히려 이 난국을 회복시키는 데 도움이 되며 불만 불평을 외치는 것은 난국타개에 백해무익할 것 같다. 특히 우리 천주교 신자들은 오늘날 이 모든 가난과 궁핍을 국가 민족을 위하여 천주께 희생으로 바치며 감수하자"고 강조했다.[27]

장면에 대한 천주교인의 지지는 그의 천주교 신앙 이력이 많이 작용했다. 유복한 천주교 집안에서 자란 장면은 미국 맨해튼가톨릭대학을 졸업했고, 귀국 후에는 천주교 학교를 중심으로 교육 사업을 펼쳐왔다. 부통령 시절에는 매주 수, 금, 일요일에 신부를 모시고 미사를 드릴만큼 독실한 신자였다. 실제 장면 집권 당시 많은 정치인이 천주교에 입교했는데, 그 대부분이 장면의 선교에 의한 것이었다.[28] 이 중 대표적인 사람이 제15대 대통령을 지낸 김대중이다. 그는 장면의 권유로 천주교인이 되어 마지막까지 천주교 신앙을 지켰다. 장면은 박정희의 5·16쿠데타가 일어났을 때 서울 혜화동 카르멜수녀원에서 44일간 숨어 지내기도 했다.

이승만의 천주교 탄압

이승만과 장면은 건국 초기 정치적 동지 관계에 있었다. 장면은 이승만 정권에서 초대 주미대사(1947), 제3차 유엔총회 수석대표 (1948), 제2대 국무총리(1951~1952)를 지냈다. 장면은 이승만이 추진한 남한만의 단독정부 유엔 승인과 6·25전쟁 발발 직후 즉각적인 미군 파병을 이끌어내는 등 이승만 정권을 적극 도왔다. 특히 유엔이 남한만의 단독정부를 승인하는 과정에서는 자신의 천주교 인맥을 총동원하기도 했다. 김원철은 이렇게 말했다.

"유엔 3차 총회에서는 바티칸의 외교력이 빛났다. 교황 비오 12세는 바티칸 국무장관 몬티니Montini 대주교와 프랑스 주재 교황대사에게 한국대표단에 대한 전폭적인 지원을 명령했다. 이들은 남한 단독 정부 수립에 반대하는 국가들의 고위 성직자와 외교관들에게 장면을 소개시켜주었다."²⁹

그러나 이 둘의 관계는 이승만이 재집권 의지를 드러낸 1952년 부산 정치 파동을 기점으로 깨지기 시작했다. 장면은 이 사건을 계기로 김성수, 신익희, 조병옥 등과 함께 민주당을 창당해 야당 정치인의 길을 걷기 시작했다. 1952년 이승만은 당시 국회의원을 뽑는 간접선거 방식으로는 자신의 재집권이 어렵다고 판단해 대통령직선제 안을 제시했으나 국회에서 부결 당했다. 이에 이승만은 부산에 계엄령을 선포하고 경찰과 군인 등 무력을 동원해 국회를 포위한 채 대통령직선제 안과 내각책임제 안을 발췌·혼합한 발췌개헌안을 강제로 통과시켰다.

이에 가톨릭운동의 대부라고 할 수 있는 장면은 친미반공주의 정책에서는 이승만과 정치적·사상적으로 공감했다. 그러나 이승만이 반민주적 독재를 통해 자유민주주의의 일반 원칙에서 벗어나 버리자 이승만과 결별하고 천주교 세력을 바탕으로 원내 자유당 세력들과 함께 독자적인 정치 행보를 모색했다.³⁰

이후부터 이승만은 장면과 천주교 세력을 강하게 몰아부치기 시작했다. 1956년 민주당 제2차 전당대회에서 장면이 괴한에 의해 저격을 당하는가 하면, 천주교가 운영하는 『대구매일신문』이 백주대낮에 테러를 당하는 사건이 발생했다. 또 이승만은 노기남 주교를 '정치주교'라고 낙인 찍고 주교 교체 문제를 로마 교황청에 요청하는 등 둘

이승만 정권은 미군정 법령을 근거로 자유당에 비판적이던 『경향신문』을 폐간했다.
『경향신문』의 폐간 소식을 알리는 게시판에 몰려든 시민들.

사이의 갈등의 골은 깊어만 갔다. 이런 가운데 1959년 천주교가 주축
이 되어 설립한 『경향신문』이 폐간되는 사건이 발생하면서 이승만 정
부와 천주교는 돌아올 수 없는 다리를 건너게 되었다.

　　이승만은 『경향신문』이 장면과 함께 자신의 반대 세력으로 성장
하자, 1959년 4월 30일 전성천 공보실장을 통해 폐간 명령을 내렸다.
①1959년 1월 11일자 사설 「정부와 여당의 지리멸렬상」이 허위 사실
을 보도했고, ②2월 4일자 단평 「여적」이 폭력을 선동했으며, ③2월
16일자 홍천 모 사단장의 휘발유 부정 처분 기사가 허위 사실이고, ④
4월 3일자 간첩 하 모 씨 체포 기사가 공범자의 도주를 도왔고, ⑤4월
15일자 이승만 대통령의 기자회견 내용이 허위라는 게 이유였다.

　　5가지 기사가 허위라는 이유를 내세웠지만 이는 명분에 불과했

고, 진짜 속내는 장면을 견제하기 위한 것이었다. 정·부통령 선거를 1년여 앞둔 시점에서 유력 후보인 장면을 지지하는 『경향신문』을 이승만은 눈엣가시처럼 생각했던 것이다.

천주교 정권의 등장

4·19혁명 이후 이승만의 하야와 장면 내각의 등장은 개신교 정권의 몰락과 천주교 정권의 등장을 의미했다. 천주교의 강력한 지지를 받던 장면은 1년 8개월이라는 짧은 재임 기간에도 그의 종교적 성향을 정치권에 남겨놓았다. 이는 장면 집권 이후 사회지도층에 천주교인 비율이 높아진 데서도 알 수 있다. 장·차관, 고급 공무원, 의회 지도자 등 정치 지도자 298명을 대상으로 한 조사에서 이승만 정부에서 7.4퍼센트였던 천주교인 비율은 장면 정권 들어 11.9퍼센트로 늘어났다.[31]

이 시기 천주교 국회의원 수도 늘어났다. 이승만 집권기인 제헌의회(제1대)부터 제3대 국회까지 천주교인은 각기 1명, 2명, 2명이었으나, 장면이 부통령으로 당선된 직후인 제4대 때에는 9명, 장면 집권하 제5대 국회에서는 전체 의원의 4퍼센트를 차지했다.

또한 장면은 이승만이 개신교에 주었던 특혜를 손보기도 했는데, 대표적인 것이 형목제도였다. 장면은 당시 정식 '공무원' 신분이었던 형목을 개신교가 독점한다는 이유로 '무보수 촉탁제'로 바꾸었는데, 이 때문에 개신교의 반발을 사기도 했다. 재임 기간이 짧았기 때문인

지 장면은 종교적 성향이 뚜렷했지만, 자신의 재임 기간 중에 천주교 우대 정책을 만들지는 못했다.

육비구 할복 사건

할복은 10세기 이후 일본의 무사계급인 사무라이들이 사용한 자살 방법으로, 17세기 이후에는 무사의 명예를 존중하는 사형 제도로도 활용되었다. 하지만 방법의 잔혹성 때문에 1837년 이후 공식 폐지되었는데, 메이지시대 이후까지도 군인과 우익 인사 사이에서는 계속되어 왔다.

이런 할복 사건이 1960년 종교계에도 일어나 충격을 던져주었다. 이른바 '육비구六比丘 할복 사건'이다. 1960년 11월 24일 법원의 판결에 항의하며 비구승 6명이 대법원에서 할복하는 사건이 벌어진 것이다.

당시 불교계는 종단 주도권을 둘러싸고 비구승과 대처승이 날카롭게 대립하고 있었다. 소송전 끝에 대법원이 대처승의 손을 들어줄 것이라는 소문이 나돌자 비구승이 긴장하기 시작했다. 이에 월탄 스님 등 비구승들은 30센티미터 길이의 일본도 한 자루씩을 들고 대법원으로 들어가 대법원장 면담을 요구했다. 대법원장 부재로 면담이 실패하자, 이들은 "불교를 위해 순교하러 왔다는 말을 대법원장에게 전해달라"는 말을 남기고 일제히 복부를 갈랐다.[32]

단순해 보이는 이 사건의 배경에는 권력이 조장한 비구─대처 간

이승만은 '불교정화 유시'를 발표하며 다수의 대처승을 탄압하고 비구승들을 적극 지원했다. 이승만을 지지하는 시위를 벌이고 있는 승려들.

의 뿌리 깊은 반목의 역사가 있었다. 해방 직후 한국 불교는 친일 불교의 영향을 받은 대처승이 주도권을 쥐고 있었다. 이승만은 재임 당시 여덟 차례의 '불교정화 유시諭示'를 발표하며 다수의 대처승을 탄압하고 소수의 비구승을 적극 지원했다. 비구승들도 불교계 내부 갈등이 있을 때마다 경무대를 방문해 이승만의 강력한 지원을 요청하기도 했다. 당시 대처승과 비구승 교세는 7,000명 대 300명이었는데, 비구승들은 수적 열세에도 전국의 주요 사찰을 접수할 수 있었다.

그러나 4·19혁명 이후 상황이 달라졌다. 비구승을 강력히 지원했던 이승만이 하야하자 그동안 이승만의 탄압을 받았던 대처승들이 들고 일어났다. 대처승들은 비구승을 '관제불교' 단체로 규정하고 조계사 등 전국의 주요 사찰을 다시 점거하고 나섰다. 이런 배경 아래서 벌어진 최종 재판이 대처승에게 유리하다는 소문이 나자 비구승들이 극단적인 방법을 택한 것이다. 다행히 비구승 모두 생명에는 지장이 없었지만, 권력에 휘둘린 종교의 실상을 드러낸 상징적 사건으로 기록되고 있다.

이승만이 불교계 내부 갈등에 깊숙이 개입한 데에는 다른 속내가 있다는 주장도 있다. 당시 사사오입과 개헌파동으로 야기된 정치적 위기를 타개하기 위해 여론의 관심을 다른 곳으로 돌릴 필요가 있었는데, 약자인 비구승을 지원하면서 대처승과 세력 균형을 맞춘 뒤 비구승과 대처승 사이에 대립을 유도했다는 것이다.[33]

역사학자 이이화는 "1954년 5월 21일 제3대 민의원 총선거가 실시된 다음 날이었다. 이승만은 엉뚱한 담화를 발표했다. 요지는 '왜색 불교의 잔재인 대처승을 사찰에서 몰아내자'라는 것이었다. 대처승에게는 폭탄선언이었지만 비구승들은 여기저기 몰려다니면서 대응책을 세우기에 골몰했다. 국민들은 온통 부정으로 치러진 선거판보다 이 담화와 그 뒤에 벌어진 비구·대처의 싸움에 더 관심이 많았다"고 말했다.[34]

제3장

박정희

반공과 친미로
절묘하게 만난
개신교와 군사정권

주일학교 선생, 박정희

박정희의 종교를 불교로 생각하는 사람이 많다. 재임 기간 그가 보여준 '불교진흥책' 때문이다. 또 독실한 불교 신자였던 그의 부인 육영수의 영향도 있었다. 육영수는 영부인 시절에도 한 달에 한 번씩은 강화군 석모도의 보문사를 찾았으며, 1975년에는 이 절에 당시 국내 최대 규모의 범종각을 세우기도 했다.

그런 통념과는 달리 박정희에 대한 기록에서는 불교보다 개신교와 얽힌 이야기를 많이 발견할 수 있다. 1917년 11월 14일 경북 선산군 구미면 상모리에서 태어난 박정희는 15~16세까지 집에서 500미터 떨어진 상모교회를 다녔다. 주일교회를 빠지지 않고 다녔고, 교회 주일학교 선생으로도 활동했던 것으로 알려져 있다.

당시 주일학교에는 박정희 또래의 30여 명이 함께 다녔는데, 한복 차림의 그들이 배운 것은 『성경』을 읽고 찬송가를 부르는 것이었다. 박정희는 부활절 행사와 크리스마스 예배도 잘 챙겼고 상모리를 도는 성가대 행렬에 끼어 〈기쁘다 구주 오셨네〉 등의 캐럴송도 불렀다고 한다.[1] 이 때문에 박정희는 성묘를 위해 고향에 들르면 꼭 교회를 방문해 어른들에게 인사했다. 1967년에는 6·25전쟁 때 파괴된 상모교회의 건축을 위해 비용 380만 원 중 100만 원을 헌금했고, 육군 공병대 트럭을 보내 1개월간 교회 건축을 돕기도 했다.

박정희는 5·16쿠데타 직후 구성한 국가재건최고회의 의장 시절, 자신이 어렸을 때 교회에 다녔다는 사실을 공개적으로 밝히기도 했다. 당시 그는 이화여자대학교에서 열린 전국 기독교 지도자 대회에 참석해, "나도 어렸을 때 주일학교에 다녔는데 요사이는 교회에 다니지 않는다" 면서 "여러분들이 나 같은 신자를 만들지 않도록 주일학교를 잘해주기 바란다" 고 당부하기까지 했다.[2]

1972년 윤치영 민주공화당 의장을 만나서도 자신이 젊은 날 한때 주일학교 선생으로 활동한 적이 있었다며, 빌리 그레이엄 목사의 내한 집회를 주선해보라고 부탁했다.[3] 1973년 5월 빌리 그레이엄 목사의 집회가 성사되었는데, 서울 여의도광장에 개신교 신도 100만 명이 모였다. 박정희는 윤치영에게 금일봉을 주고 청와대를 방문한 빌리 그레이엄 목사와 환담하기도 했다.

이런 다양한 에피소드가 시사하듯, 어린 시절 박정희가 개신교 영향 아래 있었던 것만큼은 분명해 보인다. 하지만 이후 그의 이력에는 특정한 종교가 등장하지 않는다. 1970년 후반 박정희는 여러 사람에게서 전도를 받고 개신교 교회 출석을 고려할 만큼 심각하게 고민하기도 했다.

"각하! 이대로 지옥 가시겠습니까?"

박정희는 교회에 다니려 했던 것일까? 박정희에게 신앙을 권유한 사람들은 '그렇다'고 이야기한다. 박정희에게 신앙을 권유했던 한국대학생선교회ccc 대표였던 김준곤 목사는 2007년 7월 박근혜의 자서전 출간기념회장에서 이렇게 말했다.

"개인적으로 박 대통령의 도움을 많이 받았습니다.……1980년 (1979년을 말하는 듯)에 제가 여름에 박정희 대통령과 청와대에서 식사를 할 기회가 있었습니다. 제가 이름 없는 목사지만 아껴주셔서, 그때 늘 계속해서 전도를 했는데, 그 전도를 하니까, (박 대통령이) 나도 이제는 가족 전체가 신앙을 택할 기회가 왔습니다. 크리스마스가 되면 나를 초청해서 온 가족이 정식으로 신앙생활을 하도록 해보겠습니다. 그런데 그것이 달성이 안 되고 비운에 (돌아)가셨습니다."[4]

박정희의 아들 박지만의 멘토로 알려진, 노병천의 증언은 더욱 드라마틱하다. 노병천은 『박정희 마지막 신앙고백』에서 육군 소위 시절 박정희와 독대하며 신앙을 권유했던 사연을 소개했다.

박 대통령은 차(지철) 실장을 자리에서 물러가게 했습니다. 단둘이 남을 때 박 대통령이 말했습니다.

"뭐가 필요하지? 뭐든지 말해라. 내가 다 해줄게."

"……."

아무 말도 하지 않고 있자 박 대통령은 가까이 와서 제 손을 꼭 잡았습니다.

그의 영혼이 불쌍하다는 생각이 들었습니다. 제가 말했습니다.

"대통령 각하, 예수님을 믿으셔야 합니다."

손을 꼭 잡은 대통령은 말이 없었습니다. 저는 다시 말했습니다.

"대통령 각하, 꼭 예수님을 믿으셔야 합니다."

그저 빙그레 웃으며 제 눈만 쳐다볼 뿐 말이 없었습니다.

"하나님께서 오늘 밤에 각하의 영혼을 불러 가시면 어찌하시렵니까?"

그런데 박 대통령의 눈을 보니 보일 듯 말듯 눈시울이 뜨거워진 것이 보였습니다.

무시무시한 말이 나도 모르게 나왔습니다.

"대통령 각하! 이대로 지옥 가시겠습니까?"

정말 너무나 센 말이 나온 것이었습니다.

아. 그런데…….

놀라운 일이 벌어졌습니다. 상상치 못한 반응을 보게 되었습니다.

"그래!"

드디어 입을 열었습니다. 그리고 제게 결정적인 말을 했습니다.

"지금은 조금 곤란하고……내가 대통령을 마치면 꼭 교회에 나가마!"

"약속하실 수 있습니까?"

"그래, 약속한다."

이날은 정확히 1979년 7월 8일이었습니다.[5]

　1979년 정상회담을 위해 방한한 미국의 지미 카터 대통령도 박
정희에게 교회 출석을 권유하는 등 신앙생활을 하라고 조언했다. 외
국의 국가원수가 방문국 대통령에게 사적으로 신앙을 권유하기는 쉽
지 않은 일이다. 더욱이 당시는 한국의 인권 문제와 주한미군 철수 문
제로 한미 간 분위기가 냉각되었을 때였다. 카터는 미국으로 돌아가
면서 박정희에게 "종교가 있느냐"고 물었고 박정희가 "없다"고 대답
하자, 카터는 "예수 그리스도를 만나게 되기를 희망한다"고 말했다.[6]
카터가 박정희의 신앙생활을 돕기 위해 김장환 목사를 보내겠다고 하

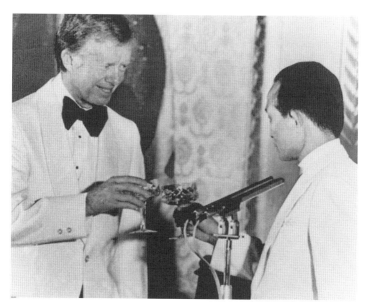

1979년 한미정상회담을 위해 방한한 지미 카터는 박정희에게 교회에 나갈 것을 권유했다. ｜

자, 박정희는 김장환 목사라면 환영한다고 대답했다. 카터는 '2001 국제 해비타트 운동'을 위해 방한한 자리에서 김장환 목사에게 이렇게 말했다고 한다.

"빌리(김장환 목사), 그때 내가 전도를 했을 때 박 대통령은 굉장히 긍정적으로 받아들였어요. 하지만 믿겠다는 확답은 못 받고 돌아갔지요. 얼마 후 서거했다는 소식을 들었는데 예수를 믿었는지 어쨌는지 참 궁금했어요." [7]

카터는 자신의 저서 『위험에 처한 우리의 가치들: 미국의 도덕적 위기Our Endangered Values: America's Moral Crisis』(2006)에서 박정희가 자신에게 자식들의 신앙 문제에 대해 상담하기도 했다고 술회했다.

'주일 국가행사'가 부활하다

박정희의 집권 초기 종교 정책의 틀은 '개신교에 대한 규제 강화'와 '형평성 차원에서 불교 지원'으로 요약된다. 이승만에 의해 개신교에 기울었던 특혜 정책을 폐지하고, 외견상 종교적 평등을 이루자는 의도였다. 3·15 부정선거와 4·19혁명, 이승만의 하야로 이어진 정국에서 형성된 개신교에 대한 국민들의 강한 적대감을 인식하고 있었기 때문이다.

개신교에 대한 '규제 강화'는 주로 개신교 학교를 통해 나타났다. 미션스쿨의 종교교육 규제, 미션스쿨 등 사립학교의 학교법인법 적용, 중등교육 평준화 조치 등이 그것이다. 미션스쿨에서 종교교육 규제는 개신교로서는 매우 민감한 사안이었다. 당시 문교부는 미션스쿨에 정규교육에서 일체의 종교교육과 종교행사를 하지 말라는 압력을 계속 가했다. 1963년부터 미션스쿨이 '학교법인법'의 적용을 받으면서, 학교가 설립자인 각 교단과 노회老會의 영향력에서 벗어났다. 1968년에 추첨제 선발을 골자로 하는 '중등교육 평준화 조치'가 시행되면서 학생 선발권마저 없어지자, 미션스쿨은 개신교의 영향력에서 점차 벗어나게 되었다.

박정희는 이승만 집권 시기 개신교에 주어진 특혜들을 없애는 데도 힘을 쏟았다. 개신교계의 요구로 이승만이 금지시켰던 '주일 국가행사'를 부활시켰다. 학교 행사나 입학시험은 물론 의사나 간호사의 국가고시와 새마을운동 관련 행사, 예비군 소집도 일요일에 진행했으며, 심지어 절전 대책의 일환으로 평일에 쉬고 일요일 근무를 장려하기까지 했다. 이승만에 의해 주목례로 바뀌었던 국기배례도 원상 복구했다. 한발 더 나아가 '국기에 대한 맹세문'까지 추가했다. 이렇듯 과거 개신교가 누려왔던 특권적 지위는 5·16 이후 많은 부분 없어지게 되었다.

반면에 불교계에는 여러 혜택을 주었다. 그동안 개신교가 독점적으로 누려왔던 군종제도와 형목제도에 불교계의 참여가 가능해졌다. 불교의 교도소 포교 참여는 1961년, 불교의 군종제도 참여는 1969년에 각각 실시되었다. 또 불교의 기념일인 석가탄신일도 1975년 국가공휴일로 지정되었다. 개신교와의 형평성을 맞추기 위한 대부분의 조치가 박정희 집권기에 이루어진 것이다.

박정희는 이와 함께 1962년 불교재산관리법을 제정하고, 정부에 속해 있던 주지 임명권을 각 사찰에 넘겨주는 조치도 단행했다. 또 새마을운동의 일환으로 전국의 사찰에 도로와 전기를 공급해주는 한편 1970년 세계불교지도자대회를 지원하는 등 불교진흥책을 펼쳤다.

박정희는 시간이 지날수록 불교에서 새로운 의미를 찾게 되었다. 박정희는 민족주체성 확립을 위해 민족문화 보존의 필요성을 찾으려 했는데, 이 차원에서 불교를 바라보기 시작한 것이다. 박정희는 서구식 교육을 받고 유학까지 다녀온 이승만, 장면과는 다른 성장 배경을 갖고 있었다. 박정희는 그야말로 시골에서 가난한 농부의 아들로 태어나고 자란 '토종' 대통령이었다. 따라서 박정희는 '미국과 서구 지향'의 전직 대통령에 맞서 '민족주체성 확립'을 차별화된 체제 수호 이념으로 들고 나올 수 있었다.

박정희는 민족문화 보존 차원에서 문화재보호법(1961)과 문화예술진흥법(1972)을 신설했다. 1970년대 제1·2차 문예중흥 5개년 계획을 통해 체계적인 문화재 보호사업 등도 진행했다. 박정희의 불교 지원 정책도 이 같은 맥락에서 이루어졌다. 현충일 등 국가행사의 불교화, 불교계의 오랜 숙원사업인 역경譯經 사업 지원, 대대적인 불교문화재 복원사업, 1만 원권 지폐에 석굴암 도안을 넣는 등 '민족주체성 확립 차원'에서 불교를 지원했다.

민족문화 지원 사업이 다른 전통 종교로 확대되지 않았다는 점에서 불교 특혜 논란도 일었다. 당시 새롭게 조명된 무형문화재 등 전통 종교는 새마을운동의 일환으로 진행된 미신타파 운동의 영향으로 미신으로 여겨져 제대로 대접받지 못했다. 이후 무속신앙은 전두환 정권 들어 진행된 '국풍國風' 운동에 힘입어 전통문화로서 가치를 인정받게 되었다.

불교의 약진과 개신교의 쇠퇴

5·16쿠데타 세력 내에는 불교 신자들이 다수 있었다. 대표적인 인물로는 박정희의 심복 이후락 중앙정보부장을 들 수 있다. 이후락은 두 차례나 조계종 전국신도회 회장을 맡을 정도로 불교계 핵심 인물 중 하나였다. 그는 대통령 비서실장으로 재직 중이던 1969년 3월 조계종 전국신도회 회장으로 선출되며 불교계에 큰 버팀목 역할을 해주었다. 이후 1976년 한 차례 더 회장으로 선출되며 불교계의 막후 실력자로 활약했다.

박정희 정권 내 불교 세력의 약진은 한국 사회지도층 종교 현황 조사에서도 드러난다. 1952년부터 10년간 사회지도층 종교 현황을 조사한 결과, 장면 정부 시절 7퍼센트에 불과하던 불교 신자는 쿠데타 직후인 박정희 집권기 들어 19.1퍼센트로 급격히 높아진 것으로 나타났다.[8] 한신대학교 교수 강인철은 "군사정권이 수립되면서 정치지도자 가운데 불교 신자의 비율이 급격히 높아지고 있고, 이 현상이 군 출신 인사들에 의해 주도되고 있다. 이는 물론 쿠데타에 참여한 군 지도자들 가운데 불교 신자가 다수 포함되어 있음을 의미한다"고 해석했다.[9]

국회 회기	제1대	제2대	제3대	제4대	제5대	제6대
개신교 의원 비율	21.2%	25.7%	18.7%	19.7%	15.7%	9.4%
재임 대통령	이승만				장면	박정희

재미있는 것은 대통령의 종교가 사회지도층의 종교에 절대적인 영향을 미치고 있다는 사실이다. 이승만 집권기에는 개신교(39.2퍼센트), 장면 집권기에는 천주교(11.9퍼센트)의 약진이 두드러졌지만, 박정희 집권기에는 사회지도층에서 불교(19.1퍼센트)가 차지하는 비중이 크게 늘어난 것이다. 특히 이승만 집권기에 20퍼센트를 넘기도 했던 개신교 국회의원은 박정희 정권하의 제6대 국회 회기에서는 10퍼센트 이하로 줄어들었다. 이런 통계는 대통령의 종교 성향이 정치에 직접적인 영향을 미쳤다는 것을 말해주는 징후로 볼 수 있다.

반공을 외치다

박정희가 개신교에 대해 규제 정책을 썼다고 해서 개신교를 적대적으로만 생각한 것은 아니었다. 오히려 박정희는 개신교의 도움이 절실했던 사람이다. 정권의 기반이 취약했던 박정희는 정권 유지를 위해 반공 이데올로기에 의지해야 했고, 또 미국 등 국제사회의 지지도 필요했다. 박정희가 쿠데타를 결심하고 가장 우려했던 세력도 미국이었다. 그는 쿠데타 한 달 전, 나중에 외무부 장관까지 오른 이동원에게 "나 쿠데타 할 거요. 그럴 경우 미국이 어떻게 나올 것 같소?"라고 문기도 했다. 실제 박정희의 혁명 공약 6개항 가운데 1~2순위가 '반공을 국시의 제일로 삼는다'와 '미국을 위시한 자유 우방과의 유대를 더욱 공고히 한다'였다.

박정희는 체제 유지를 위해 반공과 친미가 절실했는데, 당시 이를 지원할 수 있는 민간 세력은 개신교가 유일했다. 6·25전쟁을 거치면서 뿌리 깊은 반공주의를 체화한데다가 미국인 선교사와 오랜 네트워크로 미국과 상당한 인맥을 갖추고 있었기 때문이다. 이게 시사하듯, 개신교와 군사정권을 연결한 첫 번째 끈은 반공이었다. 반공을 매개로 개신교와 군사정권이 긴밀한 협력 관계를 맺게 되는 과정을 살펴보자.

반공은 쿠데타를 통해 들어선 군사정권에 힘과 명분을 실어주었고, 개신교 역시 반공을 외치며 군사정권과 가까워졌다. 반공은 당시 모든 상황에서 쓰이는 '만능 요술봉' 같은 이데올로기였다. 정권에 대한 반대 세력도 반공을 앞세워 묶어놓을 만큼 그 위력은 대단했다.

개신교는 5·16쿠데타 직후 환영 성명을 발표하는데, 지지의 근거로 삼은 게 바로 반공이었다. 1961년 5월 29일 한국기독교교회협의회KNCC는 "금번 5·16군사혁명은 조국을 공산 침략에서 구출하고 부정과 부패로 기울어가는 조국을 재건하기 위한 부득이한 처사였다"고 했다.[10] 대표적인 진보 목사인 강원룡도 "혁명공약에 반공을 제일로 삼는다는 내용이 있는 것을 보고 공산주의자들은 아닌 것 같다는 생각에 안심했다"고 말했다.[11]

개신교는 박정희의 10월 유신(1972)과 긴급조치 발령(1974, 1975) 등으로 민주인사들에 대한 탄압이 진행되자 구국기도회 등을 열어 사회 분위기를 반공 쪽으로 몰고 갔다. 1975년 한 해에만 5월 4일 반공구국기독학생운동 특별기도회, 6월 22일 나라를 위한 연합기도회, 6월 23~27일 민족복음화와 국가안보 전도대회, 7월 17~19일 제3차 세계기독교반공대회 등 반공 관련 대형 집회가 네 차례나 열렸다. 7월 열린 세계기독교반공대회에서 김준곤 목사는 '기독교와 공산주의의 갈림길에서'라는 제목의 강연을 통해 유신 체제를 찬양하는 등 반공을 체제 유지의 방편으로 적극 활용했다. 1975년 민주공화당 기관지 『기독교반공협회』는 서울예술극장에서 열린 반공 강연회에 850명에 이르는 성직자가 참석했다고 전하기도 했다.[12] 이렇듯 개신교는 반공의 주역이 되어갔다.

개신교는 또 반대 여론이 높았던 베트남 파병 문제에서도 파병군을 공산주의와 싸우는 '자유의 십자군'으로 묘사하며 파병 찬성 입장과 함께 대대적인 환송 예배를 보기도 했다. 이처럼 개신교는 군사정권의 체제 유지 기반인 반공의 든든한 후원자가 되어갔다. 19개 보수단체들로 구성된 한국기독교지도자협의회는 광복 30주년을 기념하는 자리에서 박정희의 반공 정책을 지지하는 한국 교회 선언문을 발표했다.[13]

"근래 우리나라는 북한 공산주의자들의 위협을 지속적으로 받아왔다. 이것은 국가의 존립과 밀접하게 연관된다. 불안정한 정치적 상황 때문에 정부는 대통령령 긴급조치를 발동했다. 이 나라의 기독교

개신교는 베트남 파병군을 공산주의와 싸우는 '자유의 십자군'으로 묘사하며 대대적인 환송 예배를 보기도 했다. 파월 장병들을 위한 환송 퍼레이드가 거행되고 있다.

인들은 이 상황에 깊은 관심을 가지고 있다." [14]

박정희 집권 당시 개신교의 반공 관련 활동은 반공이 여러 영역에서 체제 유지를 위한 도구로 활용되었음을 보여주고 있다. 베트남 파병, 3선 개헌에 대한 지지, 주한미군 철수 반대 등 군사정권에 대한 지지 활동의 근거를 반공에서 찾았기 때문이다. 이와 관련 서울신학대학교 교수 박명수는 이렇게 말했다.

"1960년대 국제정세는 강력한 냉전체제 가운데 있었다. 중국에서는 문화혁명이 일어나고 있었고, 인도차이나반도는 공산화의 위협 가운데 있었다. 여기에 김일성은 간첩을 남파하여 남한 사회를 교란시키고 있었다. 이런 공산주의 위협에서 나라를 지키는 것은 정부의 군사적인 힘만으로 되는 것은 아니었다. 여기에 정신무장이 필요했고 또한 종교적인 힘이 필요했다. 대한민국 종교 가운데 반공 이념에 가장 투철한 종교는 기독교와 천주교였다.……특히 기독교는 철저한 반공의 보루였다. 4·19 이후 한국 사회를 불안하게 보던 기독교는 박정희의 반공 정책을 강력하게 지지했다." [15]

임마누엘 중대와 구국십자군

박정희 군사정권과 개신교의 유착 관계를 극명하게 보여주는 두 가지 사례가 있다. 군대 내 '임마누엘 중대'로 불리는 개신교 특수중대가 만들어진 것과 목사들로 구성된 '구국십자군救國+字軍'의 창설이다. 개신교 특수중대 창설은 베트남 파병 시기인 1960년대 중반으로 거슬러 올라간다. 당시 개신교는 박정희의 베트남 파병을 적극 지지하며, 전국적인 기도회를 열고 파병의 정당성을 알리는 데 앞장섰다.

이 같은 분위기를 반영하듯 파병부대인 백마부대 내에 개신교인들로만 구성된 '임마누엘 중대', '다윗 중대', '여호수아 중대'가 만들어졌다. 당시 백마 부대장이었던 이소동 대장 역시 개신교인으로, 부대 창설에 영향을 미쳤던 것으로 보인다. 이소동은 1966년 8월 KNCC 주최로 열린 '파월 백마부대 환송연합예배'에서 "하나님을 공경하고 선한 싸움을 할 것"이라며 "구름기둥과 불기둥이 장병들을 보호해줄 것을 확신한다"고 말하기도 했다.[16]

베트남 파병 이후에는 구국십자군이 창설되어 목사들이 직접 총검술 등 군사훈련을 받기도 했다. 구국십자군은 박근혜와 막역한 사이로 알려진 최태민 목사가 총재로 있던 대한구국선교단의 산하 단체다. 중앙에 사령부를 두고 각 시도 군단, 각 교회를 분단으로 해서 운영되었는데 이는 일반 군대와 동일한 편제를 갖고 있었다.

구국십자군이 준군사조직이었다는 사실은 당시 언론 보도에서도 여실히 드러난다. 예컨대 『중앙일보』 1975년 6월 10일자는 "구국십자군의 목표 병력은 20만 명이며, (구국십자군의) 훈련은 십자군이 편성되는 교회에는 국방부와 교섭해 교관을 파송, 매주 토요일 하오 1~5시까지 4시간 전국적으로 일제히 제식, 사격훈련 등 군 기본훈련을 시킬 계획"이라고 보도했다. 『경향신문』도 1975년 8월 8일 열린 강화 특수군단의 발단식에 대해 "멸공대, 기동대, 전도대 등 각 500명씩 1,500명으로 구성된 군단 대원은 발단식에서 위기에 처한 조국을 지

베트남 파병 이후 목사들은 구국십자군에서 총검술 등 군사훈련을 받기도 했다.
1976년 박정희와 박근혜가 대한구국선교단 총재 최태민과 이야기를 나누고 있다.

키기 위해 순교적 신앙으로 총궐기, 민족중흥의 활력소가 되고 기독교의 선과 미로써 조국의 성업에 총 매진할 것을 다짐했다"고 전했다.[17]

이처럼 개신교와 군軍이 자연스럽게 연결될 수 있는 논리는 '십자군+字軍'에 있었다. 개신교의 '십자軍'이나 군사정권의 '軍' 모두 공산주의를 공동의 적으로 삼고 있었기 때문이다. 이 같은 논리는 베트남전쟁에는 '반공의 십자군'으로, 1970년대에는 '구국의 십자군'으로 표현만 바뀌었다. 실제 박정희는 1973년 3월 주월한국군 개선 국민환영대회에서 "어제의 평화 십자군이 오늘의 유신 십자군, 구국의 십자군이 되게 하자"고 촉구하기도 했다.[18]

혁명 정부의 민간사절

군사정권과 개신교를 연결한 또 하나의 끈은 '대미 접촉 창구 역할'이다. 당시 박정희는 국제사회의 지지를 받기 위해 미국과의 관계 개선을 시도했지만, 미국과의 인맥이 그다지 많지 않아 어려움을 겪고 있었다. 이때 개신교가 군사정권의 대미 접촉 창구로 급부상했다. 서울신학대학교 교수 박명수는 "박정희는 개신교를 통해서 미국과의 관계회복을 원했다. 사실 박정희는 오랫동안 미국과 갈등 관계를 갖고 있었다. 그에게 필요한 것은 미국과의 창구 역할을 해줄 사람들이었다. 이런 상황에서 개신교는 미국 사회에 박정희 정권을 위한 로비를 해주었다. 한경직, 김활란 같은 한국 교회 거물들이 이런 역할을 수행했다"고 말했다.[19]

5·16쿠데타 직후인 1961년 6월 20일 한경직과 김활란 등은 '혁명 정부의 국제적 지지를 받기 위한 민간사절' 자격으로 미국을 방문했다. 이어 극동방송 사장인 김장환 목사도 미국 최대 교단인 침례교의 인맥을 활용해서 대미 접촉 창구 역할을 자처했다. 그는 1974년 12월 조지 오글George Ogle 목사의 강제추방을 계기로 한국의 인권 문제와 종교 탄압이 국제사회의 도마에 오르자, 한국기독실업인회 김인득 장로와 함께 수차례 미국을 방문해서 순회강연과 방송 출연 등을 통해 박정희의 군사정권을 옹호했다.

　김장환 목사는 뉴욕 CBS 텔레비전 존 챈슬러John Chancellor 프로그램에 출연해 "한국은 종교의 자유가 있으며 순수한 복음 전파를 하는 일은 전혀 탄압받지 않는다. 종교인 가운데 구속된 사람들은 정치적인 활동 때문에 구속된 것이다"라고 말해 한국에 관한 긍정적인 여론을 조성했다. 다음 날부터 두 사람(김장환, 김인득)은 20여 일 동안 미국 전역을 순회하며 반한反韓 여론을 잠재우는 수십 차례의 강연을 했다.[20]

　주한미군 철수 문제가 한미 간 주요 이슈로 떠오르자 김장환 목사는 자신의 침례교 인맥을 동원해서 미군 철수 반대 로비에 나서기도 했다. 1975년부터 1977년까지 김장환, 김인득, 김익준, 김연준, 유상득 등의 개신교인들이 미국 내 반한 감정과 반유신 여론을 무마하기 위해 여러 차례 미국을 방문하기도 했다.

전군 신자화 운동과 대형 집회

개신교는 군사정권에 협력하며 박정희에게서 지원과 협조를 얻어냈다. 대표적인 것이 개신교 성장에 중요한 발판을 마련한 '전군 신자화 운동'과 개신교가 주최한 '대형 집회'에 대한 지원이었다. 개신교의 군종제도는 불교보다 18년 앞서며 선점 효과를 톡톡히 누리고 있었다. 이를 다시 한 번 도약시킨 계기가 전군 신자화 운동이었다. 전군 신자화 운동은 국내에서 시작되어 전 세계에 수출한(?) 군 선교 운동으로, 국제적으로도 상당한 반향을 일으켰다.

전군 신자화 운동은 당시 제1군 사령부에서 진행된 '군종업무 시행지침'에서 시작되었다. 군대 내 신앙을 가진 신자가 늘어날수록 사고가 줄어든다는 조사가 나왔기 때문이다. 육군은 이 같은 성과를 토대로 군대 내 종교 신자를 높이기 위한 업무를 공식화했다. 이에 따라 제1군 지역 대대급까지 현역 군종목사를 부임시키고 진중교회 건축도 활발히 진행했다.

전군 신자화 운동의 활성화에 결정적인 역할을 한 사람이 바로 박정희였다. 박정희는 신앙 전력화 차원에서 이 운동이 필요하다고 보고, 1976년 6월 26일 친필로 '신앙 전력화' 휘호를 써서 군종감실에 내려 보냈다. 이는 곧 전군全軍 종교시설에 걸리면서 군대의 공식 선교운동으로서 위상을 갖게 되었다. 이로 인해 개신교의 군대 내 신도 확보 전쟁은 더욱 탄력을 받게 되었다.

개신교는 이 시기 대형 전도 집회를 열며 교세 성장의 발판을 마

개신교는 1965년을 '한국 복음화 운동의 해'로 선포하고 이후 초대형 전도 집회를 열었다.
1973년에는 서울 여의도광장에서 '빌리 그레이엄 목사 한국 전도대회'를 열기도 했다.

련했다. 개신교가 교회 성장에 관심을 갖기 시작한 것은 1965년을 '한국 복음화 운동의 해'로 정하고부터였다. '3천만을 그리스도에게로'라는 표어 아래 진행된 전도 집회 이후 성장을 위한 각종 전도 집회가 진행되었다.[21] 이에 따라 1970년대 들어서는 초대형 전도 집회들이 속속 기획되기 시작했는데, 대표적인 것이 1973년 5월 진행된 '빌리 그레이엄 전도집회'다. 5월 16일 대전을 시작으로 19일간 전국 주요 도시를 돌며 진행된 이 집회에는 연인원 320만 명이 참석했고, 결신자(신앙을 가질 것을 결심한 사람)만 3만 6,000명이 나와 한국 사회를 놀라게 했다.

이어 다음 해 진행된 한국대학생선교회의 '엑스플로 1974 기독교 세계복음화 대회'에는 연인원 650만 명이 참석해 빌리 그레이엄의 집회 기록을 가볍게 경신했다. 이 같은 분위기는 전두환 집권 초반까지 이어져 1980년 열린 '1980 세계복음화 대성회'는 연인원 1,600만 명이라는 사상 유례가 없는 규모의 집회 기록을 자랑했다.

이 같은 대형 집회는 군사정권의 협조 없이는 사실상 불가능했다. 당시는 10월유신과 긴급조치 발효로 집회의 자유는 물론 표현의 자유마저 엄격히 제한되던 시기였기 때문이다.[22] 군사정권은 국가 행사 외에는 빌려주지 않았던 여의도광장을 장소 사용료 없이 개신교에 제공해주었고, 부흥회 준비를 위해 군 공병대가 투입되었으며, 육군 군악대까지 나서 찬송가를 연주하기도 했다. 빌리 그레이엄 목사의 집회 기간에는 아예 통행금지를 해제하기도 했다.

이 시기 대부분의 개신교 집회가 여의도광장에서 열렸고, 빌리 그레이엄 목사의 집회가 5월 16일에 시작되었다는 점은 군사정권과의 교감이 예상되는 대목이다(여의도광장은 1968년 여의도 개발계획에 따라 조성되었는데, 초기에는 5·16광장으로 불렸고, 1972년에 광장이 조성되어 여의도광장으로 불렸다. 현재는 여의도공원이 되었다). 중앙대학교 교수 장규식은 "이들 대형 집회는 유신 체제 성립 후 5·16쿠데타를 기념하는 5·16광장에서 정부의 비호를 받으며 열렸다는 공통점이 있다. 이전에 부활절 연합예배를 비롯한 한국 교회의 대형 집회는 대부분 남산에서 열렸었다"고 말했다.[23]

이 시기 대형 집회는 군사정권이 종교와 집회의 자유를 보장하고 있다는 사실을 만방에 알리는 효과를, 개신교가 이를 통해 많은 신도를 확보할 수 있다는 일거양득의 효과를 가져왔다. 이렇듯 박정희 집권 시기 군사정권은 개신교를 통해 반공과 친미 체제를 강화하고, 개신교는 군사정권과 협력하며 교세를 확장해나갔다. 다시 말해 개신교와 군사정권은 철저한 공생 관계에 있었다.

새마을운동과 새벽기도운동

"새벽종이 울렸네/새아침이 밝았네/너도 나도 일어나 새마을을 가꾸세." 이 가사는 새마을운동 노래의 시작 부분으로 박정희가 직접 작사·작곡했다. 그만큼 박정희는 '새마을운동'에 대해 강한 애착을 갖고 있었다. 그런데 새마을운동이 개신교와 밀접한 관련성을 갖고 있다는 사실을 아는 사람은 많지 않다. 박정희에게 새마을운동의 단초를 제공한 사람이 여의도순복음교회 조용기 목사였다. 박정희는 조용기 목사를 만난 자리에서 "조국 근대화를 위해 국민들이 동참하도록 해야 할 텐데, 여전히 많은 이들이 수수방관하고 있다. 어떻게 하면 좋겠는가?"라고 물었는데, 조용기 목사가 "새마음운동을 벌이라"고 조언했다는 것이다.

조용기 목사는 "새마음운동이란 국민들이 과거의 잘못된 삶을 반성하고 새로운 마음으로 자신의 인생을 적극적으로 개척해 나가자고 독려하는 일종의 정신 재무장 운동이라고 설명하면서 과거를 뉘우치고 새로운 삶을 살자는 것이 바로 기독교 신앙이다. 시골 마을 곳곳마다 교회가 없는 곳이 없다. 교회가 새마음운동의 중심이 된다면 얼마든지 가능할 것이다"라고 했다. 이 만남이 있은 지 얼마 되지 않아

박정희는 새마을운동을 통해 한국인들의 인간성을 개조하고자 했는데, 새마을운동의 단초를 제공한 사람은 여의도순복음교회 조용기 목사였다.

박정희가 '새마을운동'을 들고 나왔다. "새마을운동이 처음 시작되었을 때, 새마을 지도자들이 개신교 농촌운동인 가나안농군학교에서 일정한 훈련을 받았다는 사실에서 조용기 목사의 조언이 어느 정도 영향을 주었다는 사실을 짐작할 수 있다."²⁴

　　서울신학대학교 교수 박명수는 "믿는 자들에게는 능치 못할 것이 없다는 조용기 목사의 메시지와 박정희 대통령의 '잘 살아보세 잘 살아보세 우리도 한번 잘살아보세'라는 구호는 시기적으로 일치한다. 조용기 목사의 메시지는 박정희 대통령의 구호와 같이 번영을 향해서 나아가는 한국인들에게 희망을 주었다고 말할 수 있다"고 분석했다.²⁵ 김진호 목사도 "순복음교회의 구역장과 새마을운동 지도자는 그 시대에 체제화된 성장주의적 구술 전승자인 것이다"라며 그들의 연관

성을 강조했다.[26]

새마을운동의 정신적 배경을 따라가다 보면 개신교의 새벽기도운동과도 만난다. 1907년 평양 대부흥운동의 여파로 한국 교회에는 '새벽기도운동'이 불길처럼 번졌다. 사회 전반이 무기력과 나태함에 빠져 있을 때 시작되었던 이 운동은 개신교인들에게 '새벽'과 '근면'의 의미를 알려주었다. 개신교는 이후 일제강점기에는 '농촌계몽운동', 산업화시대에는 '가나안농군학교' 등으로 새벽기도운동의 명맥을 이어갔다. 가나안농군학교는 박정희가 직접 시찰하면서 새마을운동을 구체화시킨 곳이자, 새마을운동 지도자와 공무원과 군인 등에 대한 정신교육기관으로 유명해지기도 했다.

"새벽종이 울렸네/새아침이 밝았네." 새마을운동 노래 첫 구절에도 나타나듯이 이 운동의 핵심적 행동 가치 역시 '새벽'과 연관된다. 새마을운동과 새벽기도운동이 닮아 있다는 것도 이 때문이다.

하늘이 내려준 '성장 기회'

박정희 정권이 진행한 산업화의 최대 수혜자는 개신교였다. 산업화로 인해 급격히 도시로 유입된 이농민들을 흡수하며 개신교는 이 시기 급격한 교세 성장을 경험했다. 조국 근대화 차원에서 진행된 산업화는 급격한 도시화를 불러왔다. 해방 당시 도시화 비율은 15퍼센트 정도였다. 그러나 산업화가 진행되면서 도시화 비율은 급격히 상승해서 1960년대 37퍼센트, 1970년대 50.2퍼센트, 1980년대 69.4퍼센트, 1985년에는 77.3퍼센트에 이르렀다. 급격한 도시화는 공동체의 붕괴, 정체성의 혼돈, 도시 빈민의 급증, 빈부 격차 문제 등의 새로운 사회문제를 양산했다. 그러나 박정희 정권은 이 같은 문제에 대해 아무 대책 없이 손을 놓고 있었다.

개신교는 이 틈을 놓치지 않고 파고들었다. 고향을 떠나서 도시에 정착해야 하는 이들을 위로하는 역할을 했다. 새로운 도시생활과 공동체를 찾아야 했던 이농민들에게 교회는 위안의 장소이자 새로운 교제의 장이 되어주었던 것이다. 해외의 유학생이나 이민자들이 현지 한인교회를 중심으로 연결되어 있는 것과 같은 이치였다. 이를 통해 여의도순복음교회 같은 초대형 교회들이 속속 탄생했다. 다음은 교회 성장연구소 소장 홍영기의 분석이다.

"1960년대 도시로 올라온 이농민들은 중랑구, 관악구, 성북구, 성동구, 광진구, 서대문, 영등포 등 한강 지류나 야산에 무허가 주택단지를 형성하며 집단으로 거주했다. 기초생활을 위한 최소한의 조건도 갖추어지지 않은 주거지와 노동조건 속에서 혹독한 삶을 살아가야 했던 사람들, 학대와 폭력이 난무한 야만적 도시생활 속으로 내던져진 사람들에게 국가는 거의 아무런 기회도 제공하지 않았고, 단지 그들을 산업예비군으로 하는 저임금 체계를 유지하는 데 급급했다. 바로 이들에게 교회가 다가간 것이다."[27]

1958년 가족 5명이 모여 가정교회로 시작한 여의도순복음교회는 1963년 3,000명, 1973년 1만 8,000명, 1993년 60만 명, 2010년 재적 교인 78만 명을 기록했다. 특히 1970년대 10년 동안의 성장률은

1960년대부터 시작된 근대화로 인해 도시 인구가 빠르게 성장하면서 초대형 교회들도 등장하기 시작했다. 1958년 가족 5명의 교회로 시작한 여의도순복음교회는 2010년에 교인이 78만 명이 되었다.

놀랍게도 16배나 되었다.

　이는 1970~1980년대 다른 교회들에서도 공통적으로 나타나는 현상이다. 산업화가 진행된 1960년부터 1990년까지 30년간 개신교 신도는 62만 명에서 자체 추산 1,000만 명에 육박해서 무려 16배로 성장했다. 교회 수도 5,000개에서 3만 5,000개로 늘어 7배로 증가했다. 박정희가 추진한 산업화는 개신교로서는 하늘이 내려준 '성장 기회'였던 셈이다.[28]

조찬공화국과 새벽기도운동

2003년에 '아침형 인간'이 신드롬을 일으켰다. 일찍 나는 새가 벌레를 잡아먹는다는 '얼리 버드Early Bird 신드롬'이었다. 그래서 이런 말도 생겼다. "아파트 단지에서 지켜보면 아침 일찍 나가는 자동차일수록 높은 직위의 사람일 가능성이 높다."

요즈음의 한국은 가히 조찬공화국이라 해도 과언이 아니다. 오피니언 리더들의 조찬 모임에서부터 조찬 강연회, 졸업생 모임, 대학마다 진행되는 최고경영자 모임, 소규모 비즈니스 조찬에 이르기까지 형태도 다양하다. 덕분에 호텔은 새벽에 오히려 문전성시를 이루는 기현상도 일어났다. 실제 서울의 한 유명 호텔 관계자는 "최근 3년간 조찬 횟수와 매출액 모두 연 10퍼센트 안팎의 꾸준한 증가율을 보인다"고 밝혔다. 심지어는 주변 아파트 단지의 어머니 회원 등 여성들이 조식 뷔페 모임을 여는 경우도 많다고 한다. 새벽부터 이렇게 많은 조찬 모임이 열리는 나라는 한국밖에 없고 조찬 모임에 이렇게 많은 사람이 함께 모여 배우는 나라도 한국밖에 없다. 새벽에 호텔에 가보면 한국의 힘을 알 수 있다.[29]

이런 조찬공화국의 근원을 따져 올라가다 보면 새벽기도운동과 만난다. 1907년의 새벽기도운동은 여러 형태로 그 맥을 이어갔다. 심훈의 '상록수'로 대표되는 개신교의 '농촌계몽운동'에 근면 정신의 형태로 영향을 미쳤고, 또 1962년 설립된 가나안농군학교 설립 정신의 근간이 되기도 했다. 가나안농군학교는 개신교 장로인 김용기가

1962년 설립한 기독교 합숙 교육기관으로 '한손에는 성서를, 한손에는 괭이를'이라는 모토로 '새벽을 깨우는' 근면 정신을 강조해왔다.

새벽기도운동의 맥은 1975년 조찬 공부 모임으로도 이어졌다. 조찬 공부 모임의 전형을 만들었던 인간개발연구원의 장만기 회장을 비롯해 조찬 공부 모임을 주도한 세력은 대부분 개신교인이었다. 개신교인이면서 1989년 도산 아카데미 조찬 세미나를 출범시킨 건국대학교 명예교수 류태영은 "당시만 해도 정례화된 조찬 모임은 서너 곳에 불과했는데 지금은 내가 아는 것만 해도 유명한 모임이 70여 개나 되고 내용과 형식도 다양해졌다"고 말했다.[30]

실제 개신교인들은 주로 새벽에 많이 움직인다. 새벽에 모이는 대표적인 모임으로는 한국기독실업인회가 있다. 서울 48개 지회를 비롯해 전국적으로 230여 개 지회가 있는 한국기독실업인회는 대부분의 지회가 주 1회의 조찬기도회를 갖는다. 참석 인원은 지회마다 다르지만 적게는 30여 명, 많게는 100여 명이 넘는 곳도 있다. 참석 인원을 최소 30여 명으로 잡아도 230여 개 지회를 곱하면 한 주에 적어도 7,000여 명의 개신교인이 조찬 모임을 갖는다.

개신교 목사들도 조찬 모임을 자주 갖는다. 새벽 5~6시에 열리는 새벽기도회에 참석해야 하는 목사들의 특성상 약속이 조찬으로 이어지는 경우가 많다. 개신교인들도 새벽을 깨우는 사람들 중 하나다. 웬만한 규모의 교회에는 대부분 새벽기도회와 예배가 정례화되어 있기 때문이다. 특히 부활절을 앞둔 시점에는 상당수 개신교인이 작정하고 새벽기도에 참석하기도 한다.

따라서 '아침형 인간' 신드롬에서 나온 "아침 일찍 나가는 자동차일수록 높은 직위의 사람일 가능성이 높다"는 말은 이제 다음과 같이 바뀌어야 할 것 같다. "아침 일찍 움직이는 사람일수록 개신교인일 가능성이 높다."

반독재민주화운동의 중심에 선 개신교

1970년대 들어 국가권력에 협조적이었던 종교계에 새로운 흐름이 등장하기 시작했다. 군사정권에 맞서는 종교인들의 저항운동이 생겨났던 것이다. 부조리한 사회 현실과 군사정권의 장기집권 움직임에 맞서 종교인들의 인권운동과 반독재민주화운동이 꿈틀거렸다. 그리고 그 중심에는 개신교가 있었다.

개신교는 1968년 노동자들의 인권 문제를 다루기 위한 도시산업선교회를 출범시키는 한편 박정희의 장기집권을 반대하는 반독재민주화운동을 시작했다. 도시산업선교회는 출범 이후 1970년 전태일의 분신에서부터 1979년 YH노동조합 사건에 이르기까지 1970년대의 굵직한 노동계 사건과 함께하며 소외된 자들을 위한 인권운동의 견인차 역할을 해왔다. 이에 따라 도시산업선교회는 군사정권에서 요주의 단체로 지목되어 관련자들이 구속되는 등 시련을 겪기도 했다. 박정희 정권이 YH노동조합 사건의 배후 세력으로 도시산업선교회를 지목하고, 종교를 구실로 삼아 공장과 노동조합에 침투해 노동 분규와 사회 불안을 선동하는 특정 불순 세력의 진상을 철저히 조사할 것을 명령했기 때문이다.[31] 이 사건으로 인명진 목사, 문동환 목사, 서경석 목사 등이 구속되었다.

개신교는 1969년 7월 3선개헌반대운동을 시작으로, 1973년 4월 남산부활절연합예배 사건, 1973년 12월 개헌청원 백만인 서명운동, 1976년 3월 3·1민주구국선언, 1979년 11월 YWCA 위장결혼 사건 등에 관여하며 1970년대 반독재민주화운동을 주도해 나갔다. 3선개헌 반대운동에는 김재준 목사가 범국민투쟁위원장으로 전국 교회의 동참을 호소했고, 유신 체제에 정면으로 도전한 첫 사건인 남산부활절 예배 사건은 박형규 목사, 권호경·김동완 전도사(권호경·김동완 전도사는 훗날 KNCC의 총무가 된다)가 주도했다. 이들은 1973년 4월 22일 남산에서 열린 부활절연합예배에서 유신에 반대하는 유인물을 살포했다는 이유로 내란예비음모죄로 실형을 선고 받았다.

개신교를 비롯한 종교계가 중심이 된 1973년 개헌청원 백만인 서명운동은 서명 10일 만에 30만 명이 참여하면서 군사정권을 긴장시켰다. 이는 1974년 1월 긴급조치 1호 발동의 직접적 계기가 되었다. 1976년 3월 1일 명동성당 미사에서 긴급조치 철폐와 정권 퇴진을 요구하는 '3·1민주구국선언'이 발표되자, 박정희 정권은 종교 지도자 27명을 체포했다. 그리고 문익환·문동환 목사 형제를 비롯해 서남동 목사, 안병무 목사, 이해동 목사, 함세웅 신부, 문정현 신부 등 11명을 구속했다.

1970년대 종교계의 반독재민주화운동의 대미를 장식한 사건은 1979년 YWCA 위장결혼 사건이었다. 박정희 서거 후 유신 세력은 체제 유지를 위해 유신헌법에 따라 새 대통령을 선출한다는 담화를 발표했다. 유신헌법에 따른 대통령 선출은 통일주체국민회의에 의한 간접적 선출을 의미하는 것이었다. 이에 반발해 개신교를 비롯한 종교계와 재야 인사들은 11월 24일 결혼식을 가장해 YWCA에 모여 간접선거 반대와 유신헌법 철폐, 계엄 해제 등을 요구하며 가두시위를 벌였다. 이 사건으로 140여 명이 연행되고 14명이 구속되었다.

박정희 정권의 탄압과 목요기도회의 탄생

개신교의 저항이 거세지자 군사정권은 긴급조치와 시국 사건을 통해 성직자들을 잡아들이기 시작했다. 박정희는 총 9차례의 긴급조치를 발동했는데, 이 중 실질적인 조치는 유신헌법에 대한 일체의 논의나 반대를 금지한 긴급조치 1호(1974. 1. 8), 민청학련 등 반국가단체 구성을 금지한 긴급조치 4호(1974. 4. 3), 유신헌법 반대자들의 영장 없는 체포를 가능케 한 긴급조치 9호(1975. 5. 13) 등이었다(긴급조치 2호는 고등군법회의와 비상보통군법회의 설치를, 긴급조치 3호는 저소득층에 대한 세금 감면 등 민생 부분을, 긴급조치 5호와 긴급조치 6호는 긴급조치 1·2호의 해제를, 긴급조치 7호는 고려대학교 휴교령과 군대 투입을 규정하고 있다).

긴급조치 1호는 개헌청원 백만인 서명운동, 긴급조치 4호는 민청학련 사건이 직접적 계기가 되었다. 긴급조치 9호는 유신체제 공고화를 위해 일체의 개헌 논의를 금지하고 있다. 이로 인해 유신체제와 군

개신교의 저항이 거세지자 박정희는 긴급조치를 통해 성직자들을 탄압했다.
긴급조치 1호로 법정에 선 김진홍, 이해학, 이규상, 인명진, 박윤수, 김경락 목사(오른쪽부터).

사정권에 저항하는 종교인들의 체포와 구속이 이어졌다.

역사문제연구소 이사장을 지낸 성균관대학교 교수 서중석은 "1974년 긴급조치 1, 4호로 구속된 인사들은 비기독 학생을 제외하면 기독교 관계자들이었다. 한 자료에 따르면 기독교 관계자들이 1, 4호로 42명이 구속되었고 이 중 지학순 주교와 김지하를 빼면 모두 개신교 관계자였다"고 말했다.[32]

특히 이 과정에서 공권력은 교회나 교회 사무실을 난입했고, 목사가 연행되기도 했다. 이 시기 반정부 활동을 했다는 이유로 조지 오글 목사는 1974년 12월, 제임스 시놋James P. Sinnott 신부는 1975년 4월 강제 추방당했다.

1970년대 대표적인 시국 사건으로는 1974년의 민청학련 사건이

박정희는 유신헌법 반대자들을 영장 없이 체포가 가능하도록 긴급조치 9호를 발동했다.
긴급조치 9호가 선포되었음을 알리는 당시 신문 기사들.

있었다. 민청학련 사건은 조사받은 사람만 총 1,024명이며, 이 중 203명이 구속되고, 183명이 실형을 받은 최대 용공조작 사건이었다. 군사정권은 민청학련 사건을 개신교를 비롯한 반정부 종교인들과 용공 세력이 연대한 국가변란 기도 사건으로 발표했다. 민청학련 사건으로 많은 종교인이 구속되자, 구속자 가족들은 매주 목요일 기독교회관에 모여 정보를 교환하며 기도회를 진행했다. 이는 박정희 정권 시절 탄압받고 소외받는 사람들을 위한 KNCC의 정례 기도회인 '목요기도회'로 발전했다.

민청학련 사건이 발생하자 그해 8월 베를린에서 열린 세계교회협의회wcc 중앙위원회는 구속자 석방을 요구하는 한편 이를 위해 각 나라 교회들이 적절한 조처를 취해줄 것을 촉구했다. 세계기독학생연맹WSCF은 10월 조사단 5명을 파견해 구속자 가족 등 관련자들을 면담한 뒤에 박정희에게 구속자 석방 등을 촉구하는 공개 탄원서를 보냈다. 로마 교황청은 민청학련 사건에 연루되어 지학순 주교가 구속되자 "지학순 주교의 구속이 많은 나라에 경악을 일으켰으며", "이 재판이 공정한 해결에 도달하기를 희망한다"고 밝혔다.[33]

또한 교황청은 지학순 주교의 신병처리 문제를 놓고 박정희 정권과 물밑 협상을 시도하기도 했다. 2006년 2월 공개된 정부 외교문서에 따르면, "그해 7월 11일 주한 교황대사 루이지 도세나Luigi Dossena 대주교가 당시 노신영 외무부 차관을 면담한 자리에서 지학순 주교가 구속되지 않도록 해줄 것을 요청했다"고 한다.[34] 필리핀 마닐라교구의 하이메 신Jaime Sin 대주교도 자신이 한국을 방문 중인 미국 제럴드 포드Gerald Ford 대통령에게 전문을 보내 지학순 주교의 석방을 도와줄 것을 호소했다고 밝히기도 했다.[35]

군사정권은 개신교를 직접 겨냥하기도 했는데, 1975년 발생한 KNCC 선교자금 유용 사건이 그것이다. 박정희 정권은 KNCC 사무실에 들어와 재정업무 서류들을 압수하고, 김관석 목사와 교회 직원들을 체포했다. 세계식량기구 독일 지부에서 준 8만 달러의 선교비를 착복했다는 것이 이유였다. 세계식량기구는 서로 상의하에 진행된 것이라며 KNCC를 두둔하고 나섰지만, 김관석 목사와 박형규 목사 등 관련자들은 구속되었다.

천주교의 저항과 3대 사건

천주교의 저항 움직임도 1970년대부터 본격화되었다. 이전까지
만 해도 천주교 역시 개신교와 마찬가지로 반공을 중심으로 군사정권
에 협조적이었다. 5·16쿠데타 직후 발행된 『가톨릭시보』 1961년 5월
28일자는 "우리가 통일을 원하는 것은 국민 모두가 잘 살기 위해서인
데 공산치하에서는 잘살 수 없으므로 군사혁명 정부가 국시를 반공으
로 삼은 것은 현명한 정책이다"라며 군사정권을 지지했다.[36] 또 군사
정권이 추진 중인 재건국민운동본부에 가입해 '천주교 서울교구추진
회'를 결성하는가 하면 한국주교단은 1961년 12월 4일자로 교서를 발
표해 군사정권에 적극 협력할 것을 요청하기도 했다.

"오늘날 우리 혁명정부는 재건국민운동을 부르짖고 국민 각자의
부정과 부패를 일소하는 정신적 혁명을 모든 국민들에게 호소하고 있
다.……우리 신자들은 신앙의 정신으로 재건국민운동에 적극 협력하
라!"[37]

이에 따라 천주교는 군사정권과 특별한 마찰 없이 조용한 1960년
대를 보냈다. 하지만 1970년대 들어 일부 신부들에 의해 노동사목, 농
민사목, 인권사목 등이 진행되며 천주교는 사회 현실에 눈을 뜨게 되
었다. 이 시기 천주교의 저항 정신에 결정적 영향을 미친 3대 사건이
일어난다. 1967년 강화 심도직물 노동조합 사건, 1974년 지학순 주교
구속 사건, 1976년 함평고구마 사건이 그것이다. 강화 심도직물 노동
조합 사건과 함평고구마 사건이 천주교의 노동자와 농민 인권운동에

영향을 미쳤다면, 지학순 주교 구속 사건은 천주교가 반독재민주화운동에 나서는 직접적 계기가 되었다.

1967년 5월 강화도에 있는 심도직물이라는 회사에 노동조합이 결성되는데, 여기에는 천주교 인천교구 강화본당이 중요한 역할을 했다. 견직산업의 본거지였던 강화도에는 당시 21개 직물회사들이 모여 있었는데, 노동자들의 작업 환경은 상당히 열악했다. 노조가 결성되자 회사 측은 주모자 2명을 해고하고 공장을 휴업했다. 회사 측은 강화도 내 21개 직물회사와 함께 가톨릭노동청년회 회원은 앞으로 고용하지 않겠다는 선언까지 했다. 기업주들은 강화본당의 전 미카엘 신부와 노동자들을 용공분자로 몰았고, 강화 경찰 서장도 '반공법 위반' 운운하면서 전 미카엘 신부의 사과를 요구했다. 강화본당이 속한 인천교구의 나길모 교구장에게는 전 미카엘 신부를 전출시켜줄 것을 요청하기도 했다.

천주교는 전 미카엘 신부와 심도직물 노조를 지지하고 나섰다. 나길모 교구장은 담화를 통해 "전 미카엘 신부는 회원들에게 그리스도적 사회 정의를 가르쳐왔다"며 "이는 70년 동안 교황께서 선언하신 그리스도적 사회 원리에 입각한 것"이라고 두둔했다. 1968년 2월 9일 한국주교단도 "교회는 그리스도적 사회 정의를 가르칠 권리와 의무가 있으며 특히 노동자의 권리를 가르쳐야 한다"며 "목자로서 신부는 이러한 정의와 권리를 가르칠 책임이 있다"는 성명을 발표했다. 교황 바오로 6세까지 한국주교단에 격려와 치하의 편지를 보내오기도 했다.[38] 사건이 커지자 정부는 사태 수습에 나서 해고자들을 전원 복직

교황 바오로 6세는 한국주교단에 격려와
치하의 편지를 보내는 등 강화 심도직물
사건에 큰 관심을 보였다.

시키는 차원에서 사태를 마무리했다. 이 사건은 당시 언론에 보도되
면서 사회적 반향을 일으켰다.

1976년 11월 고구마 산지인 전남 함평군에서 벌어진 농민들의
고구마 보상 촉구 투쟁에는 가톨릭농민회가 깊이 개입했다. 당시 농
협은 농민들에게 고구마 생산을 독려하며, 수매가 17.4퍼센트 인상과
전량 수매를 약속했다. 하지만 농협 측이 약속과는 달리 40퍼센트 정
도만 수매하자, 고구마가 썩어들어가기 시작했다. 농민들은 가톨릭농
민회를 중심으로 대책위원회를 꾸리고 정부의 대책을 촉구했다. 하지
만 농협 측은 오히려 농민들에게 대책위원회 탈퇴와 농협에 이의를
제기하지 않겠다는 확인증 날인을 강요하는 등 시종 강압적인 태도를
보였다.

이에 광주대교구장 윤공희 주교 등 정의구현사제단과 농민 600여

명은 기도 모임을 갖고 정부에 항의했다. 이 사건이 천주교를 중심으로 이슈화되자 정부와 농협중앙회는 조사단을 파견해 농민들의 주장이 사실임을 확인했다. 그럼에도 보상이 계속 미루어지자 분노한 농민들이 성당에서 단식농성에 돌입하고 사제단도 이에 동참하자 결국 정부당국은 손을 들고 말았다. 이 과정에서 농협이 고구마 수매자금 중 80억 원을 유용한 사실까지 밝혀져 농협의 도·군 단위 조합장 658명이 해임 또는 징계되는 대형 비리 사건으로 비화되었다.

1974년 7월 6일 해외순방을 마치고 입국하던 원주대교구장 지학순 주교가 김포공항에서 사라졌다. 민청학련 사건으로 구속된 김지하 시인에게 자금을 제공했다는 혐의로 중앙정보부 요원에게 연행된 것이다. 지학순 주교는 구속 전 발표한 양심선언에서 "유신헌법은 폭력과 공갈과 국민투표라는 사기극으로 조작한 것이므로 무효이고, 긴급조치 1, 4호는 역사상 가장 참혹한 자연법 유린이며, 자신에게 붙여준 내란선동은 조작한 죄목이며, 비상군법회의는 꼭두각시"라면서 군사정권을 노골적으로 비판했다.[39] 지학순 주교는 결국 8월 12일 1심에서 징역 15년에 자격정지 15년을 선고받고 법정 구속되었다. 한국에서 추방당한 제임스 시놋 신부는 이렇게 말했다.

"모든 신자들이 자동적으로 (지학순 주교 사건에) 연루되었다. 모든 할머니들은 정권에 대한 불만을 느꼈고, 주교가 투옥되어 있던 7개월 동안 격주로 열린 기도회에서 많은 교육을 받았다. 교회는 대부분의 한국인들이 정부에 관한 진실을 적게나마 알게 되는 곳이 되었다. 이러한 진실을 가르쳤기 때문에, 교회는 정권의 주된 비판 세력이 되었다."[40]

사상 첫 교구장 구속 사태에 대해 천주교는 강력히 반발하며 기도회 등을 통해 지학순 주교 석방을 촉구하고 나섰다. 김수환 추기경은 1시간 30분가량 박정희를 면담했고, 로마 교황청도 정부 당국자와의 협상을 통해 지학순 주교의 석방을 요구했으나 결국 실현되지 못했다.

지학순 주교의 구속 이후 천주교는 많이 달라졌다. 반독재민주화운동에 눈을 뜨기 시작했고, 정의구현사제단도 이를 계기로 만들어졌다. 사제단은 8월 26일 기도회를 통해 지학순 주교의 양심선언 지지와 1인 장기집권 반대, 비상군법회의 해체, 양심수 석방을 촉구했다. 9월 24일에는 천주교 사제의 3분의 1이 참여한 가운데 정의구현사제단이 결성되었다. 9월 26일에는 사제단 명의의 첫 시국 선언문이 발표되었고, 유신헌법 철폐를 주장하는 사제들의 첫 가두시위도 진행되었다.

문규현 신부는 그의 저서 『민족과 함께 쓰는 한국 천주교회사』에서 "(지학순 주교 사건이 터진) 1974년 7월 6일은 한국 천주교회로 하여금 크나큰 고뇌와 전환점에 서게 한 날"이라고 했다.[41]

진보 종교인의 탄생

박정희 집권 후반기 그동안 정권에 협조적이었던 종교계에 새로운 흐름이 형성되었다. 이른바 '진보 종교인'의 탄생이다. 이들은

1970년대 인권운동과 반독재민주화운동을 주도하면서 강력한 체제 저항 세력이 되어갔다.

진보 종교인의 탄생에는 국가 주도의 산업화로 인해 등장한 인간 소외현상과 군사정권의 장기집권 움직임이라는 시대적 배경이 있었다. 산업화로 인한 노동자와 농민들의 인권 문제가 심각한 사회문제로 대두되는 가운데 유신헌법과 긴급조치 등 박정희 정권의 장기집권 움직임이 노골화하면서 종교인들의 저항 정신을 일깨웠던 것이다.

그러나 더 근본적인 정신적 뿌리는 1960년대 열린 국제회의에서 찾을 수 있다. 1968년 스웨덴 움살라에서 열린 세계교회협의회 제4차 총회와 1962년부터 4년간 로바 바티칸에서 열린 제2차 바티칸공의회가 그것이다. 이 두 국제회의는 모두 교회의 사회적 책임을 강조하면서 교회가 사회 문제에 관심을 가질 것을 촉구하고 나섰다. 이 같은 결정의 배경에는 1960년대 발생한 베트남전쟁, 제3차 중동전쟁, 체코민주화운동, 반전운동, 흑인민권운동 등이 있었다.

두 국제회의 이후 전 세계적으로 진보신학 운동이 일어나기 시작했다. 남미의 해방신학, 미국의 자유주의신학, 국내의 민중신학 등이 그것이다. 1970년대 진보 종교인의 탄생도 이런 배경과 연관되어 있었다. 세계교회협의회의 제4차 총회가 개신교 진보 운동의 정신적 근간이 되었다면, 제2차 바티칸공의회는 천주교 진보 운동의 정신적 뿌리가 되었던 것이다.

개신교나 천주교와는 달리 토착적 성격이 강했던 불교에서는 1980년대 들어서야 체제 저항적인 진보 종교인이 탄생했다. 그 정신적 뿌리는 제4장에서 살펴보겠지만, 1980년 신군부에 의해 자행된 10 · 27법난이었다. 해방 후 불교 최대의 탄압 사건으로 기록된 10 · 27법난은 1980년대와 1990년대 불교계의 체제 저항운동을 이끄는 정신적 기둥이 되었다.

제4장

전두환

당근과 채찍을
겸비한
'국풍 대통령'

불교에 귀의한 '천주교' 대통령

전두환의 종교 성향에 대해서는 불교, 천주교, 개신교 등 다양한 의견이 제시된다. 실제 전두환은 집권 전후 여러 종교를 넘나드는 자유로운 종교 활동을 했다. 전두환의 종교는 원래 천주교였다. '베드로'라는 세례명까지 있다. 대한민국 제1호 앵커맨인 봉두완은 자신의 회고록 『너 어디 있느냐』(2010)에서 전두환을 천주교인으로 소개했다. 또한 언론 인터뷰를 통해 "1980년대 말, 한국 천주교 북한선교후원회장이던 내가 당시 백담사에 머물던 전두환 전 대통령을 찾아갔다"고 밝히기도 했다.[1] 그러나 전두환은 천주교 수장인 김수환 추기경과는 관계가 썩 좋지 않았던 것으로 알려졌다. 김수환 추기경이 12·12쿠데타 성공 뒤 인사차 찾아온 전두환에게 "서부 활극을 보는 것 같습니다. 서부영화를 보면 총을 먼저 빼든 사

람이 이기잖아요"라고 모욕을 주었던 일화는 유명하다.[2]

그렇지만 많은 사람이 전두환의 종교를 불교로 보고 있다. 퇴임 후 강원도 백담사에서 생활한 모습이 언론에 많이 노출되었기 때문이다. 전두환이 처음부터 불교 신자였다면 집권 기간 중 최대의 불교 탄압 사건이었던 '10·27법난'은 불가능했을 것이다. 처음에 불교계에서는 전두환의 백담사행에 대해 반대가 많았다고 한다. 조계종 총무원장 송월주 스님은 다음과 같이 회상했다.

"급기야 그는 대통령 퇴임 뒤 여론에 밀려 1988년 대국민 사죄와 함께 재산 헌납을 약속하고 백담사행을 발표했다. 그때 절집에서는 '불교계를 패가망신시켰는데 왜 하필 사찰이냐'는 반대가 비등했다. 당시 법난진상규명추진위원회 대표였던 나는 '참회하러 가는데 막지 않는 게 좋겠다. 절집서는 흉악한 짐승도, 죄인도 내쫓지 않고 받아들이는데 그런 법이 아니다'라며 만류했다. 지옥중생도 건져야 하는 불가에서 죄과가 많다고 자비심을 버려서는 안 된다."[3]

전두환은 백담사 칩거 이후 불교 신자로 변해 있었다. 그는 1989년 백담사 은둔 1주년 봉헌법회에서 "몇 사람 손봐주고 싶었던 마음을 극복했다"며 신앙고백을 하는 한편 주지에게 "모든 일이 내게서 비롯되었다고 생각하니 남을 탓하거나 미워할 수가 없다. 백담사에 와서 새로운 인생을 살게 되었으니 나는 복 있는 사람이다"라고 말하기도 했다.[4]

당시 백담사 주지였던 도후 스님은 "전두환 전 대통령 부부가 천수심경을 달달 외운다. 추울 때도 108배를 거르는 법이 없었다"고 그

김수환 추기경은 12·12쿠데타 성공 뒤 인사차 찾아온 전두환에게 모욕을 준 것으로 유명하다.

의 신앙생활을 전하기도 했다. 송월주 스님도 "원래 가톨릭 신자로 세 례명이 베드로였던 전 전 대통령은 백담사 생활 뒤 불교 신자가 된 것 으로 알고 있다"고 말했다.[5]

그후 전두환은 가깝게 지냈던 김장환 목사가 담임한 교회에 자주 모습을 드러내 개신교인으로 개종한 것 아니냐는 주장도 제기되었으 나 주변에서는 이를 부인했다.

국가가 종교를 통제하다

전두환에게 종교는 정권에 협조적인지 그렇지 않은지가 가장 중요했다. 여기에 뒤따르는 당근과 채찍도 확실했다. 이전 대통령이 종교와 다소 복잡한 관계를 맺었다면, 전두환은 '힘에 기반한' 종교 정책을 펼쳤다는 점에서 단순 명료하다는 게 특징이다.

전두환은 취임 초기부터 종교를 통제하기 위한 여러 조치를 내놓았다. 대통령 취임 두 달이 안 된 시점에 전국 5,000여 개 사찰을 압수수색하는 초강경 불교 정화운동을 벌였다. 개신교에 대해서는 종립宗立학교에 대한 종교교육 금지가 강화되었고, 무인가 신학교에 대한 대대적인 정비작업도 진행했다. 사이비종교를 규제한다는 명목으로 '종교법인법' 제정을 추진하기도 했다. 종교법인법은 종교를 법인화해 국가의 통제 아래 두려는 의도를 갖고 있었다.

전두환의 불도저식 성향은 종교 통제에서도 그대로 적용되었다. 대표적인 사건이 '기독교방송에 대한 보도 및 방송광고 금지 조치'와 '6·20사업'이었다. 당시 민주화운동의 상징이었던 기독교방송에 대해 보도 금지와 함께 광고 중단 조치라는 초강경 조치를 감행했다. 전두환 정권은 언론을 통폐합했는데, 기독교방송은 1980년 11월 25일을 끝으로 모든 뉴스와 광고를 할 수 없게 되었다(1987년 10월 뉴스 등 보도와 광고 방송을 다시 하게 된다). 1983년 진행된 '6·20사업'은 3군본부 이전을 위해 신군부가 종교시설을 강제 철거한 사건으로, 충남 계룡산 일대의 70여 개 군소 종교시설을 일시에 없앴다.

전두환의 호·불호식 종교관을 잘 보여주는 상징적인 두 가지 사건이 있다. 1980년 8월 개신교의 '전두환 장군을 위한 조찬기도회'와 불교계가 당한 1980년 10월 '10·27법난'이 그것이다. 당시 5·18광주민주화운동 등으로 난관에 봉착한 신군부는 종교계에 도움을 요청했다. 이에 개신교는 조찬기도회로 응했지만 불교는 이를 거부해 '10·27법난'이라는 사상 초유의 탄압을 당했다. 개신교와 불교의 운명을 가른 이 두 사건은 정권에 '협조적'이냐 '아니냐'는 종교에 대한 전두환의 인식을 그대로 보여주었다.

전두환을 위한 조찬기도회

1980년 8월 6일, 서울 롯데호텔 에메랄드룸에 개신교 지도자들이 속속 모여들었다. 전두환 국가보위비상대책위원회 상임의장을 위한 조찬기도회를 위해서였다. 이 조찬기도회는 당일 KBS, MBC의 생중계를 포함해 세 차례나 방송되었고, 일간신문의 1면을 장식했다. 이날 전두환은 "나라의 기본질서를 위태롭게 했던 일부 정치인들의 과열된 정치 활동, 사회기강의 해이를 틈탄 갖가지 비리, 그리고 일부 학생들의 몰지각한 난동으로 우리 사회는 큰 혼란에 빠졌으며, 급기야 불순분자들의 배후조종에 의하여 불행한 광주사태가 일어났던 것"이라고 주장했다. 당시 성결교 증경총회장이었던 정진경 목사는 "어려운 시기 막중한 직책을 맡아 사회 구석구석까지 악을 제거하고 정화할 수 있게 해주셔서 감사합니다"라고 기도했다.[6]

개신교는 9월 30일에 '전두환 대통령 당선 축하 조찬기도회'를 열었다. 이 자리에는 개신교 대표자들을 포함해 입법부, 사법부, 정치인 등 1,344명이 참석해 전두환의 대통령 취임을 축하했다. 이 두 번의 기도회 모두 5·18광주민주화운동 진압 직후에 열렸다.

반면 불교계는 신군부에 비협조적이었다. 신군부가 요청한 '전두환 지지 성명'을 거부했는가 하면, 심지어 사태 파악을 위해 광주에 진상조사단을 파견하는 등 신군부를 자극했다. 이와 관련 당시 송월주 스님은 "문공부 관리에 이어 종단을 출입하던 보안사 직원이 찾아왔다"며 이렇게 말했다.

"그는 '총무원장 송월주' 이름으로 '구국 영웅 전두환 장군을 대통령으로 추대합니다'라는 성명을 내라고 부탁했다. 각계에서 이런 지지 성명이 쏟아질 때였다. 그것이 시류였고 시대를 살아가는 처세였다. 노골적으로 싫다고 할 수 없어 '정교분리 원칙은 지켜야 한다'며 거절했다. 그랬더니 다시 찾아와 내 이름을 뺀 총무원 명의는 어떠냐고 했고, 다시 1999년 총무원장이 된 사회부장 정대 스님을 통해 또 요구해왔다. 그래도 자주 개혁을 표방하는 제17대 총무원의 이름을 팔 수는 없었다."[7]

조계종은 신군부의 반대에도 5월 24일 진상조사단의 광주 파견을 결정했다. 소식을 듣고 온 종로경찰 서장은 "위에서 못 가시게 하라고 했습니다. 안 가는 게 좋겠습니다"라고 만류했다. 또 총무원을 찾은 이환의 전 MBC 사장도 "직원들을 광주에 보내지 말라고 했는데 취재를 시켜 사장직에서 강제로 물러나게 됐다. 스님은 아직 (무사해)

다행이다"며 걱정했으나 불교계는 광주행을 감행했다.[8] 얼마 후 불교계는 불교 최대의 수난을 겪게 되는데 이게 바로 '10·27법난'이다.

작전명 '45계획'

"1980년 10월 27일, 나(송월주 스님)는 대한불교 조계종 제17대 총무원장이자 서울 안암동 개운사 주지로 있었다. 아침 공양을 끝낸 무렵이었다. 검은 지프차 3, 4대가 개운사 부근에 보였다. 총무원으로 출근하려고 나서자 사복 차림을 한 7, 8명이 '보안사에서 왔다. 총무원에 같이 가자'고 했다. 무슨 일이냐고 물어도 '조사할 게 있어 모시러 왔다'며 짧게 답했다. 이들은 총무원에 도착하자 사람들을 모아달라고 했다. 종단 간부 스님과 직원 20여 명이 4층 총무원장실에 모였다. 이번에도 다시 조사 때문에 모시고 간다고 말한 뒤 나를 지프차에 태웠다."[9]

불교계의 최대 수난인 10·27법난은 이렇게 시작되었다. 신군부의 '불교계 정화 수사계획'이고, 작전명은 '45계획'이었다. 서울 조계사 주소인 종로구 견지동 45번지를 딴 것이다. 동원된 군경 병력만 3만 2,000여 명으로, 전국 5,731개 사찰에 대해 일제 수색을 벌여 연행된 불교계 인사만 153명에 달했다. 당시 서울 도선사 주지였던 혜성 스님은 이렇게 증언했다.

"1980년 10월 27일 새벽 아침 공양을 하고 있었다. 한 떼의 군인들이 우르르 군화를 신은 채 들어왔다. 합동수사단으로 끌고 가 가사

불교계 최대 수난으로 기록되고 있는 10 · 27법난은 신군부에 호의적이지 않았던 불교계에 대한 전두환의 탄압이었다. 1989년 10월 27일 동국대학교에서 열린 10 · 27법난 진상규명을 위한 실천 대회.

장삼을 벗기고 죄수용 군복을 입혔다. 25일간 구금한 채 구타는 물론 각목으로 오금 치기, 손가락 사이에 볼펜 넣고 죄기 등 온갖 가혹행위를 했다. 육두문자와 함께 수시로 뺨을 때렸다. 내가 그래도 수행을 해왔고 스님인데……. 몸도 괴로웠지만 더 고통스러운 것은 정신적인 모멸감이었다."[10]

불교계는 아비규환이 되었다. 30~40명의 스님들은 경기도 남양주 홍국사로 끌려가 이른바 '불교판 삼청교육대'를 경험했다. 육체적인 고통은 그렇다 치고 강제적인 참선과 정신교육은 씻을 수 없는 치욕이었다. 23일 후에 풀려난 스님들은 참담하게 서로 얼굴만 쳐다보았다고 한다. 10 · 27법난은 송월주 스님이 총무원장직에서 물러나는 선에서 마무리되었다. 송월주 스님이 보안사 서빙고 분실로 끌려간 지 13일째인 11월 8일의 일이었다.

이로 인해 불교계가 입은 타격은 말할 수 없이 컸다. 전두환 정권의 탄압으로 인해 심각한 명예 실추를 입어 교세가 급격하게 줄어든 것이다. 문화공보부가 1977년 발표한 자료에서 불교 신자는 1,290만 명이었는데, 1982년 조사에서 불교 신자는 750만 명으로 무려 540만 명이나 감소한 것으로 나타났다.

'10 · 27법난'이 있은 지 17년이 지난 1997년, 전두환과 송월주 스님은 서울 조계종 총무원 청사에서 만났다. 전두환은 권좌에서 물러나 있었고 송월주 스님은 다시 조계종 총무원장이 되어 있었는데, 1시간가량의 대화에서 10 · 27법난 이야기가 나오자 두 사람 사이에는 냉기가 흘렀다고 한다. 당시 전두환은 "아랫사람이 했고, 몰랐지만 대통령으로서 미안합니다"고 사과했고, 이순자는 "보안사서 한 걸로 알고 있습니다"고 변명했다. 이에 대해 송월주 스님은 "무엇을 따지려고 한 것은 아닙니다만, 그건 맞지 않은 말들입니다"고 했다. 송월주 스님은 이때를 기억하며 이렇게 말했다.

"만감이 교차했다. 이런 말들이 떠올랐다. 권력은 무상하다. 역사는 인과의 수레바퀴. 한 치 앞을 모르는 인간들은 그 역사 앞에서 얼마나 작고 초라한가."[11]

불교계와 정권의 만남은 첫 단추가 잘못 끼워진 것일까? 불교계는 건국 이후 이승만의 불교 정화, 박정희의 통합종단 시도, 전두환의 10 · 27법난까지 권력과의 악연은 계속되었다. 특히 10 · 27법난은 정권에 비협조적이었던 불교계에 날린 신군부의 '경고'였다. 그러나 국가권력에 의해 짓밟히는 최대 수모를 겪은 불교계는 불자佛子 대통령인 노태우 정부 시절에 가서 그 악연은 조금씩 풀어지게 되었다.

대형 종교 집회의 홍수시대

불교계와 달리 개신교는 신군부 세력과 친밀한 관계를 유지했는데, 역시 '반공'과 '친미' 때문이었다. 신군부는 박정희의 반공과 친미 정책을 그대로 계승했다. 박정희든 전두환이든 두 군사정권에 '공산주의'라는 적의 존재는 정권 유지의 핵심 명분이었다. 전두환 역시 박정희와 마찬가지로 미국과의 관계 개선이 무엇보다도 시급했다. 5·18광주민주화운동을 무력으로 진압해 해외에서 비난 여론이 일자, 이를 무마하기 위해 미국의 지지가 절실하게 필요했기 때문이다. 전두환은 1960년 미 육군보병사관학교를 거친 유학파 출신으로 기본적으로 친미 성향을 갖고 있었다.

군대 내 개신교 인맥도 신군부와 개신교를 연결하는 중요한 고리 역할을 했다. 예컨대 1980년 8월 열린 '전두환 장군을 위한 조찬기도회'는 당시 보안사 군목이었던 문필연의 연락으로 이루어졌다. 신군부 하에서도 군내 개신교 인맥이 큰 힘을 발휘한 것이다. 개신교는 신군부와의 우호 관계를 바탕으로 군사정권의 막대한 혜택을 받았다.

대표적인 사례가 1980년 8월 12일 열린 '1980 세계복음화 대성회'였다. 연인원 1,600만 명이 참석해 세계 최대 집회로 기록된 이 집회는 신군부의 적극적인 지원 없이는 불가능했다. 집회결사의 자유가 제한된 상황에서 집회 승인은 물론 홍보 지원에 이르기까지 신군부의 긴밀한 협조하에 진행되었기 때문이다. 1회에 30초를 초과할 수 없는 광고 지침이 있었지만 관영 텔레비전 방송을 통해 40~50초짜리 광고를 내보냈고, 두 개의 관영 일간지에는 광고료의 25퍼센트만 내고 광고를 게재할 수 있었다. 이런 종류의 지원은 이후 열린 대형 집회에서도 계속되었다.

전두환 집권기에는 유독 대형 종교 집회가 많았는데, 천주교까지 합세하며 대형 종교 집회의 홍수시대를 열었다. '1980 세계복음화 대성회'(1980)을 시작으로 '조선교구 설정 150주년 기념신앙대회'(1981), '한국 기독교 100주년 선교대회'와 '한국 천주교 전래 200주년 기념행사'(1984) 등이 있었다.

재미있는 사실은 이런 대형 종교 집회들은 모두 여의도광장에서 진행되었다는 것이다. 일각에서는 신군부가 대외 과시용으로 종교 집회를 권장했다는 지적마저 나왔다. 그런 말이 나올 만도 했다. 널리 알려지지 않은 사실인데, 전두환의 신군부가 불교계에도 대형 종교 집회 개최를 종용했기 때문이다. 송월주 스님은 "1980년 9월경 한 관리가 찾아와 당시 실력자로 부상한 이철희, 장영자 씨와 함께 '호국기도회'를 부탁했다"고 술회했다.

"장영자 씨가 모시고 있는 용두관음 불상이 있는데, 그 불상을 모시고 여의도광장에서 스님 수천 명과 신도 100만 명이 모이는 호국기도회를 했으면 합니다. 이철희 씨가 대회 위원장을 맡고, 경비 5억 원은 그쪽에서 부담합니다. 아마 대표 등록 문제도 풀릴 겁니다."[12]

이에 송월주 스님은 "이철희는 신도회장도 아니고, 대회를 한다

전두환 집권기는 대형 종교 집회의 '홍수시대'였다.
1984년 여의도광장에서는 신도 400만 명이 참석한 '한국 기독교 100주년 선교대회'가 열렸다.

면 최재구 신도회장이나 내가 해야 한다"며 거절했다고 하는데, 송월주 스님이 보기에 이는 "말이 호국기도회지 전두환 장군을 위한, 이·장 부부의 충성극이" 될 가능성이 농후했기 때문이다. 호국기도회 요청은 10·27법난 한 달 전에 발생한 일이었다.

'선거를 전투처럼'

군사정권과 개신교의 밀착 관계를 잘 보여주는 사례가 있다. 바로 '교회 내 군사 용어'다. 지금은 많이 순화되긴 했지만, 군사 용어는 여전히 교회 내에서 폭넓게 쓰이고 있다. 새벽기도 총진군, 전도 특공대, 구국 기도회, 영적 전쟁 등이 그런 경우다. '총진군', '특공대', '구국' 등의 군사 용어에 '새벽기도', '전도', '기도회' 등의 개신교 용어를 결합해 쓰고 있는 것이다. 하나님의 강력한 군대가 되겠다는 의지의 표현으로도 볼 수 있지만, 교회의 행사(새벽기도, 전도, 기도회)를 군사적 방식(총진군, 특공대, 구국)으로 전개한다는 점에서 군과 교회의 밀착 관계가 엿보이는 대목이다.

이 밖에도 교회 내에서 무의식적으로 쓰는 군사 용어는 많다. 전도 폭발 훈련, 영적 전투, 기도의 용사, 총동원령, 교인 총동원 주일, 100일 기도작전, 목회 사관학교, 전도 대폭발, 선교의 전초기지, 선교의 최전방 지역(혹은 종족), 선교 무기 등이 이에 해당한다.

이런 용어에는 '선교를 전투처럼' 하겠다는 이른바 '군사적軍事的 방식'이 담겨 있다. 미국 외싱톤한인교회에서 목회 중인 김영봉 목사는 자신의 블로그에 "한국 교회가 군사 문화에 만연되어 있다"면서 대표적인 것으로 담임목사 명령 한 마디면 일사분란하게 움직이는 '상명하복 문화'와 교회 현장에서 사용되는 '군사 용어'를 들었다.

"목회자들은 자신이 동원할 수 있는 병사들의 수가 얼마나 되는지 정기적으로 확인하기 위해서 '총동원령'을 내린다. 그래서 만든 것이 '총동원 주일'이다. 이것은 자신이 움직일 수 있는 병사들의 세력을 확인함으로써 스스로 위안을 삼는 사령관의 심정에서 나온 행동이다. 특별한 목적을 이루기 위해서 100일 동안 기도하자는 프로그램을 만들어놓고는 '100일 기도작전'이라고 이름 짓는다. 전도 활동에 전념할 교인들을 조직해놓고는 '전도 특공대'라고 이름 짓는다. 목회자들은 자신을 위해서 기도할 '기도의 용사들'을 달라고 요청한다."

김영봉 목사는 "목회가 매우 투쟁적이고 공격적이다. 교회 생활도 마치 전투와 같다"면서 "이러한 사고방식에 함몰되어 있다 보면 무슨 수를 써서라도 승리하는 것만이 최고의 목적이라는 착각을 하게 된다"고 말했다. 이어 그는 "과거 36년 동안의 일제 강점과 18년 동안의 군부 통치의 결과 우리 사회 전반에도 군사문화가 깊숙이 뿌리를 잡고 있다. 이 군사문화는 한국 교회 현장에서 하루 빨리 제거되어야 한다"고 강조했다.[13]

KNCC도 교회 내 군사 용어의 심각성을 깨닫고 캠페인을 벌이기도 했다. KNCC는 "사회에서 일상화된 군사 용어들이 생명과 평화를 지향하는 교회에서 무비판적으로 사용되는 것은 문제가 있다"며 이를 고치기 위한 일환으로 '양성평등 교회문화 만들기' 3차년 계획을 세우고 각 교단의 협조를 요청하기도 했다.[14] 한국 개신교가 '군대 속에 교회'를 심었다면, 군사 용어는 '교회 내에 군대'를 심어놓은 것이라고 볼 수 있는 셈이다.

전두환이 교황 방문을 지원한 이유

전두환은 김수환 추기경과의 관계가 껄끄러웠지만, 천주교 행사는 적극 지원했다. 1980년대 들어 천주교는 개신교처럼 다양한 형태의 대형 집회를 준비했다. 1981년 80만 명이 참석한 한국 천주교 최초의 대형 집회인 '조선교구 설정 150주년 기념신앙대회'와 1984년에 열린 '한국 천주교 전래 200주년 기념대회'가 대표적이다. 이 중 전두환이 특히 신경을 쓴 행사는 '한국 천주교 전래 200주년 기념행사'였다. 교황 요한 바오로 2세의 한국 방문이 예정되어 있었기 때문이다. 당시 전두환과 신군부는 교황의 신변 경호와 행사 준비에 과도할 정도의 호의를 베풀며 지원했다.

전두환이 교황의 방문에 신경을 썼던 이유는 군사정권을 국제적으로 공인시킬 수 있는 절호의 기회라 판단했기 때문이다. 5·18광주민주화운동에 따른 정권의 정당성 문제로 골머리를 앓고 있던 전두환에게 교황의 방문은 상당한 호재였다. 실제 전두환은 교황이 방한한 첫날 청와대에서 교황과 정상회담을 갖고 9개항의 공동성명을 발표했다. 전두환과 교황의 정상회담은 전 세계에 보도되면서 교황청이 군사정권을 도덕적으로 승인한 것과 같은 효과를 가져왔다.

특히 교황의 방문은 5·18광주민주화운동으로 인해 전두환과 신군부가 짊어지고 있던 무거운 짐을 내려놓게 만드는 계기로 작용하기도 했다. 교황이 광주를 방문해 광주 시민들의 깊은 상처를 위로하면서도 죄악을 저지른 자들을 용서하고 화해할 것을 요구했기 때문이다. 교황의 방문은 전두환과 천주교의 관계 정상화에도 큰 기여를 했다. 당시 전두환과 천주교는 1982년 부산 미문화원 방화 사건 관련자 은닉 혐의로 최기식 신부가 구속되어 불편한 관계에 있었는데, 교황의 방문을 계기로 신군부가 천주교 지도자들과도 우호적인 관계를 갖게 되었기 때문이다. 교황 요한 바오로 2세는 1989년 10월 열린 제44차 세계성체대회 때도 방한해 세계적인 관심을 모았다.

난장판이 된 국풍81

　　전두환 집권기에 이르러 민족 종교들은 전통문화로서 그 가치를 인정받으며 빛을 보기 시작했다. 전두환은 헌법에 전통문화와 민족문화를 계승 발전시켜야 한다는 의무조항을 삽입하는 등 전통문화에 관심을 보였다. 특히 무속 신앙을 종교의 반열에 올리며 토착문화로서 지위를 갖게 했다. 1985년에는 '한국민족종교협의회'를 창립시켜 과거 유사종교 혹은 신흥종교라는 이름으로 냉대를 받아오던 무속 종교들을 '민족 종교'라는 이름으로 공인하기도 했다.

1981년 여의도광장에서 열린 '국풍81'은 전두환과 신군부의 이미지에 부드러운 가면을 씌우기 위한 대중 조작 이벤트였다.

이 시기 정감록, 토정비결, 증산사상 등이 민족문화라는 이름으로 소개되기 시작했다. 특히 무속 신앙에 대한 보전 방법의 하나로 만들어진 '구비문학대계'를 집대성한 것은 큰 의미가 있었다. 진보적인 소설가 황석영조차 "전두환 정권 잘한 것은 구비설화, 전설 등을 총망라한 약 80권짜리 구비문학대계를 만든 일"이라고 평가하기도 했다.[15]

전두환의 민족문화 중흥책은 정치 수단으로 이용되기도 했는데, 대표적인 것이 '국풍國風81' 행사였다. 1981년 5월 28일에서 6월 1일까지 여의도광장에서 열린 이 행사는 신군부의 적극적인 지원하에 진행되었다. 출연자만 1,300여 명에 달했고 연인원 1,000만 명을 끌어모았지만 결국 실패작이 되었다. 5·18광주민주화운동 1주년이 되는 시점에서 열려 행사 의도에 대한 의심의 눈초리가 많았고, 참석자들조차 민족문화보다 가요제 등에 더 많은 관심을 가졌다. 결국 '국풍81'은 '이용'이라는 대중가수를 만들어놓고 1회 대회로 끝을 맺었다.

'5·18'과 종교계 저항운동

1970년대 반독재민주화운동에 앞장섰던 종교계는 5·18광주민주화운동이 발생하자 자연스럽게 이에 깊이 관여했다. 5·18 당시 광주 지역에는 종교계만큼 조직화되고 영향력을 발휘할 수 있는 곳이 거의 없었기 때문이다. 가장 먼저 나선 곳은 광주기독교연합회(개신교)와 광주대교구 정의평화위원회(천주교)가 연대한 '사회선교협의회'였다. 사회선교협의회 회장 김성용 신부를 중심으로 시민수습대책위원회가 꾸려졌고, 여기에는 광주 현지의 개신교회와 천주교회가 참여했다. 김성용 신부는 수습책으로 대통령의 사과 등 4개항을 요구했는데, 받아들여지지 않았다. 오히려 신군부는 김성용 신부를 포함해 시민수습대책위원을 체포하는 등 강경하게 나왔다.

1980년 5월 22일 천주교 전주교구는 긴급 사제총회를 열고 유인물과 항의 성명서 1만 부를 배포하는 한편 광주를 돕기 위한 활동을 시작했다. 5월 23일 김수환 추기경이 전국의 신자들에게 특별 기도를 요청한데 이어 24일에는 광주대교구 윤공희 대주교가 광주 시민에게 서한을 발표하기도 했다.

5월 30일 한국기독청년협의회EYC 농촌 분과장인 김의기가 5·18 학살에 항의하며 서울 종로5가 기독교회관 7층에서 투신자살한 데 이어 6월 9일에는 성남주민교회 김종태가 서울 신촌에서 항의 성명서를 발표하고 분신자살했다. KNCC는 5·18광주민주화운동의 상황을 파악하기 위해 오충일 인권위원을 광주로 보내는 한편 조남기 인권위원장이 전두환과의 면담을 요청하는 등 발 빠르게 움직였다.

5·18광주민주화운동이 발생하자 일본 주교회의 정의평화위원회는 한국 교회 인사가 비밀리에 전달한 '찢어진 기폭'이라는 문건을 일본어로 번역해 이 사실을 알렸으며, 1980년 6월 16일 미국 천주교 주교회의 의장인 퀸 대주교는 한국 교회의 인권옹호 노력을 지원하겠다는 내용을 담은 서한을 김수환 추기경과 윤공희 대주교에게 보내기도 했다. 교황 바오로 2세는 1980년 11월과 1981년 2월 전두환에게 천주교인 김대중을 구명하기 위한 편지를 두 차례나 보내기도 했다.[16]

그러나 이후 종교계의 조직적인 저항운동은 소강 국면에 들어갔다. 신군부의 대대적인 탄압과 종교계 내부 이슈 때문이었다. 특히 천주교는 이 시기 조선교구 설정 150주년(1981), 천주교 전래 200주년과 교황 방문(1984) 등 대형 행사를 준비하고 있었기 때문에 신군부와의 정면 충돌을 피하는 분위기였다. 불교 역시 신군부가 자행한 10·27법난에 대한 수습에 여념이 없었다.

종교계가 5·18광주민주화운동에 본격적으로 나선 것은 1980년대 중반이다. 1985년 총선에서 5·18광주민주화운동이 이슈화되자 야당과 종교계가 이 문제를 공론화하기 시작했다. 야당은 선거공약으로 5·18광주민주화운동의 진상규명과 책임자 처벌을 들고 나왔고 개신교 등 종교계는 5월 광주민중항쟁기념위원회를 만들어 진상규명과 명예회복, 미국의 사과 등을 요구하고 나섰다.

이후 1980년대 종교인들의 저항운동은 5·18광주민주화운동을 중심으로 펼쳐졌다. 1970년대 종교계에서 진행된 저항운동의 중심축이 반독재민주화운동이었다면, 1980년대 들어서는 5·18광주민주화운동 중심으로 한 반미자주화운동으로 방향이 바뀌었다. 이는 1990년대 종교계가 한국 사회의 평화통일운동을 주도하는 밑거름이 되기도 했다.

반공 지상주의를 깨다

5·18광주민주화운동은 개신교에 상당한 충격을 주었다. 개신교

의 근간이라 할 수 있는 '반공과 친미'를 처음으로 흔들어놓은 일대 사건이었기 때문이다. 5·18 이후 '미국의 책임론'이 제기되며 국내에 반미 여론이 일기 시작했다. 당시 군사작전권을 쥔 미군이 신군부 군軍 병력의 광주 이동과 민간인 발포에 대해 몰랐을 리가 없다는 주장이 제기되었기 때문이다. 이는 친미親美 일색이던 개신교 내에 새로운 흐름인 '반미反美 세력'을 형성하는 계기를 마련했다. 1982년 발생한 부산 미문화원 방화 사건은 그 시발점이 되었다. 특히 이를 주도한 사람이 개신교의 보수교단 신학교에 다니는 학생이었다는 점에서 개신교는 충격에 빠졌다.

이후 대구 미문화원 방화 사건(1983), 서울 미문화원 점거농성 사건(1985) 등의 항의 시위가 이어지며 반미 분위기를 고조시켰다. KNCC 등 진보 성향 개신교 단체를 중심으로 '주한미군 철수' 등의 주장이 나오기 시작한 것도 이때부터였다. 5·18광주민주화운동은 개신교의 친미적 행보뿐만 아니라 개신교의 근간이었던 반공 지상주의에도 파열음을 냈다. 5·18광주민주화운동을 비롯한 다양한 민주화운동이 빨갱이로 매도당하는 현실에서 민주화에 앞서 평화통일이 선결되어야 한다는 주장에 힘이 실리기 시작했기 때문이다. 기존의 '선민주, 후통일' 주장이 '선통일, 후민주'로 바뀌기 시작했고 대북 정책 기조도 반공에서 평화통일의 흐름으로 바뀌기 시작했다.

이때부터 개신교를 필두로 한 종교계의 통일운동이 거세게 일어났다. 해외에 거주하는 개신교인들이 북한을 방문하며 남과 북의 다리 역할을 해주었다. 이후 국내에서도 문익환 목사, 권호경 목사, 김동완 목사 등이 방북하며 한국 사회의 평화통일운동을 주도했다.

5·18광주민주화운동을 계기로 반공과 친미에 대한 새로운 인식이 확산되자, 이를 매개로 성장해온 보수 개신교인들은 위기감을 갖기 시작했다. 반공을 매개로 대북 관계를 독점해왔던 보수 개신교인들 사이에서는 진보 성향의 평화통일론자들에게 대북 문제의 주도권을 빼앗길 수 있다는 우려감이 팽배해졌다. 이는 진보 성향의 KNCC에 맞서 보수연합단체인 한국기독교총연합회(한기총)가 탄생(1989)한 배경이 되었다.

양심법이냐, 실정법이냐?

1982년 3월 18일 부산 미문화원 건물에서 '펑' 하는 소리와 함께 불길이 치솟았다. '부산 미문화원 방화 사건'으로 알려진 이 사건은 친미의 나라에서 발생한 '최초의 반미 사건'이었다. 정부당국은 전국 경찰에 비상령을 내리고 각 시도에 수사본부를 꾸려 범인 검거에 총력을 기울였다. 사건 발생 14일 만에 부산 고신대학교에 다니는 신학생 문부식과 김은숙이 주범으로 밝혀졌다. 이 사건은 범인 검거로 끝나지 않고 천주교로 불똥이 튀었다. 사건의 배후로 지목된 김현장이 천주교 원주교구 교육원에 숨어 지냈기 때문이다.

이로 인해 교육원장 최기식 신부를 비롯한 천주교 신부들이 줄줄이 연행되는 사태가 빚어졌다. 김원철은 "공안 당국도 이 사건과 조금이라도 관련 있는 신부들, 하다못해 김현장과 옷깃이라도 한 번 스친

1982년 발생한 부산 미문화원 방화 사건은 친미 일색이던 개신교 내에 '반미 세력'을 형성하는
계기로 작용했다. 불타고 있는 부산 미문화원.

적이 있는 신부들을 모조리 연행해 조사했다. 안동교구 정호경 신부,
부산교구 송기인 신부, 인천교구 황상근 신부 등 10여 명이 경찰에 불
려갔다. 이 때문에 교회에서는 '조선조 4대 박해 이후 최대 수난'이라
며 우려했다"고 말했다.

최기식 신부의 구속은 한국 사회에 양심법과 실정법 논란을 불러
일으켰다. 최기식 신부는 구속되면서 양심선언을 통해 "김현장이
1980년 5월 말경 광주사태 후 죽다시피되어 찾아왔을 때 사제로서 우
선 치료를 해주고 돌봐주지 않을 수 없었다.……나는 사제로서 양심
상 한 점 부끄러움이 없다. 그러나 내 행위가 실정법에 저촉되어 벌을
받아야 한다면 달게 받겠다"고 결연한 모습을 보였다. 최기식 신부는

법정에서도 "교회의 양심법과 실정법이 상충될 때 사제는 양심법을 우선적으로 따라야 한다"는 소신을 굽히지 않았다.[17]

김수환 추기경도 이에 동조했다. 그는 "예수께서 범법자가 당신에게 찾아와 도움을 구하면 밀고를 했겠는가? 최 신부는 죄인은 물론 고통 받는 사람과 아픔을 함께 나눠야 하는 사제의 양심에 따랐다"고 지원했다. 한국주교단 상임위원회도 4월 16일 기자회견을 통해 "공익이나 제3자에게 또 다른 피해가 확실시 되지 않는다고 양심적으로 판단되는 경우, 신앙인은 도움을 간청하는 범법 행위자를 고발할 수는 없다"면서 최기식 신부를 옹호했다.

"양심법을 따르다 보면 국사범이나 국가 보안사범으로 몰릴 수도 있다. 우리의 순국선열들이 모두 국사범으로 처형되었고, 나치하의 독일에서 양심법을 따르던 수많은 사람들이 국가 보안사범으로 처벌되었던 것이다. 그리스도인은 누구나 국가의 소중함을 부인하지 않는다. 그러나 정부가 곧 국가라거나 또는 정권이 무너지면 국가도 무너져 공산화되고 만다는 뜻으로 사용되는 '국가가 있고 종교가 있다'는 말에는 수긍할 수 없다. 공산주의가 두려워 모든 국민이 정부에서 시키는 말만 반복하는 사회가 된다면 그 사회는 공산독재국가와 다를 바가 없을 것이다."[18]

이 같은 천주교의 입장은 종교계의 양심법이 실정법 위에 존재할 수 있느냐는 사회적 논란을 불러일으켰다. 그러나 정부당국은 성소에 대한 불가침성은 '법 테두리 내에서 존재하다'며 최기식 신부에 대해 '범인 은닉죄'를 적용해 징역 3년에 자격정지 3년의 실형을 선고했다.

재판부는 "김현장 피고인을 은신시켜주고, 편의를 제공한 것은 목회활동 이전에 국법에 위배되므로 처벌을 면할 길이 없다"고 했다.[19]

양심법과 실정법 논란은 재판부에 의해 실정법 우선으로 결론지어졌지만, 이 사건은 천주교의 인권운동에 영향을 미쳐 이후 천주교의 인권주일이 제정(1982)되는 직접적인 계기가 되었다.

"고문 없는 세상에서 살고 싶다"

1970~1980년대 종교계의 저항운동은 1987년 6월 민주항쟁으로 마침내 그 꽃을 피웠다. 6월 민주항쟁은 그야말로 종교계가 일궈낸 현대사 최고의 사건이었다. 6월 민주항쟁의 기폭제가 된 박종철 고문 사건이 조작되었다고 폭로한 성명이 천주교에서 터져나왔다.

1987년 1월 15일 서울대생 박종철이 경찰의 조사 도중 사망하자 경찰은 "(책상을) '탁' 치니 '억' 했다"며 쇼크사로 발표했다. 하지만 이를 믿는 사람은 없었다. 종교계와 재야 시민단체는 2월 7일 '박종철 군 범국민추도회'와 3월 3일 '고문추방 민주화 국민평화대행진'을 갖고 진상규명을 요구했다. 이러한 정치적 혼란기에 발표된 전두환의 4·13 호헌 조치는 국민들의 분노에 불을 지폈다. 개신교와 재야 연합체인 민주통일민중운동연합(민통련)의 호헌 반대 선언을 시작으로 천주교 사제 571명이 단식투쟁에 돌입하자 사회 각계각층의 '호헌 반대' 지지 선언이 잇따랐다.

이런 가운데 6월 민주항쟁의 기폭제가 된 박종철 고문 사건이 조

정의구현사제단은 박종철 고문치사 사건이 조작되었다는 사실을 폭로해
1987년 6월 민주항쟁에 불을 지폈다.

작되었다는 성명이 정의구현사제단에 의해 발표되었다. 5·18 추모
미사 후 사제단의 김승훈 신부가 고문치사 사건의 범인이 축소·조
작되었다는 충격적인 성명을 발표했다. 영등포 교도소에 수감되어 있
던 이부영 당시 민통련 사무처장이 사건 피의자로 구속된 조한경 경
위에게서 '사건이 축소·조작되었다'는 사실을 전해 듣고 이를 외부
에 알리면서 사건의 전모가 밝혀지게 된 것이다.

이를 계기로 6월 민주항쟁의 지도부인 '민주헌법쟁취국민운동
본부'(국본)가 만들어지는데, 종교계는 여기서 중추적인 역할을 담당
했다. 문익환 목사가 국본의 고문으로 참여한 것을 비롯해 박형규 목
사, 오충일 목사, 금영균 목사 등이 지도부로 참여했고, 대변인은 인명
진 목사가 맡았다. 또 천주교에서는 제정구, 불교에서는 지선 스님과

진관 스님 등이 참여했다.

　종교계와 함께 국본의 큰 축을 담당했던 민통련 역시 상당수 종교인들이 지도부로 참여하고 있었다. 23개 단체가 연대해 만든 민통련은 1980년대 재야 세력의 구심체 역할을 했는데, 이 단체의 고문은 함석헌 목사, 김재준 목사, 지학순 주교였으며, 상임의장은 문익환 목사, 사무처장은 황인성 한국기독학생회총연맹 총무가 맡았다.

　6월 민주항쟁 지도부에 종교인이 많아 종교 시설이 집회 장소로 자주 이용되었다. 1987년 1월부터 6월까지 대부분의 집회가 명동성당을 중심으로 진행되었으며, 6·10 민주항쟁 국민대회 장소는 성공회 서울주교좌성당으로 결정되었다. 5월 27일 국본의 발기인대회가 향린교회에서, 제1차 전국총회는 기독교 100주년기념관에서 열리는 등 크고 작은 회합에 종교 시설들이 이용되었다. 이처럼 종교계가 1987년 6월 민주항쟁의 주역으로 떠올랐던 것은 1970~1980년대 민주화운동의 결과물이다. 1987년 6월 민주항쟁은 '대통령 직선제'라는 커다란 성과물을 만들어냈는데, 이는 종교계, 특히 개신교가 권력화하는 기반으로 작용하기도 했다.

　해외 교회는 종교계 저항운동의 든든한 버팀목 역할을 했다. 이는 종교계가 서슬 퍼런 전두환 정권에 대항할 수 있는 힘과 용기의 원천이기도 했다. 개신교에 WCC와 미국 교회가 있었다면, 천주교의 후원 세력으로는 로마 교황청과 파리외방전교회, 미국의 메리놀선교회가 있었다. 이들은 한국의 인권 상황을 주시하며, 각종 성명 발표 등을 통해 국제적인 관심을 촉구해나갔다. 또한 군사정권과의 직접적인 교섭을 시도하거나 압력을 행사하는 일도 있었다.

국내에 거주한 해외 선교사들의 모임인 '월요모임'도 중요한 역할을 했다. 선교사들은 한국에서 일어나는 온갖 탄압과 인권 유린 사건을 모은 사실 보고서fact sheet를 60편 이상 만들어 전 세계에 배포했다. 또한 기회가 생길 때마다 미국 정부의 관리, 전 세계에서 온 교회 지도자, 국제인권단체에서 온 대표자들을 만나 한국에서 무슨 일이 벌어지고 있는지를 설명했고, 그들에게 한국의 민주주의와 인권운동을 지지해줄 것을 호소했다.[20] 이 같은 해외 교회의 지지와 지원은 진보 종교인들이 서슬 퍼런 군사정권 시기를 이겨내는 힘이 되었다.

제5장

노태우

개신교의 근간인 '친미'와 '반공'이 흔들리다

부처님 귀를 닮은 '불자 대통령'

노태우는 불교 대통령으로서 이미지가 강하다. 그의 종교가 불교이기도 했지만, 그의 넓적한 귀 때문이기도 하다. 1987년 대통령 선거 당시에도 그의 귀는 사람들 사이에 많이 회자되었다. '부처님 귀를 닮았다', '대통령이 될 임금님 귀다' 등으로 말이다. "전두환은 목에 힘주는 사람이고, 노태우는 귀에 힘주는 사람이다"라는 말도 생겨났다.[1] 이처럼 노태우의 귀는 사람들에게 '불자佛子 대통령'이라는 인상을 강하게 남겼다.

그러나 노태우의 과거 종교 행적은 알려진 게 그리 많지 않다. 잘 드러내지 않는 그의 스타일 때문이다. 1987년 대통령 후보 시절, 조계종 종단 간부들을 집으로 초청한 자리에서 있었던 일화는 유명하다. "불교 신자임을 분명히 밝혀 달라"고 요청한 한 스님에게 "모든 국민의 표를 얻어야 하는데 그러면 어떻게 표를 얻겠느냐"고 반문하면서도 "출근할 때마다 차 안에서 금강경 독송 테이프를 듣는다"며 스님들에게 "천수심경을 누가 더 잘 외우는지 겨루어보자"고 말했다고 한다.[2]

그의 어머니도 독실한 불교 신자로 알려졌다. 노태우의 생가는 파계사가 있는 대구 팔공산 아래에 있었는데, 어머니는 파계사의 신도 회장까지 지낼 정도로 불교와 인연이 깊었다. 어머니가 꾸었다는 태몽도 유명하다. 어머니가 콩밭에 김을 매러나갔다가 시퍼런 구렁이를 만났는데 구렁이가 집까지 쫓아와 발뒤꿈치를 물고 온몸을 휘감았다고 한다. 놀라서 잠에서 깼고 이후 태기가 있어 노태우를 낳았다. 노태우의 할아버지는 아기의 이름을 '태룡泰龍'으로 지으려다 꿈을 드러내지 않기 위해 어리석을 '우愚'를 붙여 '태우泰愚'라고 지었다.[3]

노태우의 부인 김옥숙도 독실한 불교 신자다. 그녀의 오빠인 김복동 전 육군사관학교 교장을 비롯해서 집안 전체가 독실한 불교 집안이다. 김옥숙은 경북 김천의 직지사에 자신의 법명을 딴 만덕전萬德殿을 세웠으며, 대구 동화사 약사여래불을 조성하는 데 큰 도움을 주었다.

노태우는 퇴임 이후 개신교로 개종한 것으로 알려졌다. 노태우의 맏딸인 노소영은 한 언론과의 인터뷰에서 "아버지는 2010년 (온누리교회) 하용조 목사님을 통해 예수님을 영접했고 어머니도 최근 회심해 병석에 있는 아버지를 위해 기도하신다"며 "아버지가 지금은 (기관지 질환 때문에) 말씀을 못하시지만, 그 전에는 '내가 병석에서 일어나

노태우는 스님들에게 "『천수심경』을 누가 더 잘 외우는지 겨루어보자"고 말했을 만큼 금강경 독송 테이프를 즐겨 들었다.

면 제일 먼저 교회부터 가겠다'고 하셨다"고 말했다. 또 노소영은 "1995년 비자금 사건으로 2년간 수감생활을 하면서 재임 시절 친분이 두터웠던 조용기, 김장환 목사와 면회하며 전도를 받고 『성경』을 정독, 믿음의 씨앗을 키워왔다"고 덧붙였다.[4] 이렇게 되기까지는 노소영의 역할이 컸던 것으로 알려졌다. 독실한 불교 집안에서 유일한 개신교인이었던 노소영은 그녀의 아버지와 어머니는 물론, 남편인 최태원 SK 회장과 딸, 아들까지 모두 개신교로 이끌었다.[5]

노태우 역시 한 잡지와의 인터뷰에서 "김장환 목사님은 내가 세례 받는 것이 소망인데 아직 못 받고 있어요. 불교 신심이 깊은 어머니가 살아 계실 때 불효를 저지를 수 없으니 나에게 강요하지 말라고 말했었지요. 그런데 이제 어머니가 돌아가셨으니 변명할 말이 없어졌어요. 딸과 며느리가 독실한 기독교 신자인데다 아내도 요즘 믿음이 깊어진 것 같아요. 얼마 있으면 기독교로 둘러싸여서 어쩔 수 없이 교회에 나가게 되는 상태가 될 것 같습니다"라고 말했다.[6]

퇴임 이후 '천주교에서 불교'로 개종했던 전두환처럼, 노태우 역시 '불교에서 개신교'로 개종했다. 전두환이 백담사에서 달달 외웠다던 '천수심경'과 노태우가 교도소에서 2번이나 독파했던 '성경'이 퇴임 후 이들의 종교를 바꾸어 놓았던 것일까?

직지사와 대통령

경북 김천에 있는 직지사直指寺는 권력자들과 관계가 깊은 사찰이다. 직지사에는 박정희 내외와 양친의 영정이 모셔져 있다. 경북 구미 출신의 박정희는 어릴 적 이곳을 자주 찾았다고 한다. 이런 인연으로 직지사에 여러 형태의 지원을 아끼지 않았는데, 경내 사명각四溟閣 건물의 현판은 박정희가 친필로 썼다고 한다. 또한 직지사 경내에서 가장 큰 건물인 만덕전은 불교 신도인 노태우 내외의 지원으로 지어졌다. 만덕전은 김옥숙의 법명인 '만덕'에서 따왔다.

직지사와 권력자들의 인연은 역사적으로 거슬러 올라간다. 직지사는 신라의 아도화상阿道和尙이 눌지왕(?~458)의 딸인 성국공주의 병을 고쳐준 인연으로 세워졌다. 경순왕(?~978) 때는 몰락해가는 국운을 세우고자 금자대장경을 만들어 이곳에 보관하는 등 신라시대부터 권력과 특수한 관계를 유지해왔다.

직지사는 고려를 창건한 왕건과도 인연이 깊다. 후백제 견훤과의 싸움에서 패해 진퇴양난의 위기에 처한 왕건은 직지사 주지 능여 조사의 도움으로 탈출하는 데 성공했는데, 후삼국을 통일한 후 왕건은 그 은혜에 보답하기 위해 직지사에 토지를 하사했다. 이후에도 직지사는 고려 왕실의 든든한 후원을 받았다.

조선시대에는 숭유억불 정책으로 모든 사찰이 극도의 탄압을 받았지만, 직지사는 왕의 태를 모시는 '태실胎室 수호 사찰'로 지정되어 명맥을 유지할 수 있었다. 직지사에는 조선 제2대 왕인 정종의 태가 모셔져 있다. 임진왜란 이후에는 전쟁에서 큰 공을 세운 사명당이 출가한 사찰이라는 이유로 조선 왕실의 지원을 받았다.

빅3 종교의 대리전

직선제로 대통령을 뽑은 1987년 대선은 종교계의 개입이 그 어느 때보다 강했다. 재야 세력과 함께 1987년 6월 민주항쟁을 이끈 종교계의 자부심이 대선까지 이어진 탓이었다. 당시 유력 대선 후보였던 노태우, 김영삼, 김대중의 종교적 배경도 각기 달라 종교계의 개입을 더욱 부채질했다. 당초 종교계는 '민주후보 단일화'를 위해 노력했으나 여의치 않자 각자 특정 후보를 지지하는 입장으로 선회했다. 이에 따라 불교계는 노태우를, 개신교는 김영삼을, 천주교는 김대중을 지지하는 흡사 '빅3 종교의 대리전代理戰' 양상이 전개되었다.

특정 종교 후보 지지에 가장 적극적인 곳은 불교계였다. 불교계는 선거 기간 '불자'라는 이유로 민정당 노태우 후보에게 많은 지지를

노태우는 6·29 선언 다음 날 불교계를 방문해 자신에 대한 지지를 호소하는 등
1987년 대선 정국에서 불교계와 돈독한 관계를 유지했다. 노태우가 6·29 선언을 발표하고 있다.

보냈다. 가장 발 벗고 나선 사람은 불교 최대 종단인 조계종의 서의현 총무원장이었다. 서의현은 대통령 선거가 가까워오자 '불자 후보'를 밀어야 한다며 노골적으로 노태우를 지원했다. 그는 6·29 선언 다음 날 서울의 한 호텔에서 노태우를 초청해 불교계와의 만남을 주선했다. 노태우는 이 자리에 참석해 "국민적 요청에 따라 직선제를 결심했다. 고뇌에 찬 결단이었다"며 불교계의 지지를 호소했다.[7] 서의현은 서울 강남의 봉은사에서 노골적인 '노태우 지지 기원 법회'를 열면서 내부 반발에 부딪히기도 했다.

11월 27일에는 한국불교종단협의회가 노태우 지지를 공식화했다. 협의회 주최로 열린 '나라 안정과 불교 중흥을 위한 기원 대법회'에서 전국 주요 사찰 주지 1,500여 명은 박수로 노태우를 지지했다.

이 자리에서 서의현은 "오늘 모인 지도자들은 사찰로 돌아가 신도들에게 노태우 불자를 새 시대의 지도자로 모시자고 설교하며 철야기도로 정진하자"고 당부했다.[8] 이날 행사에는 노태우가 직접 참석해 불교방송국 설립을 공약하며 참석자들에게서 박수를 받았다. 노태우는 "나의 정신적 세계의 뿌리가 어디에 근거하고 있는지는 말하지 않아도 깊이 헤아릴 줄 믿는다"라며 "(불교방송국 건립 공약은) 1천6백 년 역사의 한국 불교가 현대화되는 결정적 방편"이라며 지지를 호소했다.[9]

개신교는 민주당 후보로 나선 김영삼이 독실한 개신교 '장로'라는 점 때문에 많은 관심을 가졌다. 개신교는 28개 교단과 서울 지역 2,500여 명의 목회자가 김영삼을 공개 지지했으며, 부산·인천·대전 등에서도 2,000여 명의 목회자가 김영삼 지지 대열에 동참했다.[10] 또한 대구신학대학장 등 대구경북 지역 목사 417명도 김영삼 공개 지지를 선언하는 등 개신교계의 김영삼 지지 열기는 뜨거웠다.[11]

김영삼 역시 개신교에 많은 공을 들였다. 유세를 다니는 곳마다 해당 지역 목사와 장로 등이 주최하는 기도회에 참석했다. 이동주는 "중산층과 함께 기독교계 또한 민주당 측이 가장 공을 들이고 있는 분야"라며 "신도 수에서 국내 몇 손가락 안에 드는 ㅊ교회 시무 장로라는 김(영삼) 총재의 종교적 신분이 득표에 큰 무기가 될 것으로 보고 있고 최근 개신교 교역자와의 조찬 또는 만찬이 빈번한 것도 이러한 맥락"이라고 했다.[12]

당시 일간지에 보도된 김영삼의 개신교 행보를 추려 보면 '개신교 20여 개 교단 대표인 총회장과 총무 등 초청 오찬 모임'(『경향신문』

8월 21일), '부산 지역 교계 지도자 초청 조찬 기도회'(『경향신문』 10월 17일), '충청 지역 교회 지도자회 주최 김영삼 장로 환영 조찬 기도회'(『경향신문』 10월 24일), '28개 교단 목사와 장로 2,000여 명 서울 지역 교계 지도자 국가와 민족을 위한 기도회'(『동아일보』 11월 21일) 등 전국적으로 나타나고 있다. 일간지에 보도되지 않은 모임까지 합치면 그 수는 더 늘어난다. 한 조찬 모임에는 이화여자대학교 음대 출신의 김영삼 둘째 딸이 나와 특별 찬송을 불러 참석자들에게 박수갈채를 받는 등 김영삼은 대선 기간 내내 개신교 정체성을 부각시켰다.[13]

천주교는 정의구현사제단 등 민주화운동 세력을 중심으로 평민당 김대중 후보를 적극 지지하고 나섰다. 민주화염원 사제 일동 명의로 김대중을 범민주단일후보로 추대하자는 움직임이 일었고, 대전과 인천 등의 성당에서는 초청 강연회를 열어 분위기를 띄웠다. 김대중 역시 청주 가톨릭회관을 방문하고 원주 교구 세력을 규합하는 등 전국을 돌아다니며 천주교 지지층 확보에 나섰다. 천주교의 김대중 지지 움직임이 과열되자 천주교주교회의는 선거전이 한창이던 1987년 11월 19일 "특정 정당이나 특정 인사를 교회의 이름으로 지지하거나 반대할 수 없다"는 공식 입장을 발표하기도 했다. 이 때문에 김대중은 천주교 인사들이 마련한 한 조찬 모임에 참석해 강한 유감을 표시하기도 했다.

김대중은 또 부인인 이희호가 개신교인이라는 점과 재야운동 시절 맺은 폭넓은 개신교 인맥을 한껏 활용해 개신교 공략에도 나섰다. 1987년 9월 말 김대중을 지지하는 개신교 모임인 민주기도협의회를 결성한 것을 비롯해 경기북부지역 기도회, 서울지역 기도회, 부천지역 기도회, 서울지역 범교단 만찬기도회, 범교단 목회자 조찬기도회에 참석하는 등 전국적인 행보를 이어 나갔다.

이런 이유 때문에 1987년 대선에서는 종교적 공방도 많았다. 노태우에게는 '불교방송국 건립' 공약이, 김영삼에게는 '통일교 정치자금 수수설'과 '불교 탄압설'이, 김대중에게는 '천주교인의 불당 참배 문제' 등의 이슈가 따라다녔다. 특히 '김영삼이 집권하면 불교를 탄압할 것'이라는 '불교 탄압설'은 선거 기간 내내 김영삼을 곤혹스럽게 만들었다. 이 때문에 김영삼은 유세 때마다 "노태우 씨는 자기가 불교 신자처럼 행세하고 내가 집권하면 불교를 탄압할 것처럼 악랄하게 모략하고 있다"고 공박했다.[14] 여기에 노태우의 불교방송국 건립 공약이 종교 편향 문제를 불러오면서 선거 내내 종교적 쏠림 현상은 뚜렷해졌다.

10원짜리 동전 불상 논란

1995년 11월 2일 한국은행에 희한한 청원서가 들어왔다. '10원짜리 동전에 새겨진 불상을 빼달라'는 게 청원서의 내용이었다. 청원을 한 사람들은 기독법률센터 변호사와 목사 7명이었다. 이들은 청원서에서 "1983년 이전 발행된 10원권 주화의 입구 부근(다보탑)에는 불상이 조각돼 있지 않았으나 1983년 이후부터 발행된 것에는 불상이 새겨져 있다"며 "이 같은 행위는 헌법에 규정된 국교國敎 부인과 정교

政敎분리 원칙에 위배되기 때문에 불상을 제거해야 한다"고 주장했다. 이들은 자신들의 요구가 받아들여지지 않을 경우 헌법소원까지 제기할 방침이라고 밝혔다.[15]

이 문제는 이를 지시한 사람이 노태우라는 소문이 나돌면서 확산되었다. 당시 내무부 장관(1982.4~1983.7)이던 노태우가 자신의 대통령 당선을 위해 10원짜리 동전의 도안 변경을 지시했다는 게 소문의 핵심이었다. 노태우의 어머니가 역술인을 찾아가, 어떻게 하면 아들이 대통령이 될 수 있을지를 묻자 역술인이 '전 국민이 불상을 가지고 있어야 한다'고 충고했다는 것이다. 이에 따라 고육지책으로 나온 묘안이 10원짜리 동전에 불상을 새겨넣었다는 다소 그럴듯한 내용이었다.[16]

어쨌든 이런 소문은 한국은행의 해명으로 일단락되었다. 한국은행은 소문이 확산되자, 10원짜리 동전에 조각된 것은 불상이 아닌 '돌사자상'이라고 해명했다. 홍돈표 당시 한국은행 발권부장은 "10원짜리 주화 앞면에 있는 불국사 다보탑은 지난 1983년 1월 15일부터 발행돼 현재 35억 개에 이르고 있고 이 탑 내부에 있는 물체는 불상이 아니라 돌사자상"이라고 밝혔다. 또, "10원짜리 주화는 앞면 도안 소재인 다보탑의 본래 모습을 재현하고 입체감을 주기 위해 돌사자상을 넣게 되었다"고 밝혔다.[17]

한국은행 발표대로 다보탑 한쪽 면 계단 위에는 실제 돌사자상이 있는 것으로 확인되었다. 당초 돌사자상은 4면 모두에 있었으나 일제강점기에 세 마리가 도난당해 지금은 한 마리만 남아 있는 상태다. 노태우의 '10원짜리 동전 불상' 소동은 정치와 밀착한 종교의 과열 경쟁이 만들어낸 해프닝이었던 셈이다.

노태우의 불심 달래기

노태우는 집권과 동시에 풀어야 할 숙제 한 가지를 갖고 있었다. '성난 불심 달래기'가 그것이었다. '10·27법난'이 발생한 지 7년이 지났지만, 불교계의 분노는 가라앉을 기미가 보이지 않았다. 이 때문에 상당수 불교 인사들은 정부에 비판적이었고, 기회 있을 때마다 10·27법난에 대한 책임자 처벌을 요구하고 있었다. 더욱이 대통령 선거 기간에 지지해준 불교계를 외면할 수도 없었다. 따라서 '불교계와의 화해'는 노태우 정권이 풀어야 할 첫 번째 숙제였다.

이를 위해 노태우가 가장 먼저 한 조치는 '전통사찰보존법' 제정이었다. 이 법은 1962년 제정된 불교재산관리법을 한 단계 발전시킨 것으로, '사찰의 자율권 확대'를 핵심으로 하고 있다. 불교재산관리법은 주지 임명권만 각 사찰에 주고 나머지는 정부 규제 하에 두었다. 그러나 전통사찰보존법 시행으로 전통사찰로 지정된 곳만 정부가 관할하고 나머지 사찰은 정부 규제에서 벗어나게 되었다. 또 전통사찰로 지정된 경우도 사찰의 수리와 보수 등 보존을 정부가 책임지도록 했다. 이 같은 조치는 사찰의 모든 권한을 통제했던 일제강점기 '사찰령'(1911)에서 진일보해 주지 임명권을 보장했던 '불교재산관리법'보다 사찰의 자율권을 확대한 획기적인 개선책이었다.

노태우는 전통사찰보존법을 제정해 획기적으로 사찰에 자율권을 주었으며,
대구 동화사의 '통일기원대전' 현판을 직접 쓰기도 했다.

노태우는 불교 관련 행사 참석이나 시설 지원 등을 통해 불교계
와의 화해에도 적극적이었다. 취임 직후 고향인 대구 팔공산 동화사
를 찾아가 '통일기원대전' 현판을 직접 썼는가 하면 약사여래불 조성
에도 도움을 주었다. 특히 불교계 인사들과 유대 관계를 유지하려고
노력했는데, 김천의 직지사 주지와 동국대학교 이사장을 지낸 녹원
스님과 가까운 사이였다고 한다.

평화통일운동을 싹틔운 개신교

노태우 정권 들어 개신교의 이념적 근간인 친미와 반공이 흔들리
기 시작했다. 이를 촉발한 것은 5·18광주민주화운동이었지만, 이 시
기 들어 평화통일운동과 반미운동 등으로 구체화되었다. 이 운동을
주도한 세력은 KNCC를 중심으로 한 진보 성향의 개신교 세력이었
다. '반공'과 '친미'를 근간으로 하는 개신교 내에 이에 반대하는 또
다른 세력이 등장했음을 보여주는 것이다. 개신교 내에 진보-보수 흐
름이 뚜렷해진 것도 이 시기부터였다.

KNCC는 민간 차원에서는 처음으로 평화통일운동에 앞장섰다. 1985년에 '한국 교회 평화통일선언'을 발표하고 1988년에 '민족의 통일과 평화에 대한 한국기독교회 선언'(88통일선언)을 발표했다. 이는 한국 사회의 평화통일운동 '지침서'로 활용될 만큼 상당한 파급력을 갖고 있었다. 88통일선언은 통일의 원칙을 자주, 평화, 민족대단결이라는 기존 7·4남북공동성명의 3대 기본 원칙에 민중 참여와 인도주의 원칙을 추가한 5개 원칙을 골자로 하고 있다. 이와 함께 군비 축소와 상호 불가침 선언, 한반도 비핵화지대 구축, 외국 군대의 점진적 철수 등도 포함되었다.

서울신학대학교 교수 박명수는 "그 내용은 지금까지 한국 교회가 취했던 반공의 입장을 비판하고, 주한미군의 철수를 주장하는 것이었다. 이것은 한국 교회 역사상 매우 중요한 사건이었다. 한국 교회는 지금까지 강력한 반공의 입장을 가지고 있었는데, 여기에 교회협 KNCC이 분명한 반대의 입장을 보인 것이다"라고 평가했다.[18]

KNCC는 나아가 한반도 평화통일 문제를 국제사회에 이슈화하는 데 성공했다. 1986년 9월 제1차 스위스 글리온회의, 1988년 8월 조국의 평화와 통일을 위한 해외동포대회, 1989년 5월 북미주 한국기독학자회의, 1990년 도쿄에서 열린 '한반도 통일과 선교에 관한 회의' 등 국제회의를 열어 국제사회의 관심을 이끌어냈다. 1986년의 스위스 글리온회의에서는 남북 개신교 대표자가 만났는데, 이는 분단 이후 성사된 남북 교회의 첫 만남이었다.

그동안 반공 입장에서 북한 문제를 주도해온 보수 개신교는

KNCC 주도의 평화통일운동이 성과를 거두자 긴장하기 시작했다. 대북 문제에 대한 주도권이 KNCC 등 진보 세력에 넘어갈 수도 있다는 우려 때문이었다. 보수 개신교는 이 시기 들어 자신들의 목소리를 적극적으로 내기 시작했다. 보수 개신교는 'KNCC의 평화통일론은 북한에 이용당할 수 있고, 미군철수 주장은 더더욱 수용할 수 없다'며 반대 입장을 분명히 했다. 이때부터 한국 개신교에는 진보와 보수라는 선명한 두 흐름이 나타나게 되었다.[19]

종교인들의 방북

처음으로 남한 개신교인들의 북한 방문이 잇달아 추진되었다. 한반도 통일 문제를 국제사회에 이슈화하는 데 성공한 KNCC도 해외 교회와 교포들의 도움으로 남북 대화를 이끌어갔다. 1992년 1월 KNCC 총무인 권호경 목사가 조선기독교도연맹의 초청을 받아 북한을 공식 방문했다. 권호경 목사는 김일성 주석과 면담하면서 북한 개신교 대표들의 서울 방문을 이끌어내서 여론의 주목을 받기도 했다. 이후 판문점 실무회담 등이 진행되었으나 끝내 성사되지는 못했다.

노태우 정부의 허가 없이 방북을 결행한 종교인도 있었다. 1989년 3월 문익환 목사는 당국의 허락을 받지 않고 방북해 김일성과 두 차례 면담했다. 평양에 도착한 그는 "내가 밟고 가는 눈 덮인 들판길 조심하여 헛밟지 말지어다. 오늘 걷는 나의 발자취가 뒤에 오는 이의 표식이 될 것임에"라고 말했다. 문익환 목사는 김일성과의 면담에서 한반

노태우 정부에서 남한 개신교인들이 잇달아 북한을 방문해 한반도 통일 문제를 국제사회에
이슈화하는 데 성공했다. 특히 임수경의 방북은 남북한 사회를 뜨겁게 달궜다.
임수경과 문규현 신부가 판문점을 통해 귀환하고 있다.

도 평화통일을 위한 9개 원칙을 제시했다. 연방제 방식과 자주·평
화·민족대단결에 의한 통일 원칙 등이 담긴 '4·2남북공동성명'을
발표한 것이다.

　문익환 목사 방북 3개월 후에는 천주교인 임수경이 전국대학생
대표자협의회(전대협) 대표 자격으로 허가 없이 방북하면서 사회적 이
슈가 되었다. 특히 임수경의 무사 귀환에 동행하기 위해 문규현 신부
까지 밀입북하며 당시 남북 평화통일 분위기가 남한 사회를 뜨겁게
달궜다.

　김일성과 문익환 목사의 면담 장면과 천주교인 임수경의 일거수
일투족이 북한 전역에 보도되면서 북한 사회 역시 들썩였다. 임수경

을 보호하기 위해 자신을 희생하며 밀입북한 문규현 신부를 보면서 종교인들의 헌신성에도 감동했다.

당시 방북 중이었던 재미언론인 조광동이 만난 북한의 식당 종업원은 "신부나 목사는 미국 사람들 앞잡이 노릇만 하는 줄 알았는데 나라의 통일을 위해 저렇게 감옥까지 가면서 애쓰는 분들도 있구나 하는 것을 알았지요"라고 말했다고 한다. 또 문규현 신부가 임수경의 손을 잡고 판문점 군사분계선을 넘는 순간 북측의 한 고위인사는 "신부님, 신부님이 믿는 하느님이라면 우리도 믿을 수 있을 것 같습니다"라고 고백했다고 한다.[20]

종교인들의 평화통일운동은 정부 정책에도 영향을 미쳤다. KNCC의 '88통일선언'은 실제 노태우 정부의 '7·7선언'(1988), '한민족공동체통일방안'(1989), '남북기본합의서'(1992)의 정신적 근간이 되었다. 임동원 전 통일부 장관은 남북기본합의서는 KNCC의 88통일선언의 영향을 받았다고 했다. 또 문익환 목사가 김일성 주석과 면담하면서 발표한 '자주평화통일 9개 원칙'은 김대중 정부의 '6·15 남북공동선언'의 토대가 되었다.[21]

보수 개신교의 대변자, 한기총

한국기독교총연합회(한기총)라는 개신교 보수연합단체가 출범한 것은 1989년 12월이다. 직접적인 계기는 KNCC의 평화통일선언인 '88통일선언' 때문이었지만, KNCC의 평화통일운동으로 좁아진 보수 개신교의 입지를 만회하기 위한 차원이 컸다.

1989년 1월 한경직 목사가 남한산성에 한국 교회 원로(강원룡, 조향록, 지원상)들을 불러놓고, "KNCC가 한국 교회를 대표할 수 있는 기관이 될 수 없다"며 별도의 보수연합단체 설립의 필요성을 역설했다. 2월에는 각 교단 총회장과 감독을 지낸 원로급 인사들이 대전 유성에서 모여 새로운 연합체 준비위원장에 한경직 목사를 추대했다. 이후 이들은 한경직 목사가 시무하는 서울 영락교회에서 발기인 총회를 갖고 그해 12월 '한국기독교총연합회'라는 이름으로 공식 창립했다. 창립 당시 한기총에는 36개 교단과 6개 기관이 회원으로 참여했다.[22]

한기총 설립을 주도한 세력 내에 반공에 앞장서온 북한 출신 목사가 많았다는 점에서 KNCC 등 진보 세력의 평화통일운동에 대한 거부감을 엿볼 수 있다. 한신대학교 교수 강인철은 1989년 1월 남한산성 모임에 참여한 목사 10명 중 9명이 북한 출신이라는 점을 들어 한기총은 월남민 반공 기독교 세력을 중심으로 결성되었다고 분석했다.[23]

한기총은 창립 이전부터 보수 성향을 분명히 했다. 1989년 5월 진보 세력의 반정부 시위에 맞서는 '폭력배격에 관한 성명서'를 발표하는가 하면, 6월에는 6·25 상기 연합기도회 개최 등을 통해 반공주의를 확산시켜 나갔다. 이는 다분히 진보 성향의 KNCC를 의식한 활동이었다. KNCC는 해외 교회와 북한 교회의 접촉창구 역할을 했기 때문에 누구든지 이들과 접촉하려면 KNCC를 거쳐야 할 만큼 높은 위상을 가졌다.

한기총의 탄생으로 개신교는 진보 성향의 KNCC와 보수 성향의

개신교의 근간인 '친미'와 '반공'이 흔들리다

한기총이라는 양대 연합 기구 시대를 맞았다. 이후 KNCC와 한기총은 각종 이슈에 대해 서로 대립각을 세우기 시작했다.

한기총은 왜 탄생했는가?

한기총은 출범 초기부터 정권의 지원을 받았다는 의혹에 시달렸다. 노태우 정부가 반정부적인 개신교 진보 세력 KNCC에 맞서 그에 상응하는 보수적 개신교 단체를 키우려고 했다는 주장이다. KNCC는 민주화운동, 통일운동, 도시빈민운동, 노동운동 등 한국 시민사회운동의 핵심 역할을 하고 있었다. 1989년 3월 16일 기독교 주요 인사 80여 명이 '노태우 정권 퇴진운동'을 결의하면서 노태우 정부와도 첨예하게 대립했다. 이들은 "노 정권은 국민들이 요구한 광주사태 해결, 5공비리 청산, 민주화 실천 등에 대해 지금까지 납득할 만한 대답을 한 적이 없다"고 주장했다.[24] 이 같은 시대 상황은 한기총 탄생에 권력이 적극적으로 개입했다는 의혹을 사게 했다.

실제 5공화국 초기부터 '진보 종교계 와해'를 위한 '종교 문제 실무대책반'이 운영되었던 것으로 확인되었다. 전두환 정권은 진보적 종교 세력의 약화를 위한 대책반을 운영하고, 보수 온건 세력을 조직적으로 지원해왔다. 전두환 정권이 1983년 8월부터 11월 사이에 작성한 「대학생이념순화대책추진계획」 문건에 종교 관련 대책이 기록되어 있다. 이 문건에 따르면 대책반의 업무 추진 방향에는 '대항 세력으로서 보수, 온건 교회 교역자 조직 및 지원', '건전 종교 단체명의 급진

신학 이론적 허구성에 대한 비판 서적 발간' 등이 포함되어 있었다.[25]

대책반 결성 시기는 1982년 5월인데, 1982년 3월에 발생한 부산 미문화원 방화 사건이 결성의 직접적 계기로 보인다. 당시 방화 사건을 지휘한 고신대학교 학생들의 배후로 천주교 최기식 신부가 지목되었기 때문이다. 대책반의 책임자는 당시 대통령 정무비서관인 박철언이었다. 그는 "종교 대책반은 일부 종교인들의 용공 반체제 활동에 맞서 자유민주주의 체제 수호를 위해 활동했다"고 존재 사실을 확인해주었다.[26] 국정원 과거사진실규명위원회 위원장이었던 오충일 목사는 "국정원의 전신인 안기부가 이 같은 청와대의 방침에 따라 양심적인 종교 세력 와해 공작을 벌였고, 한기총 창립에 안기부 종교 담당 요원이 구체적으로 개입했다"고 밝히기도 했다.[27]

이승균은 "KNCC와 대별되는 보수단체인 한기총 등 5공과 6공 때 탄생한 보수단체들은 종교대책반 활동의 결과물이라는 의혹도 함께 제기되고 있다"면서 "특히 1980년 전두환 정권을 지지하는 국가조찬기도회에 참석했던 한경직·정진경 목사 등 당시 보수 기독교 지도자들이 한기총 결성에 주도적으로 참여했던 사실도 이런 의혹을 확산시키는 주요한 원인이다"라고 말했다.[28]

한기총 창립을 주도한 보수 개신교와 노태우 정부는 공통의 이해관계에 놓여 있었다. 이런 차원에서 이야기하지면 대북·대미 관계의 주도권을 빼앗길 수 있다는 보수 개신의 '위기감'과 반정부 투쟁을 약화시켜야 하는 권력의 '절박성'이 한기총 탄생의 밑거름이 된 것으로 보인다.

개신교의 근간인 '친미'와 '반공'이 흔들리다

제6장

김영삼

개신교를
휘어잡은
'장로 대통령'

3대를 이어온 '신앙 명가'

김영삼의 집안은 독실한 개신교 집안으로 유명하다. 김영삼 집안의 신앙에 대한 이력은 할아버지 대(代)로 올라간다. 할아버지 김동욱은 일찍부터 개신교에 눈을 떠서 사랑방을 기도실로 꾸미고 외지의 전도사나 목사를 초청해 자주 예배를 보았다. 또 동네 사람들의 반대를 무릅쓰고 집안의 뽕밭을 기부해 교회를 지어 마을 사람들을 전도했다. 그의 노력으로 섬마을 사람들 대부분이 개신교를 믿게 되었다고 한다.

김영삼의 아버지 김홍조 역시 생전에 교회를 5곳이나 세운 독실한 개신교 신자였다. 그는 부인이자 김영삼의 어머니인 박부련이 무장공비에 의해 살해당하자 고인의 뜻을 기리기 위해 경남 거제시 장목면에 신명교회를 세우고 장로가 되었다. 이후 경남 마산시 구산면에 수정교회와 마산교회를 세우는 등 자신의 사업 이외에는 교회 활동에만 전념했다. 신명교회의 김순조 장로는 김홍조에 대해 "일평생 교회에 공헌한 결과를 보면 거의 맹렬에 가까웠다"고 기억했다.[1]

김영삼은 경남중학교 재학 중 부산남교회에서 신앙생활을 시작했다. 대학 시절 서울로 올라와서는 문재린 목사가 시무하는 보문동 신암교회에 다니며 세례를 받았다. 문재린 목사는 문익환·문동환 형제 목사의 아버지로, 김영삼은 이때부터 문 목사 형제와 가깝게 지냈다. 김영삼이 출석했다는 서울 역삼동의 충현교회는 1965년부터 다니기 시작했다. 1972년 충현교회 집사를 거쳐 1977년 장로직을 맡아 교회 내 장로 서열이 꽤 높은 것으로 알려졌다. 김영삼의 2남 3녀의 자식들 모두 이 교회에서 세례를 받았다.

김영삼은 그의 오랜 정치적 역경을 신앙의 힘으로 버텨왔다. 그는 1979년 '국회의원 제명 파동' 당시 발표한 성명에서 "나는 이 나라의 국민 그리고 민주주의를 위해 몸을 던졌습니다. 순교의 언덕 절두산을 바라보는 이 국회의사당에서 나의 목을 자른 공화당 정권의 폭거는 저 절두산에 역사의 의미를 부여할 것입니다. 나는 오늘의 이 수난을 민주회복을 위한 순교로 받아들일 것입니다"고 말했다. 개신교에서 말하는 '순교자'의 각오로 끝까지 싸워갈 것을 다짐한 것이다.

1980년대 초 민주산악회를 조직해 등산을 할 때도 산에 올라가면 매번 회원들과 기도를 했다. 기도의 주된 내용은 "저희들 마음속에 자유의 강이 흐르게 하시고 이 산하에 민주화를 부르짖는 메아리가 그치지 않게 하소서"였다.[2] 김영삼은 1983년 5월 5·18광주민주화운

독실한 개신교 신자였던 김영삼은 대통령이 된 뒤에도 새벽 5시에 일어나 4킬로미터 조깅을 했을 만큼 청교도 생활에 많은 의미를 부여했다.

동 3주년에 전두환 군사독재에 대항하며 목숨을 걸고 민주화 5개항을 요구하는 23일간의 단식투쟁도 "신앙의 힘"이 아니었다면 불가능했다고 지인들에게 말했다. 김영삼이 가장 좋아하는 성경 구절은 「이사야」 41장 10~11절이다.

"두려워하지 말라. 내가 너와 함께 함이라. 놀라지 말라. 나는 네 하나님이 됨이라. 내가 너를 굳세게 하리라. 참으로 너를 도와주리라. 참으로 나의 의로운 오른손으로 너를 붙들리라. 보라 네게 노하던 자들이 수치와 욕을 당할 것이요. 너와 다투는 자들이 아무것도 아닌 것같이 될 것이며 멸망할 것이라."

김영삼은 1979년 국회의원직 제명과 1980년 5월 장기가택연금 등으로 좌절과 분노의 시절을 보내던 때도 하루에 이 성경 구절을 수십 번 찾았다고 한다. 김영삼 자택 서재의 오른편 문갑 위에는 항상

『성경』이 놓여 있었는데, 바로 이 성경 구절 부분만 닳아 떨어져나갈 정도였다.[3]

김영삼은 대통령이 된 뒤에도 청교도 생활을 유지했다. 새벽 5시에 일어나서 4킬로미터 조깅을 했고, 7시 30분에는 누군가와 식사를 하며 하루 일과를 시작했다. 전북대학교 교수 강준만은 김영삼이 "자신의 청교도적 생활에 지나치게 많은 의미를 부여"했으며, "그의 개혁의지는 이념적이거나 정치적인 철학에서 비롯되었다기보다는 그의 청교도적 생활에 근거한 것이었다". 그래서 "김영삼은 자신을 악의 무리와 싸우는 투사로 간주했으며, 이는 거의 신앙의 경지였다"고 평가했다.[4]

개신교의 '장로 대통령' 만들기

1992년 제14대 대통령선거에 충현교회 장로인 김영삼이 대통령 후보로 출마하자 개신교는 술렁였다. 이승만 이후 30여 년 만에 개신교인 대통령을 기대할 수 있었기 때문이다. 실제로 "청와대에서 찬송소리가 울려 퍼지게 해달라", "교회 앞에서 선서하는 대통령이 뽑히게 해달라", "이번 대선에서 하나님 믿는 자가 승리하게 해달라"는 구호가 넘쳐났다.[5] 1992년 12월, 63빌딩에서 열린 '김영삼 후보 초청 조찬기도회'에는 1,000명이 넘는 목회자가 참석해서 개신교의 열띤 분위기를 읽을 수 있었다.

개신교의 '장로 대통령을 만들자'라는 구호는 개신교인들의 마음을 파고들기 시작했다. 여기에는 김영삼의 개신교 사조직인 '나라사랑협의회(나사협)'의 역할이 컸다. 나사협은 충현교회의 김차생 장로가 1987년에 만든 조직으로, 선거 당시 전국 170여 개 지역에 지역본부를 두고 있었다. 나사협은 선거 기간에 '나라를 위한 기도회' 명분으로 김영삼을 위한 대교회 선전전을 펼쳤다. 김영삼도 개신교계를 겨냥해, "주일에는 선거운동을 하지 않겠다"고 선언하며 지지를 호소했다.

개신교의 지지와 지원은 김영삼의 든든한 지원군이 되어주었다. 당시 한 일간지는 김영삼과 친분이 있는 개신교 인사들을 소개했다. 이 중에는 충현교회 김창인 목사, 영락교회 한경직 목사, 여의도 순복음교회 조용기 목사, 갈보리교회 박조준 목사, 소망교회 곽선희 목사, 광림교회 김선도 목사, 금란교회 김홍도 목사, 종암교회 김윤식 목사, 극동방송 사장 김장환 목사, 크리스천 아카데미 원장 강원룡 목사 등 한국 개신교회의 대표적인 목사들이 거의 대부분 포함되어 있었다.[6]

개신교 원로들은 김영삼의 부인인 손명순이 대구 동화사 불상 봉안식에서 합장한 것이 개신교 내부에서 문제가 되자, '표심을 위한 어쩔 수 없는 행동'이라고 두둔하고 나서기도 했다. 이 같은 개신교계의 지원으로 김영삼은 불교계의 60퍼센트 이상이 몰려 있는 부산과 경남에서 절반 이상의 득표율을 기록하며 당선될 수 있었다.

여기서 눈 여겨 봐야 할 사실이 있다. 이때부터 대형 교회들이 선거 기간에 정치적 목소리를 본격적으로 내기 시작했다는 점이다. 이는 개신교가 선거에 영향력을 행사할 만큼의 '규모'가 되었다는 것을 의미했다. 세계 최대교회를 일군 여의도순복음교회 조용기 목사는 1992년 기독교부흥협회 예배에서 "앞으로 한국 정치는 '기독교'가 일어나서 해야 한다. 그러기 위해서는 국회의원은 기독교인이, 대통령은 장로가 해야 한다"며 '기독교 입국론立國論'에 불을 지폈다. 조용기 목사는 "이제까지 청와대에서 너무 목탁소리가 많이 들렸다. 가톨릭의 김 추기경이 청와대에 자주 들어가는 일이 없도록 하자. 복음의 나팔수인 부흥사들이 기독교인을 대통령으로 뽑는 노력에 앞장서야 한다"고 말해 파문을 일으키기도 했다.[7]

이 시기 대형 교회들이 정치적 목소리를 낼 수 있었던 데는 한기총의 역할이 컸다. 개별적으로 성장한 대형 교회가 한기총을 중심으로 빠르게 조직화하거나 세력화했기 때문이다. 이후 대형 교회는 한기총을 중심으로 뭉쳐 김대중, 노무현, 이명박 등 세 정권에서 정치적인 영향력을 행사했다. 김대중과 노무현 때는 '최대 저항 세력'으로, 뒤이은 이명박 때는 '정권 창출의 1등 공신'으로 화려한 변신을 했다.

개신교의 권력화

한국 개신교는 김영삼 집권기 들어서 몰라보게 달라져 있었다. 1970~1980년대 산업화를 거치면서 교세 규모 면이나 대사회적 영향력 면에서 상당한 입김을 행사하는 세력이 되어 있었다. 교세 면에서 보면, 자체 추산 개신교인 1,000만 명 시대에 들어섰다. 실제 '출석교인'이 아닌 '등록교인'을 기준으로 산출하는 교회 관행상 '중복교인'

이 있을 수 있지만, 추세만큼은 사실이었다. 1960~1970년대 300만 명, 1977년 500만 명과 비교하면 폭발적인 성장세였다. 교회 수 역시 늘었다. 1950년 3,114개였던 교회는 1990년대 들어 10배 이상 성장한 3만 5,819개로 조사되었다.[8]

개신교회의 성장을 주도한 것은 도시의 '대형 교회'였다. 이 시기 들어 수도권과 지방 대도시에 신도 1만 명을 넘어서는 교회가 속출하는 등 개신교는 빠르게 대형화했다. 1958년 가정교회로 시작한 여의도순복음교회는 1970년대와 1980년대 1년에 거의 3만 명씩 성장해 2010년 78만 명에 육박하는 세계 최대교회가 되었다. 이를 2005년 개신교 인구 870만 명(통계청 기준)과 비교하면 여의도순복음교회가 전체에서 차지하는 비중은 무려 9퍼센트에 육박한다.

감리교의 대표 교회인 광림교회도 마찬가지다. 1953년 10여 명으로 시작해 1973년 400명, 1979년 5,000명, 1983년 1만 3,000명을 거쳐 2014년 10만 명에 육박하고 있다. 서울 서빙고동에 있는 온누리교회도 1985년 78명으로 시작해 4년 만인 1989년 1,800명으로 늘어났고, 1993년 6,000명, 1996년 1만 1,000명, 2000년 2만 1,000명을 거쳐 2014년 7만 5,000명에 이르고 있다. 이는 대부분의 대형 교회에서도 비슷하게 나타난다. 명성교회(1980년 설립, 출석 4만 명), 은혜와진리교회(1982년 설립, 출석 4만 명), 순복음인천교회(1983년 설립, 출석 2만 명), 연세중앙교회(1986년 설립, 출석 4만 명) 등도 1970년대와 1980년대를 거치면서 대형 교회로 성장했다.

이 같은 성장세는 전 세계도 놀라게 했다. 1993년 미국 종교전문

개신교회의 성장을 주도한 것은 '대형 교회'인데, 세계 50대 메가처치 가운데 23개가 한국의 대형 교회다. 신도 10만 명을 자랑하는 광림교회.

잡지 『크리스천월드』가 교세 규모를 토대로 세계 50대 메가처치 MegaChurch를 발표했는데, 놀랍게도 이 중 23개가 한국 개신교회였다. 세계 최대교회인 여의도순복음교회를 비롯해 10위권 안에만 한국 교회가 5개나 포진하고 있었다. 참고로 미국의 최대 교회인 레이크우드 교회(조엘 오스틴 목사)의 신도 수는 5만 명 수준이다.

개신교는 교세뿐 아니라 영향력 면에서도 예전과는 확실히 달랐다. 1996년 제15대 총선에서 여의도순복음교회와 소망교회는 소속 신자 중에서 무려 6명의 국회의원을 배출했다. 또 2004년 제17대 총선에서는 소망교회가 7명, 사랑의교회가 5명, 중앙침례교회가 3명의 국회의원을 배출하기도 했다. 여기에 지방자치 단체장, 고위 공무원, 기업체 대표 등 각계각층에서 영향력 있는 파워 엘리트 인사까지 합치면, 교회는 그 어느 사회단체보다 막강한 영향력을 발휘할 수 있는 세력이 되었다.

흔히 교회를 자랑할 때 "우리 교회에 ○○○가 다녀"라는 표현을 쓰기 시작한 것도 이때부터다. 교회의 영향력을 표현하는 말 중에 '교회가 들어서는 곳에 땅을 사라'는 말이 있다. 한국 사회의 엘리트들이 교회를 매개로 모이면서 주고받는 '고급 정보'들을 빗댄 표현이다. 고위 공직자 신도가 알려주는 '고급 정보'와 사업을 하는 신도가 갖고 있는 '막강한 자금력'에 이를 해결해줄 수 있는 '문제해결 능력'까지 결합한다면 그 영향력을 짐작할 만하다. 실제로 교회 건축, 교회 이전, 교회 부동산 투자 등에는 이런 교인 내부 네트워크가 복잡하게 작용하고 있다. 개신교회가 '김영삼 장로 대통령 만들기'에 나설 수 있었던 것도 이런 교세와 영향력을 활용할 수 있는 막강한 배경을 가지고 있었기 때문이다.

교회 성장의 아이콘으로 통하는 '감리교 4형제'

감리교에는 '감리교 4형제'라는 유명한 목사 형제가 있다. 한 집안의 형제들이 모두 초대형 교회를 이끌고 있어 '교회 성장의 아이콘'으로 불린다. 이들이 담임을 맡고 있는 교회의 교인 수만 합쳐도 25만 명을 훌쩍 넘어선다. 이들은 광림교회의 김선도(첫째), 금란교회의 김홍도(둘째), 임마누엘교회의 김국도(셋째), LA 뉴저지한인교회의 김건도(넷째) 목사다. 교인수로 보면 금란교회가 13만 명, 광림교회가 10만 명, 임마누엘교회가 2만 5,000명으로 한국 감리교단 규모에서 1위, 2위, 6위를 차지한다. 금란교회와 광림교회는 1993년 전 세계 교회를 대상으로 실시한 조사에서 교인 수가 많은 교회 가운데 7위와 12위를 차지했다.

이들은 한국감리교단을 이끄는 감독회장을 지냈다는 공통점이 있다. 한국감리교단은 6,000여 개 교회와 1만 명의 목사, 150만 명의 신도를 자랑하는 한국 개신교의 3대 교단 중 하나다. 김선도 목사가 1994년부터 2년간 감독회장을 지냈고, 1996년 김홍도 목사가 그 뒤를 이었다. 김국도 목사는 2008년 감독회장 선거에서 과반수 이상의 지지를 받았으나, 후보 자격이 문제가 되어 직무가 정지되기도 했다(그는 2001년 명예훼손으로 100만원 벌금형을 선고 받았다). 김국도 목사는 이에 반발해 독자 노선을 걸었는데, 이 때문에 감리교단이 둘로 갈리지는 진통을 겪기도 했다.

이들은 유명세만큼이나 이슈도 함께 몰고 다녔다. 김선도 목사는 2000년 교회 '세습'으로 사회적 논란을 일으켰고, 김홍도 목사는 교회와 관련된 개인 비리 등으로 구속되기도 했다. 김국도 목사는 감리교단 분열을 일으켜 교단 내 시선이 곱지만은 않다. 특히 이들은 모두 아들에게 교회를 물려주어 사회적 비난을 받았다. 현재 광림교회는 김정석 목사, 금란교회는 김정민 목사, 임마누엘교회는 김정국 목사가 시무하고 있다.

이들이 목사의 길을 걷게 된 이력은 모두 제각각이다. 김선도 목사는 병원에서 의사로 일하다가 신학 공부를 시작했고, 김홍도 목사는 신문배달 등을 통해 스스로 학비를 벌어서 신학교에 입학했다. 김국도 목사는 서울 청량리 불량서클 멤버로 활동하다가 회개하고 목사의 길에 들어섰다. 김건도 목사는 병에 걸려 죽을 고비를 넘긴 뒤 목사가 되기로 결심했다.

이들에겐 현대판 '홍도야 울지 마라'라는 유명한 일화가 있다. 6·25전쟁 당시 이산가족이 되었다가 다시 만나게 된 사연이다. 김선도 목사는 "전쟁 때문에 가족들과 뿔뿔이 흩어져 2년간 생사도 모르고 지냈습니다"면서 이렇게 말했다.

"그러다가 군산 피난민 수용소에 동생이 있다는 소문을 우연히 듣게 됐어요. 막상 군산에 도착하니 가족이 어디 있는지 찾을 방법이 없는 겁니다. 무조건 기도를 하면서 걷고 있는데 저 멀리서 판자를 놓고 초콜릿과 껌을 팔고 있는 아이가 보여요. 가만히 보니 8년 밑 홍도더라구요. 그래서 '야, 너 홍도 아니니?'라고 했더니 '형님!' 하더니 와락 안겨요. 감사하게도 아버지와 어머니, 동생들이 다 살아서 거기에 생존해 있던 겁니다. 예배를 드리고 우리 가족은 울음바다가 됐습니다."[9]

대형 교회의 문어발식 성장

어디를 가든 그 지역에서 가장 큰 교회를 찾는 방법이 있다. 해당 지역명 다음에 '제일교회', '중앙교회'가 붙은 교회를 찾으면 된다. 대전을 예로 든다면 '대전제일교회'나 '대전중앙교회'를 찾는 식이다. '제일' 또는 '중앙' 이라는 이름은 지역에서 가장 선호하는 이름으로 대개 그 지역을 선점한 교회가 사용했다. 따라서 이를 사용하는 교회는 대부분 그 지역에서 오래된 교회이고, 오래된 만큼 교인 수도 많다. 그런데 왜 교회가 지역에서 '제일' 이어야 하고 '중앙' 이어야 할까? '1등 국가', '1등 시민'을 목표로 하는 경쟁 사회의 한 단면이 교회 이름 안에도 녹아 있는 것으로 볼 수 있겠다.

한국 개신교회는 '최고', '최대', '최초'를 좋아한다. 교회를 수식하는 말에는 이런 용어들이 따라 붙는다. 이를테면 '세계 최대교회', '세계 최대감리교회', '○○지역 최대교회' 등이다. 또 '단일 건물로는 세계 최대', '국내 최대 규모의 예배시설', '초현대식 건물' 등 교회 건축에도 이런 말들이 자주 쓰인다. 집회에도 이런 용어가 등장한다. 지금은 좀 덜하지만 1970~1980년대 집회의 규모 경쟁은 대단했다. 연인원 320만 명이 참석한 빌리 그레이엄 전도집회(1973)를 필두로, 엑스플로 1974 기독교 세계복음화 대회(1974)에는 650만 명, 1977 민족복음화 대성회(1977)에는 100만 명이 참석했다. 4일간 열린 1980 세계복음화 대성회(1980)에는 연인원 1,600만 명이 참석해 세계 신기록을 세우기도 했다.

각 교단의 전도 목표도 규모에 맞춰져 있다. 2004년 예장통합은 1만 교회 400만 신도를 목표로 한 '만사운동', 예장합동 정통은 5,000교회 150만 성도 운동을 목표로 '5150운동'을 전개했다. 예장고신은 2,000교회 운동, 한국기독교장로회는 3,000교회 운동, 예장합신은 1,000교회 운동, 기독교한국침례회는 '3,000교회 100만 성도 운동'을 벌이는 등 상당수 교단들이 전개해온 전도 운동 목표는 규모를 중심으로 짜여졌다.

산업화 시대 급격한 경제성장은 대기업의 문어발식 성장을 가능하게 했다. 한국의 대형 교회에서도 1980년대 지성전至聖殿이나 지교회支敎會 건립 붐이 일었다. 처음에는 멀리서 오는 신도를 위한 '배려' 차원에서 시작했지만, 나중에는 타지역 교세 확장을 위한 거점 역할로 활용되었다. 기업으로 따지면 '브랜치branch'라 할 수 있는데, 이른바 대형 교회의 전국화를 위한 거점이었다.

영세한 교회에 비해 뛰어난 교인 관리와 교육 시스템으로 무장한 대형 교회는 신도 확보 경쟁에서 우위를 차지했는데, 이로 인해 지역의 토종 교회와 종종 마찰을 일으키는 경우도 있었다. 집 앞까지 오는 교회버스, 깨끗한 시설, 체계화된 교육 시스템 등 대형 교회가 신도들에게 제공하는 차별화된 서비스가 지역에서 교인의 수평 이동이라는 새로운 문제를 낳았기 때문이다.

대형 교회는 교회의 비전에서부터 미션, 교회 CI에 이르기까지 일목요연하게 구축하며 교회 홍보에 나서고 있다.

여의도순복음교회는 송파, 광명, 시흥, 도봉 지역 등에 22개 지교회를 운영해왔다. 조용기 목사의 동생인 조용목 목사의 은혜와진리교회는 서울과 경기 일원에 24개 지교회를 운영해오고 있으며, 광림교회도 안산, 상계, 일산, 부천, 분당 등 10여 개 지교회를 두고 있다. 대부분의 지교회는 서울과 수도권에 밀집해 있는데, 전국적 차원에서 이를 운영하고 있는 교회도 있다. 온누리교회는 본당인 서울 서빙고교회를 비롯해 양재, 부천, 수원, 대전 등 전국 9개 도시에, 영락교회는 부산, 제주, 대전, 대구, 전주, 광주 등 10여 개 도시에 지교회를 갖고 있다. 최근 들어 상당수 지교회가 본교회에서 독립해 '독립 교회'가 되어가고 있는 추세지만, 본교회의 영향력에서 완전히 독립하기까지는 시간이 걸릴 것으로 보인다.

대형 교회의 교회 운영은 대기업을 능가할 정도다. 교회의 비전에서부터 미션, 교회 헤드 카피Head-copy, 교회 CICorporate Identity에 이르기까지 일목요연하게 구축하고 있다. 예컨대 서울 서초동에 있는 사랑의교회의 비전은 '예수님의 온전한 제자되어 하나님의 사랑을 실천하는 성령의 공동체 G'LOVE'다. 하나님의 사랑이라는 의미로 읽히는 G'LOVE는 G'Growing in Truth(제자공동체), LLoving Family(생명공동체), OObeying God(예배공동체), VVolunteering in Christian Life(섬김공동체), EEvangelizing the World(증인공동체)를 의미한다.

이 같은 비전은 일반 대기업과 마찬가지로 담임목사(기업의 CEO)가 바뀌거나 교회 내 변화의 계기가 필요하면 바뀌기도 한다. 사랑의교회가 서울 서초동에 교회를 신축하기 이전에 내세운 비전은 '예수님의 심장과 목자의 심정으로 시대를 품는 5대 사역 비전 H.E.A.R.T'였다. 사랑의교회뿐만 아니라 많은 교회가 이처럼 교회의 비전과 미션, 교회 CI 등을 통해 교회를 소개한다. 특히 최근 들어 홈페이지는 물론 모바일 웹Mobile Web과 앱Application 등 각종 뉴미디어를 활용해 교회 홍보에 나서고 있다.

"검정고시 일자가 부활절과 겹친다"

김영삼은 장로 대통령이었지만 재임 기간 특별한 개신교 특혜 정책은 없었다. 오히려 종교 간 형평성을 맞추기 위해 타종교에 유리하게 제도를 바꾸었다. 대표적인 것이 군종의 비율 조정으로, 김영삼은 기존 4대 1로 안분按分되었던 군종 대 군승의 비율을 2대 1로 조정하며 불교계에 유리하게 개정했다. 송월주 스님도 김영삼에 대해 "YS는 세

심함이 부족했다거나 주변의 실수라면 몰라도 불교를 경시한 정치인이 아니다. 그는 전통적으로 불교세가 강한 영남 출신으로 불교 민심에 예민했다. 서석재, 황명수, 최형우 등 불교에 밝은 측근도 많았다. 부인 손명순 씨는 1992년 서의현 총무원장 재직 당시 YS 당선 축하법회에서 삼배를 하기도 했다"고 말했다.[10]

집권 기간 김영삼이 보여준 유일한 친개신교 정책은 2년제 신학대학의 4년제 승격 정도였다. 이로 인해 기독신학교(현 백석대학교)와 루터신학교(현 루터대학교)를 비롯해 일부 신학대학이 4년제로 승격되면서 종합대학의 기틀을 마련했다.

개신교 특혜 정책이 없는데도 김영삼은 재임 기간 종교 편향 논란에서 자유롭지 못했다. 그 시작은 김영삼이 가장 중시한다는 인사에서 불거져 나왔다. 1993년 단행한 첫 개각 때의 종교인 분포를 보면 개신교는 13명에 달했지만, 천주교와 불교는 각각 4명과 2명에 불과했다. 또 외부 목사를 초청해 드리는 '청와대 예배'는 불교계에서 많은 항의를 받았다. 대선 당시 '청와대에서 찬송 소리가 울려 퍼지게 해달라'는 구호가 있었던 터라 불교계가 민감하게 반응하고 나선 것이다. 김영삼의 집권 기간 대형 사건사고가 계속되자 불교계는 '부처님을 홀대한 결과'라는 해석을 내놓기도 했다.

오죽했으면, 법정 스님이 "꽃에게 물어보라. 꽃이 무슨 종교에 소속된 예속물인가?"라고 김영삼 정권의 그릇된 종교 편향적 시각에 대해 일갈했겠는가? 법정 스님은 연꽃이 불교를 상징하는 꽃이라는 이유로 독립기념관, 경복궁, 창덕궁 등의 연못에 연꽃이 사라졌다는 이야기를 지인에게서 전해 듣고 확인에 나섰다. 법정 스님은 독립기념관을 찾아가 그 이유를 물으니 "새로 바뀐 관리책임자 되는 사람이 왜 이런 곳에 불교의 꽃을 심어 놓았느냐고 화를 내면서 당장 뽑아 치워버리라"고 했다는 것이다.

경복궁과 창덕궁 역시 연꽃이 없어진 사실을 발견한 법정 스님은 아연실색했다. 스님은 "불교에 대한 박해가 말할 수 없이 심했던 조선왕조 때 심어서 가꾸어온 꽃이 자유민주주의 체제 아래서 뽑혀나간 이 연꽃의 수난을 우리는 어떻게 받아들일 것인가"라고 반문한 뒤, "아, 연못에서 연꽃을 볼 수 없는 그런 시대에 우리는 살고 있다"고 정부의 편협한 시각을 비판했다.[11] 이 글이 발표되고 사회적 반향이 일자, 김영삼이 잘못된 일이라며 시정하겠다는 뜻을 전해오기도 했다.[12]

각 부처 장관 등 고위 공직자들의 부적절한 처신도 문제가 되었다. 대표적인 사람이 황산성 환경부 장관이다. 새문안교회 김동익 목사의 부인이기도 한 황산성은 환경부 청사 내에서, 그것도 근무시간에 기도 모임을 가져 구설수에 올랐다. 더욱이 이를 보도한 연합통신 편집책임자에게 "사과하지 않으면 고소나 고발을 하겠다"고 으름장을 놓아 논란을 증폭시켰다.[13] 김숙희 교육부 장관은 1995년 고입·대입 검정고시 시험 일자를 5월 5일 어린이날로 변경해 홍역을 치러야 했다. 이는 '검정고시 일자가 부활절과 겹친다'는 개신교계의 민원 때문에 이루어진 것으로, 시험일 12일 전에 날짜를 바꿔 수험생들에게 혼란을 주었다.

1997년 1월에는 개신교 장로인 김한규 총무처 장관이 공무원 임용시험을 평일에 확대 실시한다고 발표했다. 총무처는 1996년 12월 27일에 "국가공무원 임용시험 시행계획을 내놓으면서 이 중 7급 시험만은 평일인 수요일(8월 20일)에 실시하겠다"고 발표했다. 김한규는 "올해 7급 공무원 시험을 평일에 실시키로 했다. 내년부터는 9급 시험까지 평일에 실시하는 방안을 검토하고 있다"고 밝혀 논란이 되었다.[14]

종교 차별 3대 사건

김영삼 집권 기간 발생한 대표적인 종교 차별 사례는 '육군 제17사단 훼불 사건'(1993), '국군중앙교회 과잉경호 사건'(1996), '육군특수전학교 인분투척 사건'(1997) 등 3가지를 꼽을 수 있다. 이들 사건은 공교롭게 모두 군대에서 일어났다는 공통점이 있다.

육군 제17사단 훼불 사건은 한 장교의 부적절한 발언에서 비롯되었다. 당시 제17사단 전차대대는 창고의 반을 법당으로 사용했는데, 효율적인 창고 관리를 위해 사용하지 않는 법당을 폐쇄하고 불상을 야산에 버렸다. 이 같은 사실을 전해들은 사단 군종 법사가 해당 부대를 방문해 법당 폐쇄와 불상 훼손에 강하게 항의했다. 이에 화가 난 인사장교가 "불상을 부주의로 깨뜨려 태워버렸다"고 말했고, 이 사실이 불교방송을 통해 보도되면서 논란이 확산되었다.

불교계의 항의가 빗발치자, 군이 자체 조사를 벌여 불상과 좌대는 원형 그대로 인사장교가 보관하고 있다는 사실을 알아냈다. 권영해 국방부 장관은 "최근 특정 부대에서 부대 임무 수행을 앞세운 나머지 종교 시설을 임의로 폐쇄하고 종교 상징을 유기시키는 등 성숙지 못한 처사로 인해 종교간의 불협화음이 노정되고 급기야 사회 종교계까지 확대되어 물의를 일으킨 데 대해 유감스럽게 생각한다"고 말했다. 그러면서 제17사단 전차대대장을 구속하는 등 법적 조치를 취하겠다고 말했다.[15]

국군중앙교회 과잉경호 사건은 대통령에 대한 경호상의 이유로 인근 법당과 성당 출입을 통제하면서 발생했다. 당시 국군중앙교회 예배에 참석한 대통령에 대한 안전상의 이유였지만 타종교의 반발은 거셌다. 대한불교청년회, 전국승가학인연합 등 22개 불교 단체는 즉각 성명을 발표하고 "대통령의 개인적 종교에 따른 편향된 종교 정책을 시정하라"고 촉구했다. 이들은 "국방부 종교센터에는 법당과 성당, 교회가 함께 있는데도 김 대통령이 교회에서만 예배를 올려 타종교를 믿는 장병들의 사기를 저하시켰다"고 주장했다.

이들은 "대통령 참석 예배에 기독교 신자 장병들의 참여를 독려하기 위해 예배 전날인 20일 부대 일직 계통을 통해 기독교 신자들의 일요 근무를 조정토록 지시해 불교 및 천주교 신자 장병들이 일요 종교 행사에 참석하지 못했다"며, "신앙의 자유를 침해당했다"고 주장했다. 불교계가 청와대에 항의 서한을 보내는 등 사태가 확산되자 정부는 김용문 문화체육부 종무실장을 조계종 총무원에 보내 사과의 뜻을 전했다. 또 당시 신한국당 김윤환 대표와 강삼재 사무총장이 불교계에 사과하기도 했다.[16]

육군특수전학교 인분투척 사건은 육군 교육사령부 산하 특수전학교에서 석가탄신일을 2주일 앞두고 부대 법당에 인분이 뿌려지면서 발생했다. 당시 군 관계자는 "법당 인근 텃밭은 군인장교 가족들을 위한 자연학습장으로, 거름을 줄 목적으로 뿌려졌던 것 같다며 악취가 심하게 나 인분으로 오해받은 것 같다"고 말했다. 하지만 조사 과정에서 여러 형태의 '불교 탄압' 사건이 밝혀지면서 논란이 확산되었다. 이 학교에서는 특전하사관 후보생에게 세례 서약서에 서명을 강요했는가 하면, 불교 수계식 날에 하사관 후보생들을 교회에 출석시키기도 했다. 또한 불교 신자 후보생이 종교란에 기독교로 썼다가 불교로 변경하자 반성문을 강요하고 교육 내용 중 불교를 미신으로 매도한 사실이 속속 밝혀졌다.

이 같은 사실이 외부로 알려지면서 불교계는 특수전학교를 방문해 강력한 항의와 함께 즉각적인 해명을 요구했다. 불교계는 당시 살포된 것은 인분이 분명하며 불교 탄압이 학교장 묵인 하에 조직적으로 이루어졌다고 주장했다. 진상조사에 나선 육군본부는 "군목이 군종장교로서의 범위를 벗어나", "인성 교육시간에 기독교를 전도한 사실이 일부 확인되었다"고 발표했다. 그러면서 "진상이 최종 확인되는 대로 징계위원회를 열어 응분의 조치를 내릴 것"이라고 말했다.[17]

'사건 공화국'과 청와대 불상

김영삼 집권 기간에는 유독 대형 사건사고가 많았다. 12개 대형 사건사고가 발생해 무려 1,400여 명이 사망하는 등 '사건 공화국'이

김영삼 집권 기간에는 대형 사건사고가 많아 '사건 공화국'이라는 오명을 남겼다.
특히 1995년 6월 발생한 삼풍백화점 붕괴 사고는 사망 502명, 실종 6명,
부상 937명이라는 인명피해를 낳았다.

라는 오명을 남겼다. 그리고 대미를 'IMF 구제금융'으로 장식했다.

취임 40여 일 전 충북 청주 우암상가 아파트 가스폭발 사건(1993년 1월)

이 일어난 것을 시작으로, 경부선 물금 - 구포 간 무궁화열차전복 사건

(1993년 3월), 서울 성수대교 붕괴(1994년 10월), 서울 아현동 가스폭발

사건(1994년 12월), 서울 삼풍백화점 붕괴(1995년 6월), 대구지하철 가스폭발(1995년 4월) 등이 연이어 일어났다. 바다에서는 서해 훼리호 침몰 사건(1993년 10월)과 충주 유람선 화재(1994년 10월)가 있었다. 또 하늘에서도 아시아나항공 목포 운거산 충돌 사건(1993년 7월)과 대한항공 괌 추락 사건(1997년 8월)이 발생했다. 사고 유형도 붕괴사고, 폭발사고, 침몰사고, 화재사고, 비행기 추락까지 다양했으며, 특이하게는 '무장공비 침투'(1996년 9월)까지 있었다.

대형 참사가 잇따르자 '청와대 불상'을 둘러싼 소문이 나돌기 시작했다. 독실한 개신교 장로인 김영삼이 청와대 관저 뒤쪽에 있는 불상을 없애 부처님의 노여움을 샀다는 것이다. 실제 이 소문은 호주에서 발행되는 일간지 『오스트리아파이낸셜리뷰』가 1994년 10월 26일 청와대 소식통의 말을 인용해 "김영삼 대통령은 최근 잇따라 발생하는 대형사고가 자신의 불교 경시에서 비롯되는 것으로 보고 취임 직후 치웠던 불상을 제자리에 놓도록 했다"고 전했다. 청와대는 해당 외신 기자에게 항의하는 한편 출입기자들에게 이례적으로 불상의 존재를 공개했다.[18] 이 불상은 통일신라시대의 '석조여래좌상'(서울시 유형문화재 제24호)이다. 김영삼 정부의 불상 공개는 정치를 둘러싼 종교 간 대립이 갈수록 증폭하고 있음을 보여주는 해프닝이었다.

청와대는 불상을 공개했지만, 소문이 계속되자 급기야 조계종 스님 8명을 초청해 다시 한 번 불상의 존재를 확인시켜주었다. 수그러들지 않는 '불상 논란'에 대해 마침표를 찍기 위해서였다. 이와 함께 불교계 여론을 달래기 위해 1996년 8월 당시 박세일 사회복지수석 비서

관이 중심이 되어 청와대 내 불교 모임인 '청불회'를 조직하기도 했다.[19]

청와대 벼락 사건

1997년 5월 30일 오전 10시 55분경. 갑자기 '꽝' 하는 소리와 함께 청와대 경내에 연기가 자욱하게 퍼졌다. 이유를 모르는 직원들은 우왕좌왕했고, 긴급히 소방차 2대가 출동했다. 범인은 벼락, 즉 '낙뢰'로 밝혀졌다. 벼락이 떨어진 곳은 청와대 비서실 옆 굴뚝이었다. 벼락이 굴뚝의 피뢰침에 떨어져 과부하가 발생했고 군사시설이 고장 난 것이다.

이때가 김영삼이 '대통령 비자금'과 관련해 대국민 사과담화를 발표한 직후였다. 텔레비전과 라디오로 생중계된 이날 담화에서 김영삼은 '대통령 비자금'과 관련해 국민들에게 사과했다. 3개월 전 '한보 사태'와 아들 김현철 문제로 한 차례의 사과담화를 했던 터라 김영삼의 마음이 무거울 수밖에 없었다. 그런데 하필이면 이날 청와대에 벼락이 친 것이다.

이를 두고 당시 호사가들 사이에서는 '부처님을 소홀히 대해서 그런 것이다', '김영삼 집권 기간 계속된 참사의 결정판이다' 등의 말들이 나돌았다. 청와대 관계자들은 "가뜩이나 대국민 담화에 대한 반응 때문에 마음을 졸이고 있는 마당에 간이 철렁했다"며 가슴을 쓸어냈다고 한다.[20]

당시 언론사 중에서 '청와대 벼락 사건'을 유일하게 보도한 기자는 『동아일보』에 재직하고 있던 이동관이었다. 이동관은 이 기사를 쓴 지 10년 후인 2007년 제17대 대통령직 인수위원회 대변인을 거쳐 2008년 이명박 정부의 초대 청와대 대변인으로 자리를 옮겼다.

기독교회관, 명동성당, 조계사

2013년 경찰에 쫓기던 전국철도노동조합 지도부가 황급히 조계사로 몸을 숨겼다. 당시 박태만 수석 부위원장은 "경찰이 민주노총까지 침탈하는 상황에서 갈 수 있는 곳이라고는 오직 조계사밖에 없었다"고 말했다.[21] 언론들은 앞다투어 조계사가 명동성당을 제치고 수배자들의 은신처가 되고 있다고 보도했다.

사실 종교계가 사회적 약자들을 위한 은신처 역할을 해온 지는 꽤 오래되었다. 개신교의 기독교회관이 가장 먼저 그 역할을 담당했다. KNCC가 입주해 있는 서울 종로5가 기독교회관은 서슬 퍼렇던 1970년대 민주화운동의 메카였다. KNCC인권위원회는 1974년부터 기독교회관에서 활동했고, 1976년부터는 기독교회관에서 고난 받는 사람들을 위한 목요기도회가 진행되었다. 이 때문에 기독교회관에는 항상 구속자 가족을 비롯해 고난 받는 사람들로 넘쳐났다. 1980년대 들어서는 각종 양심선언과 시국 선언의 장소로도 사용되었다. '첫 양심선언 전경'인 양승균 상경(1987년 7월)을 비롯해 전경, 군인, 대학생 등 10차례의 양심선언이 진행되었다. 보안사의 민간인 사찰을 폭로해 사회적으로 큰 반향을 일으켰던 윤석양 이병(1990년 11월)도 기독교회관에서 양심선언을 했다.

1987년 이후에는 명동성당이 주목을 받기 시작했다. 당시 6·10민주항쟁의 도화선이 된 정의구현사제단의 '박종철 군 고문 은폐조작 사건'이 명동성당에서 발표되었기 때문이다. 이후 6·10 민주항쟁의 시위는 명동성당을 중심으로 이루어졌고, 공권력에 쫓긴 시위대가 명동성당에 들어가 경찰과 대치하기도 했다. 1987년 한 해 명동성당에서만 치러진 집회와 농성은 모두 127차례에 달했고 6만여 명이 참여했다고 한다. 이후 명동성당은 1987년 4월 서울 상계동과 양평동 철거민 농성을 비롯해 1989년 7월 노점상 600여 명의 농성, 1991년 6월 김기설 유서대필 사건의 배후로 지목된 강기훈의 농성, 2001년 7월 민주노총 단병호 위원장의 농성, 2002년 2월 철도·가스 노조 농성, 2002년 10월 보건의료 노조 농성, 2009년 9월 용산참사 범국민대책위원회 농성 등 각종 사회적 약자들이 찾는 농성장으로 변했다.[22]

2000년대 들어서는 조계사가 종교적 성지로 각광받기 시작했다. 명동성당 측이 "정상적인 신앙생활을 방해하고 성당 시설을 훼손하는 집회는 더 이상 허용할 수 없다"며 선별 허가 방침을 밝혔기 때문이다.[23] 조계사에서는 2002년 3월 발전노조 농성, 2008년 7월 미국산 소고기 수입 반대 광우병 국민대책위원회 농성, 2013년 12월 철도민영화 반대 농성 등이 이어져 사회적 약자를 위한 성소로 부각되었다.

사회적 약자들이 성소를 찾는 이유는 종교적 상징성 때문에 공권력도 함부로 할 수 없다는 안도감 때문이다. 하지만 역사적으로 보면 이들 성지 역시 공권력 투입이라는 아픔을 겪기도 했다. 1994년 전국 기관차협의회 소속 노조원들을 연행하기 위해 기독교회관에 공권력이 투입되었고, 명동성당에는 1995년 한국통신 노조원들의 해산을 위해, 조계사에는 2002년 발전노조원들을 연행하기 위해 공권력이 투입되었다.

제7장

김대중

개신교와 정권의
밀월 관계가
깨지다

고난을 버틴 힘, 천주교

김대중이 천주교를 접한 것은 1956년 민주당에 입당하고 나서다. 그해 9월 28일 민주당 전당대회에서 장면이 저격당하는 것을 목격한 김대중은 이를 계기로 장면과 깊은 인연을 맺게 되었다. 이듬해 김대중은 장면의 권유로 당시 서울대교구장인 노기남 대주교 집무실에서 영세를 받았다. 세례명은 '토머스 모어'다.

정치 활동 과정에서 접한 종교였지만, 그의 험난한 정치 역정은 김대중을 독실한 천주교인으로 만들었다. 40년 동안 5번의 죽을 고비와 계속되는 투옥과 납치 속에서 천주교는 그의 든든한 버팀목이 되었다. 사형선고를 받고 청주교도소에 복역하던 1982년 그는 '주님이 제게 3번 나타나셨다'고 밝혔다. 1973년 8월 일본에서 납치되어 죽음에 직면했을 때, 1980년 5·17쿠테타 직후 수사기관에 잡혀갔을 때,

교도소로 이감된 지 며칠 후 꿈속에서 주님을 보았다고 말했다.[1]

이 중 일본에서 납치되어 죽음을 눈앞에 두고 겪은 '예수 체험' 일화는 유명하다. 그는 2007년 CBS TV 개국 5주년 특별 대담에 출연해 다음과 같이 고백했다.

"1973년 납치되었을 때 물에 던져지기 직전이었다. 당시 하나님을 생각하진 않았다. 곧 죽는구나라는 생각만 했다. 그런데 갑자기 예수님이 옆에 서 있는 것을 보았다. 그래서 내가 예수님에게 '살려주십시오. 나는 우리 국민을 위해서 할 일이 아주 많습니다'라고 기도를 했다. 그때 기도도 정치적으로 했다(웃음). 그 순간 펑 소리와 함께 나를 묶었던 정보부 요원들이 비행기다라며 밖으로 뛰쳐나갔다. 그 순간 예수님을 만난 것이다."[2]

망망대해에 떨어질 절체절명의 위기에서 경험한 강렬한 종교적 체험은 그의 신앙을 단련시키기에 충분했을 것이다. 1981년 투옥 당시 아내인 이희호와 자식들에게 보낸 옥중서신 역시 김대중의 종교적 신념을 잘 드러내고 있다.

"나는 나의 감정이 어떠하든, 외부적 환경이 얼마나 가혹하든, 내일의 운명이 어떻게 되든 주님이 나와 같이 계시며 나를 결코 버리시지 않는다는 소망으로 일관할 결심이다", "이 기회를 나의 영적 심화와 지식 향상의 기회로 삼으며 건강의 유지에 힘써서, 앞으로 주님이 원하시는 도구로 쓰이는 데 좀더 쓸모 있는 능력을 갖추고자 마음먹고 있다."

박정희 정권에서 죽음을 넘나드는 고난을 겪으면서도 김대중과

절체절명의 위기에서 경험한 강렬한 종교적 체험은 김대중의 신앙을 단련시키기에 충분했을 것이다. 1973년 납치되었다가 극적으로 살아 돌아왔을 때의 김대중.

이희호는 부부라는 관계를 넘어 독재와 싸우는 동지의 관계로 변해갔다. 이 둘의 관계를 확고히 묶어놓은 것이 신앙이었다. 김대중은 대통령 재임 기간에도 천주교인임을 분명히 밝혔다. 2000년 평양 방문 당시 아침 식사 전 십자 성호를 긋고 기도하는 모습이 텔레비전을 통해 전 세계에 방영되어, 천주교인들을 감동시켰다. 2005년 교황 요한 바오로 2세의 선종과 2006년 정진석 추기경 임명 때에는 자신의 세례명을 사용한 애도사와 축하의 메시지를 보내기도 했다.

한 지붕 두 종교

재미있는 사실은 이희호의 종교는 개신교라는 점이다. 이희호는 서울 신촌에 있는 창천감리교회에서 오랜 기간 장로로 시무해왔다. 이희호의 어머니는 한의사 가정에서 자란 독실한 기독교 신자로, 어머니의 영향으로 모태 신앙을 가졌다. 천주교 신앙을 통해 고난을 이겨온 김대중과 개신교 모태 신앙인 이희호. 그야말로 '한 지붕 두 종교'인 셈이다.

살아오면서 둘 사이에 종교적 문제는 없었을까? 이와 관련 김대중은 이희호는 개신교 감리교 신자이고 자신은 가톨릭 신자이지만, 수십 년 동안 종교 문제를 갖고 한 번도 다투어본 일이 없다면서 "식사할 때도 나는 천주교 식으로 십자 성호를 긋고, 집 사람은 그냥 고개 숙이고 기도를 한다. 어떻게 보면 우스운 장면인데 자연스럽다. 같은 하나님을 믿는 것이니 싸울 일이 없다"며 평소 소신을 내비치기도 했다.[3]

1987년 대선을 앞두고 한국기독교신풍운동이라는 개신교 단체가 초청한 간담회에 참석했을 때, "김 후보는 가톨릭이고 부인은 개신교인데, 이런 현상이 신자로서 옳은 태도냐, 부인과 함께 교회에 나갈 생각은 없느냐"는 질문을 받았는데, 이때도 김대중은 "다양한 가운데 하나의 하느님을 믿는 것은 좋은 일이므로 개종할 생각이 없다"고 말했다.[4]

김대중 부부의 '한 지붕 두 종교'는 자식들에게도 나타난다. 장남 김홍일 부부와 차남 김홍업은 가톨릭인 반면 막내 김홍걸과 둘째 며느리는 개신교로 각기 종교가 다르다.

대형 교회 비리 보도와 '잃어버린 10년'

보수 개신교는 김대중 집권 기간에 처음으로 갈등 관계에 놓이게 되었다. 이승만-박정희-전두환-노태우-김영삼 등으로 이어지는 현대사에서 보수 개신교는 권력과 늘 협력 관계를 유지해왔다. 그러나 이 시기 들어 보수 개신교는 김대중 정부를 좌파정권으로 규정하고 권력과 대립각을 세웠다. 보수 개신교는 이 시기와 노무현 정권 5년을 합쳐 '잃어버린 10년'이라고 부르기도 했다. 김대중과 보수 개신교의 갈등 관계는 대형 교회 목사들의 비리를 다룬 방송 보도로 시작되었다. 공중파 방송들은 그동안 성역으로 간주되어왔던 목사들의 비리를 본격적으로 다루기 시작했다.

김대중 취임 초기인 1998년 4월 MBC 〈시사매거진 2580〉은 금란교회 김홍도 목사의 공금 횡령과 불륜 의혹 사건을 집중 보도했다. 한국을 대표하는 대형 교회의 목회자에 대한 방송 보도는 곧바로 한국 사회에 큰 파장을 불러일으켰다. 1999년에는 SBS 〈그것이 알고 싶다〉가 '정명석의 국제크리스천연합JMS'을, MBC 〈PD수첩〉이 '만민중앙성결교회 이재록 목사' 사건을 집중 보도했다. 둘 다 개신교에 의해 이단으로 규정되었지만, 개신교의 한 분파로 이해하는 사람도 적지 않았다. 이들 공중파 방송에 항의하는 해당 신도들의 시위로 방송이 2시간가량 중단되는 초유의 사태까지 발생했다.

2000년 들어서는 SBS 〈그것이 알고 싶다〉가 국내 최대 기도원인 '할렐루야 기도원'의 비리를 보도했고, MBC는 〈PD수첩〉을 통해

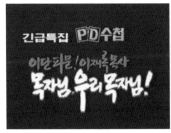

1999년 MBC 〈PD수첩〉에서 이재록 목사의 비리를 방영하자 신도 수백 명이 방송사 주 조정실을 점거해 방송이 끊기는 초유의 사태가 발생했다.

'2000년 한국의 대형 교회'를 방송하며 광림교회와 여의도순복음교회 등 대형 교회의 문제점을 집중적으로 파헤쳤다. 특히 이 보도는 광림교회의 세습 문제를 다루면서 한국 사회 내 '교회 세습' 문제를 처음으로 공론화시켰다.

2003년, 그동안 비리 문제로 검찰조사를 받아온 금란교회의 김홍도 목사가 구속되자 급기야 보수 개신교 내부의 불만이 표면화되기 시작했다. 법원은 김홍도 목사에게 '특정경제범죄 가중처벌 등에 관한 법률'을 적용해 횡령, 업무상 횡령, 업무상 배임, 건축법 위반 등으로 실형을 선고했다. 하지만, 보수 개신교는 이를 정권이 개입된 '의도된 정치보복'이라고 주장했다.

금란교회 김홍도 목사는 자신의 실형에 대해 "뭐 진짜 죄가 있어 구속됐다면 속 터져 못 살았겠지요. 하지만 내가 반공운동을 하고 좌파정권을 자꾸 까기 때문에 들어간다는 것을 나도 알고 교인도 아니까"라며 억울함을 호소했다. 이어 김홍도 목사는 다음과 같이 말했다.

"2003년 1월 시청 앞 집회에서 그런 설교를 하고 난 다음 날 친구

목사한테서 연락이 왔어요. 그 친구가 담임을 맡고 있는 교회 신자 중 4성 장군 출신의 전직 국방부 장관이 있어요. 그런데 그 사람이 내 친구한테 '지금 정부에서 금란교회 뒷조사 들어갔다'고 말했다는 거예요. 그래서 내가 '웃기지 말라'고 했어요. 내가 걸릴 게 뭐가 있냐고."[5]

이때부터 보수 개신교는 김대중 정부를 '좌파정권'으로 규정하고 대정부 투쟁에 들어갔다.

햇볕정책과 반공

개신교와 권력의 밀월 관계가 깨진 이유는 크게 3가지로 볼 수 있다. 첫째는 앞서 본 대형 교회 목사들의 비리에 대한 공중파 방송 보도였다. 이는 대형 교회 목사들의 감정을 자극해 김대중 정부가 보수 개신교에 우호적이지 않은 정부라는 인식을 갖게 했다.

둘째는 KNCC 계열의 진보 성향 인사들의 김대중 정부 입각과 이에 따른 보수 개신교의 상대적 소외감이었다. 그동안 권력과의 관계에서 기득권을 누려왔던 보수 개신교는 이를 위기 상황으로 받아들였다. 당시 김대중 정부에 입각한 대표적 진보 인사는 한국기독교장로회 소속 김성재 목사와 김상근 목사, 성공회의 이재정 신부를 꼽을 수 있다. 김성재 목사는 대통령민정수석 비서관과 문화관광부 장관을 지냈고, 김상근 목사는 김대중 정부의 핵심 과제인 제2건국범국민추진위원회의 상임위원장에 임명되었다. 이재정 신부는 김대중 정부에서 비례대표로 국회에 입성하고, 노무현 정부에서 통일부 장관 등을 지냈다. 이렇듯 당시 권력과의 네트워크 상당 부분을 진보 인사들이 차지한 반면 보수 개신교는 권력의 변두리로 내몰리고 있었다.

셋째는 김대중의 '대북 정책'에 있었다. 이는 가장 근본적인 이유로, 김대중의 '햇볕정책'과 보수 개신교의 '반공'은 양립할 수 없었다. 보수 개신교는 김대중의 햇볕정책이 자신들의 이념적 근간인 반공을 흔들 것이라는 우려감을 드러냈다. 이 시기 햇볕정책의 일환으로 추진된 남북정상회담으로 남북한 화해 분위기가 조성되면서 반공주의가 유명무실해졌다.

서울신학대학교 교수 박명수는 "김대중 정부는 통일을 지상 과제로 설정했기 때문에 남북의 차이보다는 동질성을 강조하기 시작했고, 결국에 가서는 남한의 정체성을 약화시키는 결과를 가져오게 되었다. 이것은 한국 기독교의 보수적인 그룹에게는 매우 위험한 것으로 인식되었다. 보수적인 기독교의 좌파 진보주의에 대한 반격은 노무현 정부 시절에 강하게 나타났다"고 말했다.[6]

보수 개신교의 정권에 대한 불만은 같은 처지에 있던 보수 언론에 의해 증폭되어 갔다. 당시 언론사들도 사상 초유의 강도 높은 '세무조사'를 받고 있었는데, 이로 인해 사주가 구속되는 등 정권과 불편한 관계에 있었다. 이에 따라 『조선일보』, 『중앙일보』, 『동아일보』 등 보수 언론들은 보수 개신교와의 연대를 모색하며 반정부 세력을 결집시켜 나갔다.

보수 개신교가 실력 행사에 들어간 것은 김대중이 퇴임을 한 달 앞둔 시점이었다. 보수 개신교는 2003년 새해 벽두부터 반정부 집회

김대중 정부의 '햇볕정책'은 보수 개신교의 이념적 근간인 '반공'과 양립할 수 없었다. 2000년 평양을 방문한 김대중 대통령이 김정일 국방위원장과 포옹을 하고 있다.

를 갖기 시작해 차기 정권인 노무현 정부 임기 말까지 무려 18차례의 대규모 반정부 집회를 열었다.

조갑제의 '기독교 궐기론'과 거리로 나선 목사들

이 시기 대표적인 보수 언론인 『월간조선』의 조갑제가 개신교에 구애의 손길을 뻗친다. 조갑제는 2000년 남북정상회담 직전 자신이 운영하는 '조갑제닷컴'에서 다음과 같이 보수 세력의 단결을 촉구했다. "그래도 한국에는 잘 조직된 거대한 반공 보루가 있습니다. 전全 인구의 약 30퍼센트나 되는 개신교 세력과 약 70만 명을 헤아리는 군대가 그것입니다." [7]

그는 자신이 운영하는 『월간조선』에 대형 교회 목회자와의 집중 인터뷰를 시리즈물로 내보내며 보수 개신교와 접촉을 시도했다. 2000년부터 2년간 『월간조선』이 인터뷰한 목사는 조용기(여의도순복음교회), 김장환(극동방송 사장), 최성규(인천순복음교회), 곽선희(소망교회), 이동원(지구촌교회), 옥한흠(사랑의교회), 김진홍(두레교회), 길자연(왕성교회) 등 대형 교회 목사들이었다.

조갑제는 이후 개신교와의 연대 활동을 본격화했다. 여의도순복음교회를 직접 방문해 '한국 교회가 반김대중, 반공산주의의 선봉에 서야 한다'고 주장하는 한편 홈페이지를 통해 '기독교 궐기론'까지 주장하고 나섰다. 2001년 7월 한 달 동안에는 '조갑제닷컴'에 「기독교의 궐기: 카인의 후예, 사탄의 제자 타도」(7월 21일), 「사탄의 편인가, 하나님의 편인가」(7월 22일), 「한국 기독교의 역사적 사명」(7월 22일), 「하나님의 자리를 찬탈하려고 했던 김일성-김정일」(7월 26일), 「거짓 선지자들을 타도해야 통일이 앞당겨진다」(7월 27일), 「기독교 뿌리에서 나온 이승만과 김일성의 차이」(7월 27일), 「성경의 사탄, 세상의 사탄」(7월 30일) 등의 개신교 관련 글을 썼다.

『월간조선』은 2001년 9월호를 통해 「친북 세력에 대항할 세력은 반공 기독교인」이라는 특집기사를 내보내며 "독재자 김정일은 기독교인들을 박해하는 기독교인의 적이며 김대중 정부의 통일 정책은 보수 기독교에 대한 탄압"이라며 "보수 기독교단이 왜 친북 세력에 대해 침묵하느냐"고 개신교계를 자극했다.

『조선일보』도 김대중 정부를 향한 공세의 고삐를 쥐고 있었다.

할 말을 하는 1등 신문, 『조선일보』. 김대중 정부 들어 『조선일보』는 홍보 콘셉트를 '할 말을 하는 신문'으로 바꾸었다. 김대중 정부에서 언론의 비판 기능을 한껏 높이겠다는 의지의 표현이었다. 군사정권 시절 인권 탄압에 침묵했던 『조선일보』가 갑자기 할 말을 하겠다고 나선 데 대해 사람들은 의아해했다. 『조선일보』의 '할 말'은 김대중 정부를 '좌파정권'으로 규정하고 공격하는 것에 맞춰져 있었다.

보수 개신교도 거리로 뛰쳐나가기 시작했다. 보수 개신교를 대표하는 금란교회 김홍도 목사는 "김대중 정부가 싫다기보다는 이 나라가 공산화되면 우리가 예수를 못 믿고 다 죽게 되기 때문에 국가보안법 폐지를 반대한 겁니다"라고 말했다.[8] 이전까지만 해도 정교분리를 내세우며 민주화운동에 눈감아왔던 보수 개신교의 화려한 변신이었다. '이제 할 말을 하겠다'는 보수 언론과 '이제 우리가 나서겠다'는 보수 개신교는 이렇게 연대했다. 어느새 광장의 주인이 '진보'에서 '보수'로 바뀌어가고 있었던 것이다.

'지는' KNCC, '뜨는' 한기총

1970~1980년대 민주화운동과 통일운동을 이끌어온 KNCC는 김대중 정부 들어 대외 활동이 급격히 축소되었다. 헌정 사상 최초의 정권 교체를 통해 탄생한 김대중 정부의 정책에 대해 관망 자세를 유지한데다, KNCC 관련 인사들이 김대중 정부에 입각하면서 제 목소리를 내기도 어려웠기 때문이다.

또 당면한 재정 위기라는 현실적인 문제도 KNCC의 활동을 어렵게 했다. 1991년 한국의 OECD 가입으로 해외 교회의 원조가 중단되자, 모든 사업비를 해외 교회의 원조에 의존했던 KNCC는 직격탄을 맞았다. KNCC는 재정난 타개를 위해 회원교단 개방을 통한 재정 확충에 나섰다. 이에 따라 KNCC는 26년간을 유지해온 6개 교단, 즉 대한예수교장로회(통합), 기독교대한감리회, 한국기독교장로회, 구세군대한본영, 대한성공회, 기독교대한복음교회 체제를 깨고 기독교대한하나님의성회와 한국정교회를 새로 영입했다. 하지만 새로 영입된 기독교대한하나님의성회는 여의도순복음교회 조용기 목사가 주축이 되어 만든 보수 성향의 교단이어서 이후 KNCC는 사업의 정체성 논란에 휩싸이게 되었다.

김진호 목사는 "재정적 어려움을 겪고 있는 교회협KNCC 등은 교단 정치에 본격적으로 뛰어든 대형 교회들의 지원을 받게 된다. 새로운 재원조달 통로를 발견한 것이지만 동시에 KNCC의 진보성을 추동했던 인권위원회의 역할은 축소될 수밖에 없었다"고 말했다.[9]

KNCC는 이 시기를 지나면서 재정 악화와 정체성 혼란 등으로 대사회적인 목소리를 내지 못했고 영향력 역시 약화되어만 갔다. 김지방은 한 토론회에 참석해서 "이 기간에 교회협은 별다른 목소리를 내지 못했다. 당시 기독교계를 취재하던 기자들이 모이면 '교회협은 도대체 뭐 하냐'는 한탄을 했던 기억이 난다"고 했다.[10]

반면 신생 보수 개신교 연합단체인 한기총의 위상은 급부상했다. 한기총은 개별적으로 성장해온 대형 교회의 '구심점 역할' 뿐만 아니라 정권에 불만이 많았던 대형 교회의 '이해의 대변자 역할'을 자처하며 영향력을 높여갔다. 한기총은 특히 진보정권의 등장으로 보수 진영을 추동할 만한 조직화된 세력이 없는 상황에서 절묘하게 그 공간을 차지하고 들어가 한국의 보수 세력을 리드하기 시작했다. 김지방은 이에 대해 다음과 같이 말했다.

"한기총은 조직만으로 보면 이렇게 취약하지만, 시간이 지날수록 자신의 존재를 확실히 각인시켜갔다.……한기총은 과거 KNCC가 쌓은 민주화 투쟁의 역사마저 '한국 교회가 민주정부 탄생에 기여했다'며 은근슬쩍 자신들의 치적으로 끌어들이면서 목소리를 높이기 시작했다. 한기총은 정부의 진보적인 정책을 비판하는 성명을 내는 데 그치지 않고, 한국 사회의 다양한 분야에서 자신들의 보수적인 윤리관에 따라 적극적으로 목소리를 냈다.[11]

민중교회운동과 교회성장운동

산업화 시기 개신교에는 두 가지 형태의 운동이 있었다. 하나는 '민중교회운동'으로 대표되는 진보적 성향의 운동이고, 하나는 보수적 개신교가 주축이 된 '교회성장운동'이다. 이 두 운동은 이념과 성향과 활동 내용이 달라 경쟁 관계에 있었지만, 둘 다 개신교뿐 아니라 한국 현대사에서 중요한 역할을 수행했다.

민중교회운동은 산업화 시기 소외된 사람들의 대변자 역할을 하면서, '현실참여'에 비중을 두었다. 반면, 교회성장운동은 개인의 영성 문제를 중심에 두고 사회적 약자들의 마음을 어루만지는 '위안처' 역할을 했다. 그 방향은 달랐지만 사회 현실을 고발하는 민중교회운동과 개인의 삶에 위안을 주려 했던 교회성장운동은 모두 사회적 약자와 함께했다는 점에서 의미가 있었다. 이는 당시 개신교가 폭발적으로 부흥할 수 있었던 이유이기도 했다.

민중교회운동과 교회성장운동은 대사회적으로도 중요한 역할을 했다. 민중교회운동으로 대표되는 개신교 진보 운동은 시민사회단체의 산파 역할을 하며 시민운동을 이끌었다. 실제 인권, 노동, 여성, 환경 단체 등 시민사회단체의 상당수가 개신교 진보 세력의 지원과 연대 속에서 성장할 수 있었다. 이에 반해 개인의 영성 문제에 관심이 많앞던 교회성장운동은 개신교회를 세계적인 교회로 대형화시킨 주역이 되었다.

1970~1980년대 반독재민주화운동의 구심점이었던 KNCC가 민중교회운동의 버팀목이었다면, 대형 교회를 만든 교회성장 운동론자들은 한기총을 중심으로 세력화했다. 경쟁 관계에 있던 두 개신교 운동은 김영삼과 김대중 집권기를 거치면서 중대한 변곡점을 맞았다. 민주화 이슈가 줄어들면서 민중교회운동은 세력이 급격히 약화된 반면 교회성장운동은 대형 교회를 중심으로 세력을 확대해 나갔던 것이다. 이에 따라 한국 개신교회의 역사적 바통은 보수 개신교 중심의 교회성장운동이 잇게 되었다. 이들은 대형 교회를 앞세워 개신교계 내부 권력의 전면에 부상하기 시작했다.

2000년을 전후한 시점부터 각 교단의 교단장이 대형 교회 목사들로 채워지기 시작했고, 한기총을 비롯한 연합단체의 장들도 대형 교회 목사들이 독차지했다. 또 신학교에서는 목사의 소양과목보다는 '교회 성장학', '목회상담학' 등 '성장' 관련 과목이 인기과목이 되었다. 신학생들 사이에선 교회 개척보다는 대형 교회 부목사로 가기 위한 경쟁이 점차 치열해졌다. 한국 개신교회의 '세속화'와 '정치화'의 속도가 빨라진 것도 이 때문이다.

국회조찬기도회, 정각회, 가톨릭의원신도회

국회에는 종교 모임이 있었다. 개신교 의원은 '국회조찬기도회',

불교 의원은 '정각회', 천주교 의원은 '가톨릭의원신도회'에 소속되어 있다. 가장 왕성한 활동을 하는 곳은 '국회조찬기도회'다(매년 대통령을 초청해 여는 '국가조찬기도회'와 혼동하면 안 된다). '국회조찬기도회'는 국회 내 개신교 의원들이 중심이 되어 1965년 2월에 결성되었다. 가장 오랜 역사를 가진 만큼 타종교에 비해 의원 수도 가장 많다. 국회조찬기도회 전체 모임은 매월 첫째 주 수요일 기도회 형태로 열린다.

불교 의원 모임인 '정각회'는 1981년에 만들어졌다. 정각회 창립에 중추적인 역할을 한 사람은 권익현 의원이다. 권익현은 정각회 창립 이후 모두 네 차례(제11·12·14·15대)나 회장을 지냈고, 경찰서에 경승 법사제도를 신설하는 등 불교계의 권익 실현을 위해 힘써 왔다. 정각회는 국회 직원들과 함께 매월 1회 정기법회를 갖는다.

천주교 의원 모임인 '가톨릭의원신도회'는 가장 늦은 1988년에 결성되어 매월 1회 모임을 갖는다. 가톨릭의원신도회가 국회의원 중심이라면, 국회 직원들로 구성된 별도 모임인 '다산회'도 있다.

'불교계를 위한 10대 공약'

천주교인 김대중은 재임 기간 불교계와는 대체로 원만한 관계를 유지했다. 김대중은 1997년 대통령 선거 기간에 종교 편향 근절, 국립불교중앙박물관 건립, 팔만대장경 한글화 사업 지원을 골자로 하는 '불교계를 위한 10대 공약'을 발표하는데 이 공약은 재임 기간 대부분

실천되었다. 특히 불교중앙박물관(현 국립불교중앙박물관)은 실무진이 난색을 표했지만, '반드시 예산에 반영하라'는 특별 지시를 내리기도 했다.

김대중은 당시 조계종 총무원장이던 정대 스님과 돈독한 관계였으며, 대통령 비서실장을 지낸 박지원과 정무수석 비서관 이강래가 창구 역할을 하면서 불교계의 위상을 높였다. 이 때문에 송월주 스님은 "독실한 천주교인이었지만 불교에 대한 '철학적 이해'가 뛰어난 분이었다. 불교계에도 전혀 불이익을 주지 않았다"고 기억했다.[12]

하지만 김대중 역시 재임 기간 불교계와 불편한 관계가 될 수밖에 없었다. 두 차례에 걸친 조계사 공권력 투입과 사찰 주변에서 일어난 각종 난개발로 인해 갈등을 빚었다. 공권력은 1998년 송월주 총무원장의 3선을 반대하며 일부 스님들이 옛 총무원 청사를 점거할 때와 조계사 경내에서 농성 중이던 발전 노조원을 검거하기 위한 목적으로 투입되었다. 불교계는 '조계사 대웅전 공권력 난입규탄 범종교 결의대회'를 여는 등 반발했는데 현장 책임자인 종로경찰 서장의 사과로 일단락되었다.

또한 각종 난개발로 인한 사찰의 수행환경 악화로 마찰이 빚어지기도 했다. 당시 서울외곽순환고속도로 건설, 경부고속철도 등 대규모 국책사업과 통영케이블카 설치, 각종 골프장 건설 등이 사찰 주변에서 끊임없이 일어났다.[13] 그러나 이 같은 갈등은 대통령의 종교 편향에서 비롯된 것이 아닌 정부의 집무 활동 차원에서 나온 불편부당한 조치였다는 점에서 김대중에게 향한 것은 아니었다.

제8장

노무현

정권
최대 정적은
보수 개신교회

"종교란에 '방황'이라고 쓰겠다"

노무현은 세례까지 받은 천주교인이었지만, 종교 활동에 그다지 열성을 보이지는 않았다. 노무현은 2002년 민주당 대통령 후보 시절 김수환 추기경과 만나 "1986년 부산에서 송기인 신부로부터 영세를 받아 '유스토'라는 세례명을 얻었지만 열심히 신앙생활도 못하고 성당도 못 나가 프로필 쓸 때 종교란에 무교로 쓴다"고 솔직히 고백했다. 그러자 김수환 추기경이 "하느님을 믿느냐?"고 물었고 노무현은 "희미하게 믿는다"고 답했다. 김수환 추기경이 "확실하게 믿느냐?"고 재차 묻자 노무현은 잠시 고개를 떨구었다가 "앞으로 프로필 종교란에 '방황'이라고 쓰겠다"고 대답했다.[1]

사실 노무현은 세례를 받기는 했지만 얼치기 신자였다. 1982년 부산 미문화원 방화 사건의 변론을 맡으면서 천주교 송기인 신부를 알게 되었는데, 송기인 신부의 권유로 성당에 다니게 되었다. 노무현은 1년 과정의 성당 교리반에 입교했으나, 4시간만 출석해 시험에 낙제했다. 송기인 신부는 남천성당 정명조 신부에게, 노무현에게 교리를 가르쳐 세례를 줄 것을 부탁했고, 정명조 신부는 먼저 세례를 주고 보내면 교리를 가르치겠다고 했다.

세례를 받고 남천성당으로 옮긴 노무현은 정명조 신부와 한 차례 식사를 끝으로 성당에 나타나지 않았다. 송기인 신부는 "그래서 말이 많았지. 욕도 먹고. 한 번은 노 변호사(노무현)한테 얘기했어. 당신 때문에 내가 곤욕을 치른다, 사람이 그러면 쓰나 하고. 그랬더니 '신부님이 성당에 가는 게 중요한 게 아니라 착하게 사는 게 중요하다고 가르치지 않았습니까' 하는 거야. 그러면서 '저, 착하게 사는데요' 하더라고. 할 말이 없는 거라. 하여간 세례만 받고 성당엔 안 다녔어"라고 말했다.[2]

노무현의 삶의 이력에는 천주교보다 불교가 많이 등장한다. 청년 시절은 고시공부를 위해 많은 시간을 절에 머물렀다. 29세에 사법고시 합격까지 9년간이나 집 근처의 정토원 등 절에 머물면서 틈틈이 불교 경전을 탐독했다. 아내 권양숙 역시 평소 불심이 깊었다. 권양숙은 2002년 10월 대통령 선거를 앞두고 경남 합천 해인사에 있던 조계종 종정宗正인 법전 스님에게서 보살계와 대덕화大德花라는 법명을 받기도 했다. 이 법명은 박정희의 부인인 육영수가 받은 법명과 같은 것이었다.

노무현은 대통령 재임 시절 세 차례나 해인사를 방문해 역대 대

노무현은 청년 시절부터 고시공부를 위해 절에 머물렀으며, 사법고시 합격까지 9년 동안
집 근처 정토원 등에 머물면서 불교 경전을 탐독했다.
2003년 2월 25일 제16대 대통령 취임선서를 하고 있는 노무현.

통령 가운데 최다 방문 기록을 세웠다. 2003년 12월 첫 번째 방문에서
는 사패산 터널 공약을 못 지킨데 대해 사과했으며, 2005년 8월에는
국산 초음속 훈련기 T-50 골든이글 첫 출고식에 참석한 뒤 해인사에
들러 비행기의 무사고와 순조로운 판매를 기원했다. 2007년 11월에
는 해인사 대ㅈ비로전 낙성대법회의 축사를 위해 방문했다. 노무현은
재임 기간 템플스테이 지원 사업으로 393억 원을 지원했으며, 해인사
대비로전 건립에 30억여 원 지원을 약속하는 등 불교 지원 사업을 활
발히 펼쳤다.

　　노무현은 퇴임 후 당시 조계종 총무원장이던 지관 스님을 초청해

법문을 듣는 등 불교계와의 인연을 이어갔다. 또 2009년 5월 23일 부엉이 바위 투신 전 그가 고시공부를 하던 정토원에 있는 부모님과 장인의 위패에 예를 갖추었던 것으로 전해졌다. 다음 날에는 해인사의 승려 300여 명이 하안거夏安居를 깨고 분향소를 찾아 그의 죽음을 애도했다.

승려들이 하안거를 깨고 조문한 것은 매우 이례적인 일로, 노무현과 불교계의 관계를 잘 보여준다. 정휴 스님은 "절 집에서는 정서적으로 불교계와 가까우면서 서민 친화적이었던 그에게 적잖은 애정을 갖고 있다"고 회상했다. 경남 김해 봉하마을에 세워진 '대통령 노무현'이라는 묘비문은 지관 스님이 썼다.[3] 송월주 스님도 "노 전 대통령의 생사관은 불교적 영향을 받은 듯하다. 유서에서 언급한 '삶과 죽음이 모두 자연의 한 조각'이라는 표현은 서산대사가 입적 전에 남긴 게송을 떠올리게 한다"고 말했다.[4]

불화의 근원이 된 국가보안법과 사립학교법

보수 개신교의 반정부 집회는 노무현 정부 들어서면서부터 본격화되었다. 노무현 정부가 김대중 정부의 정책 기조를 계승한 좌파정권이라는 인식이 저변에 깔려 있었기 때문이다. 여기에 개신교를 자극하는 몇 가지 이슈까지 던져졌다. 이 때문에 노무현의 최대 정적은 개신교라는 말이 나돌 정도였다.

개신교가 노무현 정부와 정면으로 부딪힌 계기는 정부 여당이 추진한 '4대 개혁입법'(국가보안법, 사립학교법, 과거사진상규명법, 언론관계법) 때문이었다. 특히 보수 개신교는 '국가보안법 폐지'와 '사립학교법 개정'에 강력히 반발하고 나섰다. 국가보안법은 반공이라는 '개신교의 근간'을, 사립학교법은 '개신교의 재산권'을 흔드는 중대한 사안이었다.

개신교는 국가보안법 폐지를 보수 개신교의 근간인 반공을 제도적으로 포기하는 것으로 이해했다. 이는 대북 관계에서 보수 개신교의 주도권도 없어지게 된다는 것을 의미했다. 위기감을 느낀 보수 개신교는 보수 언론과 함께 보수 세력을 결집해나가며 '반反노무현' 전선을 형성했다. 조갑제가 보수 개신교 연합단체인 한기총의 집회에 모습을 드러낸 것도 이때부터다. 조갑제는 2006년 6월 한기총의 집회에 참석해서 "기독교의 가장 큰 적은 좌파이며, 2007년 대선이 좌파를 종식하고 우파의 세상을 만드는 계기가 되어야 한다"면서 "한국 기독교가 숙명적으로 좌파와의 싸움에 나설 수밖에 없다"고 개신교 역할론을 강조했다.[5]

국가보안법 폐지에 이어 나온 '사립학교법 개정'은 보수 개신교를 반노무현 전선에 결집시키는 결정적 계기를 제공했다. 노무현 정부는 사학의 투명성과 공공성을 높이기 위해 '개방형 이사제 도입', '이사장 친인척의 이사 비율 축소' 등 30개 조항을 골자로 하는 개정안을 추진했다. 개신교계는 정부의 개정안이 사학의 설립 정신을 훼손해 결과적으로 재산권 행사를 어렵게 한다며 거세게 반발하고 나섰다. 2005년 당시 개신교는 중학교 123개교, 고등학교 165개교에 달

사립학교법 개정안이 국회를 통과하자 일부 목사들은 삭발 투쟁에 나서는 등 '자신들의 재산권'을 지키기 위해 거세게 반발했다.

할 정도로 많은 사학을 운영하고 있었기 때문에 민감할 수밖에 없었다.[6]

개신교의 거센 반발에도 사립학교법 개정안이 국회를 통과하자 개신교계는 실력 행사에 들어갔다. 일부 목사들이 삭발 투쟁을 돌입했으며, 이어 임시이사 파견 거부, 학교 폐쇄 등의 강경 조치들이 연일 쏟아져나왔다. 이어 개신교는 개정 법안을 원점으로 돌리는 '재개정' 작업에 모든 힘과 역량을 집중시켰다. 2006년 12월에는 서울 영락교회에서 목사와 성도 3,000여 명이 모여 "교회는 그동안 사학법 재개정 목소리를 여러 경로를 통해 정부와 여당 등에 간절히 요청해왔으며, 이런 노력이 외면당한다면 결코 좌시하지 않을 것"이라는 성명을 발표했다.[7]

보수 개신교는 구체적으로 국회의원들에 대한 압박의 수위를 높여나갔다. 개신교계는 이 문제를 2007년 진행될 선거(대선과 총선)와 연계한다는 방침 아래 사립학교법 재개정에 반대하는 의원들에 대한 낙선운동을 벌여나갔다. 한기총은 이에 따라 1차 낙선 대상자 5명 명단을 발표했는데, 그 대상자는 이해찬, 장영달, 정세균, 유기홍, 최재성 의원 등이었다.

실제 개신교계의 압박이 얼마나 심했는지는 천정배 의원 사례를 보면 알 수 있다. 사립학교법 재개정에 반대해왔던 천정배 의원은 자신이 출석하는 경기도 안산제일교회(예장통합 소속 교회) 고훈 목사에게서 여러 차례 전화를 받았다. 고훈 목사는 사립학교법 재개정 안이 국회에 상정된다는 소식을 듣고 교계의 어른인 김장환 목사가 천정배 의원에게 부탁을 해보라고 요청해왔다며 꼭 통과시켜주기 바란다고 신신당부했다. 고훈 목사에게서 다시 전화가 걸려와 천정배 의원이 통과시켜주기로 했다고 위쪽에 전화를 했으니 틀림없이 해줘야겠다며 재차 당부했다.[8] 천정배 의원은 자신이 출석하는 교회 담임목사의 간곡한 부탁을 무시하기는 어려웠을 것이다. 사립학교법은 보수 개신교의 전방위적 공세에 밀려 개신교계의 요구를 받아들여 결국 재개정되기에 이르렀다.

또한 이 시기 종교 단체 기부금 내역 공개, 종교인 과세 등이 사회적 이슈로 떠오르면서 보수 개신교 밑바닥까지 '노무현 정부가 개신교에 호의적이지 않다'는 정서가 팽배해졌다. 김지방은 이를 개신교의 권력화와 연결시켜 분석하고 있다.

"민주화 이후 한국 교회는 오히려 자신들이 지난날 누렸던 특혜가 점점 위협받고 줄어드는 것을 경험했다. 게다가 민주화운동으로 온갖 고초를 겪었던 개신교계 인사들이 한 자리씩 차지하면서 부귀영화를 누리는 것같이 보였다. 그러니 정치권 동향에 민감하지 않을 수 없다.……또 대통령이나 국회의원 같은 정치인들이 교회의 힘을 인정하고 두려워해주길 은근히 기대한다. 이런 기대가 충족되지 않으면, 무시당했다는 느낌을 받고, 정권에 불만을 품게 된다. 대형 교회 목회자를 비롯한 개신교계 인사들이 노무현 대통령과 참여정부를 '반反기독교 정권'이라고 평가하는 것도 이런 맥락이라고 볼 수 있다." [9]

개신교가 세운 대표적인 종합대학

개신교 배경의 종합대학은 전국에 걸쳐 30여 개에 이른다. 여기에 신학생 양성을 목적으로 하는 신학대학까지 합친다면 그 수는 더 늘어난다. 대표적인 종합대학으로는 연세대학교, 이화여자대학교, 숭실대학교, 명지대학교, 서울여자대학교, 강남대학교 등이 있다. 지방으로 가면 대전·충남 지역에는 한남대학교, 목원대학교, 남서울대학교가 있으며, 강원 지역에는 관동대학교가 있다. 경상도 지역에는 계명대학교와 한동대학교, 전라도 지역에는 전주대학교가 있다. 백석대학교, 한신대학교, 협성대학교, 성결대학교, 성공회대학교 등 신학대학으로 출발해 종합대학이 된 경우도 있다

교단 배경으로 보면 연세대학교, 숭실대학교, 서울여자대학교,

연세대, 이화여대, 숭실대, 명지대 등이 대표적인 개신교 배경의 종합대학이다. |

계명대학교, 한남대학교가 장로교 계열이며, 이화여자대학교, 목원대학교, 전주대학교, 배제대학교, 남서울대학교, 배화여자대학교 등은 감리교 계열에 속한다. 백석대학교는 예장합동 정통이라는 교단을 배경으로 해서 종합대학이 되었다. 한세대학교는 여의도순복음교회를 배경으로 하고 있으며, 조용기의 부인 김성혜가 총장으로 있다.

경기도 인천에 있는 인하대학교도 개신교 배경의 대학이다. 인하대학교 설립을 주도한 사람이 이승만이라는 사실을 아는 사람은 그리 많지 않다. 이승만은 하와이에서 한인 2세 교육을 위해 운영해오던 한인기독학원을 매각한 뒤에 이 자금으로 인하대학교를 설립했다. 인하대학교 교명은 인천의 '인'과 하와이의 '하'를 따서 만든 것이다.

개신교를 제외하면 종교 배경의 종합대학은 많지 않다. 천주교는 서강대학교, 불교는 동국대학교, 원불교는 원광대학교, 유교는 성균관대학교 정도가 대표적이다. 눈에 띄는 것은 대종교 배경의 종합대학이 홍익대학교, 단국대학교, 경희대학교로 3개나 된다는 점이다. 이시영 부통령을 비롯해 해방 당시 임시정부 요인들의 상당수가 대종교 신자였고, 해방 직후 대종교가 민족 교육에 관심이 많았기 때문이다.

사립학교법 논란의 기폭제가 된 '강의석 사건'

2004년 개신교가 운영하는 대광고등학교의 강의석이 "학교의 강제적인 종교 교육이 부당하다"며 시위를 벌여 사회적 논란이 되었다. 대광고등학교는 개신교 예장통합 교단에서 운영하는 대표적인 사학이다. 강의석은 2004년 6월 학교가 학생들에게 예배를 강요하는 데 반발해서 서울시 교육청 앞에서 1인 시위를 벌여 학교에서 제적을 당했다. 학교 측은 강의석의 행동이 개신교 사학의 건학 이념을 어겨 전학을 권유했지만 강의석이 거부했다고 해명했다. 결국 학교에서 제적당한 강의석은 학교 측의 조치에 불복해 단식투쟁을 하고 국가인권위원회에 진정서를 제출하면서 맞섰다. 또 법원에 퇴학처분 무효소송을 제기하면서 학교와 서울시교육감을 상대로 손해배상 소송까지 냈다.

개신교는 개신교 대표 사학에서 벌어진 이 사태에 대해 당혹감을

강의석은 "학교의 강제적인 종교 교육이 부당하다"며 소송을 제기해 "미션스쿨에서도 종교의 자유가 인정되어야 한다"는 판결을 받아냈다.

감추지 못했다. 특히 법원이 강의석이 낸 모든 소송에서 그의 손을 들어주자 불편한 심기를 드러냈다. 개신교계는 "종립宗立 학교는 종교적 목적으로 설립된 학교이기 때문에 설립 목적에 동의하는 학생만 받아야 하는데 정부의 고교평준화 조치로 학생 선발권이 없어져 이런 문제가 발생했다"고 반발했다. 서울의 한 개신교 고등학교 교장은 "우리 학교는 성경을 가르치려고 세운 학교다. 고교평준화로 학생을 종교와 무관하게 강제 배정받도록 해놓고 (원치 않는 학생에겐) 성경을 가르치지 말라고 하는 것은 말이 안 된다"고 항변하기도 했다.[10]

'강의석 사건'에 대한 법원의 판결은 '미션스쿨에서도 종교의 자유가 인정되어야 한다'는 판례를 남겨 가뜩이나 사립학교법 문제로 날카로워진 개신교를 더욱 자극하는 계기가 되었다.

"반미 감정이 사라지게 하소서"

노무현 집권 기간 보수 개신교계는 무려 18차례의 대규모 반정부 집회를 열었다. 집권 초기에는 주로 '반공'과 '친미'가, 중반에는 '사립학교법 개정'이 중심 이슈였다. 집권 말기에는 이 두 가지 이슈가 합쳐져 '정권 퇴진 투쟁'을 방불케 했다. 군사정권 시절 '진보 인사'가 메웠던 광장의 주인이 '보수 개신교'로 바뀐 느낌이었다.

보수 개신교가 거리로 나오기 시작한 것은 2002년 6월 여중생인 심미선·신효순이 생일파티를 하기 위해 친구 집으로 가던 중 뒤에서 오던 미군 궤도차량에 의해 압사당한 후 반미 분위기가 고조될 무렵이었다. 보수 개신교는 '반미 감정'의 고조는 미국의 '한국 포기'로, 이는 다시 '남한의 공산화'로 이어질 수 있다고 우려했다. 이런 가운데 2002년 대선에서 노무현이 한 "밥만 먹으러 가거나, 사진이나 찍으러 미국에 가지 않겠다"는 발언은 보수 개신교계를 자극시켰다.

한기총 등 보수 개신교 단체는 2003년 1월 서울시청 앞 광장에서 두 차례(11일, 19일)의 반공 집회를 갖고 미국과의 우방 관계를 재확인했다. 이날 금란교회 김홍도 목사는 "이 땅에서 공산주의가 발붙이지 못하도록 도와주소서. 주여, 이 나라의 반미 감정이 사라지게 하소서"라고 간절히 기도했다.[11] 이어 3월 1일에는 수만 명이 참석한 가운데 '반핵반김 자유통일 3·1절 국민대회'를 여는 등 2003년 한 해에만 다섯 차례의 반공·친미 집회를 가졌다. 보수우익 단체와 함께 진행된 3·1절 국민대회에는 미국과의 우호 관계를 강조하듯 태극기와 대

2003년 '반핵반김 자유통일 3·1절 국민대회'에서 개신교와 보수우익 단체는 미국과의
우호 관계를 강조하려고 태극기와 성조기를 들고 나왔다.

형 성조기도 등장했다.

　　김홍도 목사는 당시 집회에 대해 "가장 큰 이슈가 친북반미세력
척결과 국가보안법 폐지 반대였어요. 여중생 사망 사건으로 촛불시위
가 벌어지면서 반미 감정이 고조되자 미국이 한국을 포기하려 했어
요. 그것을 우리가 막은 겁니다"라고 말했다.[12] 이 때문에 미국의 조지
부시 대통령이 2003년 8월 한기총 길자연 대표회장 앞으로 "한국과
미국의 동맹관계를 지지해준 한국기독교총연합회의 우호편지에 감
사하다"는 내용의 친서를 보내오기도 했다.[13]

　　이듬해 노무현 정부가 국가보안법 폐지에 나서자 개신교의 반공
집회는 더욱 열기를 띠어갔다. 한기총 등 300여 개 보수 단체는 2004년
10월 4일 서울시청 앞 광장에서 '10·4 국가보안법 사수 국민대회'를

갖고 국가보안법 폐지를 반대했다. 주최 측 추산 10만여 명이 참석한 이날 대회에도 대형 성조기, 각종 피켓, 플래카드가 등장했다. 한사랑교회 김한식 목사는 설교를 통해 "대한민국이 공산주의 마수에 적화되려는 위기의 순간에 하나님의 손길은 미국을 통해 나타났습니다"고 강조했다.[14] 김홍도 목사는 "대한민국은 간첩 천국이며 더이상 간첩이 발붙이지 못하도록 한국 교회가 친공, 친북, 좌경 세력을 척결하는 데 앞장서야 한다"고 주장했다.[15]

노무현 집권 중반기인 2005년에 들어서자 개신교의 반정부 집회의 이슈가 '사립학교법 재개정' 문제로 옮겨갔다. '개정 반대'가 무산되자 '재개정'으로 입장을 선회한 개신교는 당시 야당인 한나라당과 손잡고 노무현 정부를 압박해 들어갔다. 한나라당 역시 보수 개신교가 당의 전통적 지지층이라는 점에서 연대에 적극적이었다.

보수 개신교의 시국 집회가 연이어 발생하자 개신교의 정치화를 우려하는 목소리가 나오기 시작했다. 김용옥은 "종교인들이 거대한 사교클럽을 만들고 압력단체화해 정치권력을 행사하려 한다"고 우려했다. 그는 "기독교가 학교를 많이 갖고 있으니 사학법에 대해서는 발언할 수 있다고 보지만, 정치·외교 문제까지 참견하면서 역사를 리드하려 하고, 제정일치 시대 신정정치로 가려 하고 있다"며 "종교권력이 역사를 이끄는 신정정치를 한 나라치고 망하지 않은 나라가 없다"고 경고했다.[16]

〈표 8-1〉 보수 개신교의 주요 시국 집회

일시		집회 명칭	장소
2003년	1월 11일	나라와 민족을 위한 평화기도회	서울시청 광장
	1월 19일	제2차 나라와 민족을 위한 평화기도회	서울시청 광장
	2월 9일	나라와 민족을 위한 평화기도회	부산역 광장 대구서문교회
	3월 1일	3 · 1절 나라와 민족을 위한 구국 금식기도회 반핵반김 자유통일 3 · 1절 국민대회	여의도 한강시민공원 서울시청 광장
	6월 21일	나라와 민족을 위한 구국기도회 반핵반김 한미동맹 강화 6 · 25 국민대회	서울시청 광장
2004년	3월 1일	친북좌익척결 부패추방을 위한 3 · 1절 국민대회 구국기도회	서울시청 광장
	4월 3일	대한민국을 위한 국민화합기도회	서울 대학로
	10월 4일	비상구국기도회 국가보안법 사수 국민대회	서울시청 광장
	11월 1일	민족 회개와 구원을 위한 한국 교회 통곡기도회	서울 장충체육관
	11월 13일	구국기도회 및 국보법 폐지 등 4대 악법 저지 결의대회	여의도 KBS 본관 앞
2005년	6월 25일	북핵 반대와 북한 인권을 위한 국민화합대회	서울 대학로
	12월 10일	북한 동포의 인권과 자유를 위한 촛불기도회	서울시청 광장
2006년	1월 19일	기독교 사학 수호를 위한 한국 교회 비상구국기도회 십자가 행진	영락교회 서울시청 광장
2007년	9월 2일	대한민국을 위한 비상구국기도회	서울시청 광장
	3월 1일	친북반미좌파 종식 3 · 1 국민대회	서울시청 광장
	6월 6일	북핵 폐기 자유민주통일 호국기도회 및 국민대회	서울시청 광장
	6월 23일	사립학교법 재개정 특별기도회	서울시청 광장
	10월 3일	흔들리는 대한민국을 바로 세우기 위한 개천절 국민대회	서울역 광장

개신교는 왜 미국에 우호적인가?

2003년 1월 19일 서울시청 앞 광장에서 열린 '나라와 민족을 위한 평화기도회'에서는 태극기, 성조기, 'WE LOVE U.S.A'라고 적힌 피켓까지 등장했다. 기도를 맡은 김홍도 목사가 단상에 올라와 우렁찬 목소리로 기도를 시작했다. 영어였다. 사람들은 어느 대목에서 '아멘'을 해야 할지 몰라 당황했다. 현장을 취재하던 미국의 한 방송국 여기자는 "한국인이 미국을 싫어하는 줄 알았는데, 이 광경을 보고 감격했다"며 눈물을 글썽이기까지 했다.[17]

보수 개신교의 이 집회는 반미 집회의 단골 장소였던 서울광장에서 열린 '친미 집회'였다는 점에서 눈길을 끌었다. 개신교의 이런 용감성은 어디에서 나왔던 것일까? 개신교에 미국이란 어떤 존재였을까? 이는 개신교의 역사가 말해준다. 1893~1983년까지 파송된 선교사의 90퍼센트가 미국인 선교사였고, 선교 초기 '선교지 분할 협정'에서도 미국은 조선 국토의 71퍼센트를 차지할 만큼 영향력이 막강했다.[18] 이에 따라 선교 초기부터 '한국 개신교의 미국화'는 이미 예견되었다.

개신교는 미군정의 상속자로 각종 특혜를 받았는데, 해방 후 일본이 남기고 간 적선敵産을 배정받았고, 건국 과정에 참여하면서 영향력을 확보할 수 있었다. 6·25전쟁 때는 원조물자에 대한 배분권을 부여받았다. 개신교가 보기에 미국은 얼마나 고마운 나라인가? 이는 개신교에 뿌리 깊은 친미 성향을 만드는 역할을 했다.

"미군의 참전, 전시 및 전후에 미국 교회 및 정부가 제공한 많은 구호품과 원조는 많은 한국인들이 미국을 일종의 구세주 국가로 여기게 만들었다. 이러한 인식은 외국 원조의 가장 큰 수혜자였던 교회에 많은 영향을 끼쳐 그 후 한국 교회가 친미적인 태도를 가지는 데 기여하였다." [19]

중요한 것은 개신교의 친미 성향은 세월이 흐르면서 소리 없이 확대되어 가고 있다는 점이다. 이는 크게 신학교와 대형 교회에서 나타난다. 전국신학대학협의회 소속 신학대학 교수 500명을 조사한 결과, 미국 유학파가 차지하는 비율은 전체의 64.5퍼센트에 달했다. 독일(13.4퍼센트), 영국(3.1퍼센트), 프랑스(1.6퍼센트), 스위스(1.4퍼센트)와 비교하면 상당히 높은 수치다. 이들이 미국 유학 과정에서 경험한 미국식 신학과 사상, 인맥은 제자들을 통해 확대재생산되고 있는 것이다.

또 최근 세대 교체기를 맞은 대형 교회의 후임 목사들이 미국 유학파 목사들이라는 점도 주목해야 한다. 대부분의 교회가 후임 목사를 뽑을 때 미국에서 유학했거나 목회한 경험을 기본으로 제시하고 있기에 후임 목사들이 신도들에게 미칠 영향 또한 상당하기 때문이다.

개신교의 '정권 퇴진' 운동

보수 개신교회는 노무현 집권 후반기로 갈수록 그야말로 부글부글 끓고 있었다. 각종 집회에서 노골적으로 '정권 퇴진'을 외치는가 하면 각종 설교와 강연에서도 노무현 정부에 대해 시퍼렇게 날을 세 웠다. 더욱이 노무현 정부가 '조만간 대형 교회를 손본다'는 소문까지 나돌면서 개신교의 분위기는 험악해졌다. 실제 이 소문은 매우 그럴 듯하게 포장되어 확산되었다.

2007년 노무현 정부가 마지막으로 손봐야 할 대상으로 재벌, 대 형 교회, 강남부자를 선정했는데, 재벌기업은 '현대'이고, 대형 교회 는 '여의도순복음교회'라는 구체적인 이름까지 거론되었다. 이로 인 해 당시 문재인 대통령 비서실장이 조용기 목사를 찾아가 해명하는 해프닝이 벌어지기도 했다. 당시 보수 개신교계가 노무현 정부에 대 해 얼마나 날이 서 있었는지는 목회자들이 내놓은 다음의 발언을 보 면 잘 알 수 있다.

"요즈음 쉬지 않고 막말을 쏟아내는 대통령이나 이에 맞받아치 며 그와의 결별을 서두르는, 지난 수년간 그를 떠받들고 그의 충직한 나팔수와 거수기 노릇을 하며 권력을 나누어 먹었던 무리들이 벌이고 있는 온갖 굿판은 단적으로 우리나라 정치의식과 풍토의 황폐화를 증 언하고 있습니다. 정치의 황폐화만이 아닙니다. 굳이 경제 상황을 언 급하지 않더라도 국방과 안보의 황폐화, 공정한 방송언론의 황폐화, 교육의 황폐화, 윤리의식의 황폐화 등 황폐한 곳이 한두 군데가 아닙 니다."(새문안교회 이수영 목사, CBS 설교, 2006년 12월)[20]

"(교회를 향한) 정부의 공격도 그동안은 간접적이었지만 앞으로는 직접적인 공격도 있을 것이다. 내가 (영락교회 담임목사로) 부임하기 전 에 (정부에서) 교회에 세무조사 오겠다고 한 적이 있다. 노동부에서도

'왜 교회 노조를 구성 안 하냐?'며 압력을 행사하고 있다. 사무장이 심심하면 (노동부에) 불려가서 노조 구성하라고 압력을 받는다. 교회는 학교가 보호되는 것보다 더 보호가 안 된다. 불원간 (정부의) 직접적 공격은 교회 세금으로 다가올 것이다."(영락교회 이철신 목사)[21]

"운동권 사람들은 반미 친북 사회주의를 목표로 설정하고 민주화를 부르짖는데, 민주화는 하나의 수단에 불과하다. 그들은 또 386세대라는 이름으로 정부, 국회, 언론, 시민단체 각 부문에서 활동하면서 반미 친북 사회주의 국가를 만들기 위해 활동하고 있다."(영락교회 이철신 목사, 2007년 6월)[22]

"내가 반공운동을 하고 좌파정권을 자꾸 까기 때문에 들어간다는 것을 나도 알고 교인들도 아니까.……이건 좌파사상을 가진 정권이 교회를 파괴하려는 음모에서 비롯된 거예요. 전에는 없었어요. 다 김대중, 노무현 정권에서 일어난 일이지. 공산주의는 기독교를 가장 미워합니다."(금란교회 김홍도 목사, 2007년 7월)[23]

2007년 4월 25일 『국민일보』 긴급이사회가 열렸다. 여의도순복음교회 조용기 목사가 이사장직을 내려놓겠다는 의사를 밝히기 위해서였다. 조용기 목사의 『국민일보』 이사장직 사퇴가 청와대 압력 때문이라고 생각한 김장환 목사가 "그깟 청와대를 왜 겁냅니까? 기껏해야 대선까지 7개월밖에 남지 않은 정권 아닙니까?"라며 말했다. 이어 "이명박 씨가 다음 대통령이 되면 아무 문제 없을 겁니다. 걱정하지 말고 이사장을 계속 맡으세요"라고 했다. 이에 대해 조용기 목사는 단호하게 "김 목사는 몰라요. 내가 신문사 때문에 세무조사까지 받은 사

람이에요. 세무서 직원들이 몰려와서 내 책상 서랍까지 뒤지는 일을
당했습니다. 겪어보지 않은 사람은 모릅니다. 저는 『국민일보』를 내
려놓겠습니다" 라고 말했다.[24]

노무현 정부에 대한 보수 개신교의 이런 불만은 2007년 대선에
서 이명박 후보를 압도적 표차로 당선시킨 원동력으로 작용했다.

'기독교 정당'이 등장하다

보수 개신교의 정권에 대한 불만은 '개신교 독자 세력화'에 불을
당겼다. 이제는 각종 사회적 이슈에 대해 개신교만의 독자적인 목소
리를 내야 한다는 공감대가 형성되었기 때문이다. 이는 수십 년간 수
면 밑으로 가라앉았던 '기독교 정당'이 출현하는 계기가 되었는데,
2004년 제17대 총선부터 도입된 정당투표제는 기독교 정당의 창당을
가능케 한 직접적 요인으로 작용했다. 정당투표제 도입으로 제17대
총선부터는 유권자가 '지지 후보'와 '지지 정당'을 따로 찍는 '1인 2표'
제가 시행되었다. 기존 방식은 유권자가 지역구 후보만을 찍고, 당의
지역구 의석수에 따라 비례대표를 배분받았다. 하지만 무소속 후보는
당선이 되더라도 비례대표 의석을 받지 못한다는 문제가 제기되어 이
방식은 헌법재판소에서 '위헌' 판정을 받았다.

지지 정당에도 표를 찍는 정당투표제가 도입되면서 군소정당도
국회 의석을 확보할 수 있는 길이 열리자 개신교계는 이 점에 주목했
다. '인물 대결'로 치러지는 지역구를 포기하더라도 '정당 지지도'만

〈표 8-2〉 역대 기독교 정당 득표율

시기	당명	정당득표율	득표수(표)	비고
제17대(2004년)	한국기독당	1.1%	228,798	
제18대(2008년)	기독사랑실천당	2.59%	443,705	17개 정당 중 7위
제19대(2012년)	기독자유민주당	1.2%	257,164	20개 정당 중 5위
	한국기독당	0.25%	54,320	

으로 의석을 확보할 수 있기 때문이다. 실제 이 제도가 시행되자 군소 정당의 정당 등록이 줄을 이었다. 이 제도 시행 첫 해인 제17대 총선에서는 14개 정당(한나라당, 새천년민주당, 열린우리당, 자민련, 국민통합21, 가자희망2080, 공화당, 구국총연합, 한국기독당, 노년권익보호당, 녹색사민당, 민주노동당, 민주화합당, 사회당)이 정당 등록을 마쳤다.

이런 흐름 속에서 2004년 첫 기독교 정당인 '한국기독당'이 창당했다. 창당을 주도한 사람은 최수환 장로와 박영률 목사로, 최수환 장로는 5공화국 시절 민주한국당 국회의원을 지낸 새문안교회 장로다. 박영률 목사는 한기총 총무를 지냈으며, 1996년 제15대 총선에서 새정치국민회의 소속으로 강원도 양구에서 출마한 경험이 있다.

이들은 수도권 인구의 37퍼센트가 개신교인이기 때문에 '개신교인이 전원 투표하면 원내 1당도 가능하다'고 내다보았다. 창당대회에서 김준곤 목사는 "전국 개신교 인구가 25퍼센트이고, 투표율이 약 50퍼센트 정도가 될 것이기 때문에 개신교인들이 90퍼센트 정도만 투표하면 전체 유효표 가운데 약 50퍼센트를 차지할 수 있다"고 강조했다.[25] 한국기독당은 정당 투표가 가능하도록 바뀐 현행 선거법상이라면 최소한 전국구 몇 자리 정도는 차지할 수 있을 것으로 보았다. 한국기독당은 제17대 총선에서 9명의 지역구 후보와 10명의 전국구 후보를 냈으나, 지역구 후보는 물론 정당투표에서도 1.1퍼센트(22만 8,798표)를 얻는 데 그쳐 당선자를 1명도 내지 못했다.

기독교 정당의 역사

기독교 정당의 역사는 해방 직후로 거슬러 올라간다. 당시 남한지역에서는 종교적 배경의 정당이 등장하지 않았다. 미군의 지원을 받은 이승만의 자유당 정부가 개신교인의 권익을 보호하고 있었기 때문이다. 북한은 상황이 달랐다. 개신교가 공산당보다 먼저 정치 세력화할 수 있었다. 해방 직후 북한에 조직된 평안남도건국준비위원회(위원장 조만식 장로), 황해도건국준비위원회(위원장 김응순 목사), 평안북도자치위원회(위원장 이유필 장로) 등이 개신교 지도자들에 의해 주도되었다는 것만 보아도 알 수 있다.[26]

북한에서 기독교 정당은 개신교 밀집 지역인 평안도 지역을 중심으로 활발히 일어났다. 최초의 기독교 정당은 1945년 9월 조직된 '기독교사회민주당'이다. 창당을 주도한 사람은 평안북도 신의주의 신의주제일교회 윤하영 목사와 신의주제2교회 한경직 목사, 이유필 장로였다. 기독교사회민주당은 11월 23일 신의주학생시위 사건 등으로 공산주의자와 충돌하며, 윤하영·한경직 목사 등이 월남하면서 세력이 급속히 와해되었다. 윤하영 목사는 1948년 5·10 선거 때 서울 종로구에서 제헌의원으로 당선된 후 이승만 정부에서 장관을 지냈으며, 한경직 목사는 영락교회라는 월남자 교회를 만들어 반공운동을 벌여나갔다.

1945년 11월에는 조만식 장로와 감리교 이윤영 목사 등 개신교인이 중심이 된 '조선민주당'이 창당되었다. 개신교인들의 적극적 지지를 받은 조선민주당은 북한에서 가장 큰 정당으로 세력을 확장해나갔다. 당시 조선민주당과 조선공산당의 당원수가 50만 명 대 5,000명에 이를 정도로 조선민주당은 커다란 세력이 되었다. 하지만 무력을 앞세운 공산당의 탄압으로 창당 지도자들이 월남하며 세력이 위축되었다. 이후 조선민주당은 강양욱 목사 등 북한 교회 목사들에 의해 명맥이 유지되어오다가 1981년 1월 제6차 당 대회를 계기로 조선사회민주당으로 개칭하고 현재까지 명맥을 유지하고 있다.[27]

창당 과정에서 발각되어 창당으로 이어지지 않은 경우도 있었다. 1945년 11월 평안북도 정주에서 김화식 목사 등 장로교 목사들이 중심이 된 기독교자유당의 창당이 추진되었다. 이들은 1947년 11월 국제연합 총회에 '한국 독립안'이 상정되면 창당식을 갖기로 계획했다. 그러나 창당을 하루 앞두고 기밀이 새어나가 김화식 목사 등 40여 명이 체포되면서 창당이 무산되었다. 한편 같은 시기 감리교 목사들이 중심이 된 기독교민주당의 창당 움직임도 있었으나 이 또한 창당으로 이어지지 못했다.

북한 지역에서 이렇게 기독교 정당 창당이 활발했던 이유는 '평양은 동양의 예루살렘'으로 불릴 만큼 개신교 교세가 강했다. 해방 당시 북한 지역에는 20만 명의 개신교인과 1,500여 개의 교회가 조직되어 있었다. 더욱이 개신교는 지식층의 집결지였기 때문에 해방 후 정당 창당에 중추적인 역할을 했다. 이후 기독교 정당 창당 논의는 역사속으로 사라졌다가, 반세기가 지난 2000년대에 이르러 남한에 그 모습을 드러냈다.

제9장

이명박

압도적 표차로
다시 탄생한
'장로 대통령'

어머니의 새벽기도를 듣고 자라다

이명박은 자신의 종교 성향을 스스럼없이 드러낸 대통령이다. 서울시장으로 재직한 2002년 7월부터 4년간 공식적으로 참여한 개신교 행사만 50회가 넘는다. 매달 한 차례 이상 개신교 행사에 참석했다는 이야기다. 서울시장이었던 고건(1998~2002)도 감리교 권사였지만, 재임 시 개신교 행사 참여는 12회 정도였다. 이명박의 잦은 개신교 행사 참여 때문에 '간증 정치'라는 말이 나올 정도였다.

이런 성향 때문에 타종교와 불편한 관계가 자주 만들어졌다. 서울시장 시절에는 '서울을 하나님께 드리는 봉헌서'를 낭독해 물의를 빚었고, 서울 청계천 복원사업 준공식에 앞서 개신교 목사를 초청해 준공예배를 보기도 했다. 대통령이 된 뒤에는 국가조찬기도회에서 무릎을 꿇고 기도하는 등 임기 내내 종교와 관련한 구설수가 끊이질 않았다.

이명박의 뚜렷한 종교적 성향은 어머니에게서 비롯되었다. 포항 제일교회에 다니던 그의 어머니는 매일 가족들과 함께 새벽기도를 드렸다고 한다. 새벽기도를 할 때마다 어머니는 먼저 행상하며 만난 사람들의 이름을 부르며 '예수 믿게 해달라'고 기도했고, 다음은 이웃을 위해서, 마지막으로 형제들을 위해 기도했다. 그리고 언제나 다음과 같은 말로 새벽기도를 마쳤다. "명박이는 건강하고 예수 잘 믿게 해주세요." [1]

하루도 거르지 않은 어머니의 새벽기도는 두 아들을 대통령과 국회 부의장으로 만든 원동력이 되었다. 실제 이 같은 이야기는 많은 개신교인을 감동시켰다. 이명박에게 호의적이지 않았던 사람도 그의 간증을 들으면 생각이 변했다. 신앙을 통해 가난을 극복하고 최고 권력자의 자리에 올랐다는 '성공 스토리'가 있었기 때문이다.

이명박은 서울시장 시절 한 간증 집회에 참석해 절의 대웅전에서 칸막이 생활을 할 만큼 가난했던 어린 시절을 소개했다. 그는 어머니에 대해 "어머니는 새벽 4시면 어김없이 일어나 다섯 형제들을 깨워 기도를 하시고, 그 기도가 끝나면 다시 교회의 기도회를 가시고, 장사를 나가셨다. 우리 형제들은 자라면서 어디에 흩어져 있든지 새벽 4시만 되면 어머니의 기도를 반드시 기억했다"고 말했다. [2]

이명박은 "자라면서 어머니의 기도가 하나하나 이뤄지는 것을 본다"며 "형들은 장로, 여동생은 전도사가 되었고, 점쟁이였던 사촌형은 목사로 바뀌었다"고 말했다. 또 "학생회장을 하면서도 내가 사회주의자가 되지 않았던 것은 어머니의 기도 때문이었다"고 밝히기도 했다. 그는 서울시장으로서 포부를 밝힌 자리에서는 "공직자들이 나를 보며 '장로가 어떻게 그렇게 할 수 있느냐'고 손가락질할까봐 두렵다"며 "예수님 믿는 믿음에 부끄럽지 않도록 제게 주어진 소명을 최선을 다해 감당하고 싶다"고 했다.[3] 이명박은 2007년 9월 19일 한나라당 기독교인 조찬기도회에서 "교회 장로로서 정치하기가 쉽지 않다. 대통령직은 잠시이고, 하나님을 믿는 우리는 영원하기 때문에 어쩌면 대통령직보다 (장로라는 직책이) 중요하다고 생각한다"며 자신의 신앙관을 밝혔다.[4]

그의 이런 확실한 종교 성향은 개신교의 전폭적인 지지를 받는 디딤돌이 되었지만, 불교계의 광범위한 저항을 불러오기도 했다. 이명박이 대통령으로 재임하던 시기에 개신교와 불교는 심각한 종교 갈등을 겪기도 했는데, 이는 이명박의 종교 성향과 무관치 않았다.

개신교의 이명박 선거운동

2007년 개신교계는 장로 대통령을 만들기 위해 똘똘 뭉쳤다. 김대중과 노무현에 대한 응축된 불만이 이명박 장로 대통령 만들기로 모아진 양상이었다. 2007년 대선을 앞두고 벌어진 개신교의 활동 내용을 보면 개신교계가 한나라당 대통령 후보 경선 과정과 대선정국에서 얼마나 노골적으로 움직였는지를 알 수 있다.

2006년 12월 28일 한기총 대표회장 이용규 목사는 "기독교인은 그동안 좋은 사람을 뽑게 해달라고 기도하는 것에 그쳤지만 내년 대선에서는 교계가 바라는 정책을 입후보자에게 전달해 정책에 반영할 수 있도록 하고, 한기총은 전국 교회와 연계해 기독교에 적합한 인물이 당선되도록 구체적이고 적극적인 행동에 나설 것"이라고 천명했다.[5] 2007년 3월 19일 금란교회 김홍도 목사는 국가와 민족을 위한 조찬기도회에서 '다시는 좌파 정권이 (정권을) 잡지 못하게 해야 한다. (이명박) 장로 후보를 마귀의 참소, 테러의 위협에서 지켜달라고 기도해야 한다'고 말했다.[6] 3월 31일 한기총 대표회장 박용규 목사는 이명박의 출판기념회에 참석해서 사실상 이명박 지지 입장을 표명했다.

개신교계는 더 노골적으로 이명박 지지 활동을 벌여나갔다. 4월 18일 사랑제일교회 전광훈 목사는 부흥회 설교를 통해 이명박을 지지해줄 것을 호소했다. 이 설교는 선관위에서 서면 경고를 받았다. 5월 17일 한기총은 '대선정책협의회'를 개최하고 노무현 정부를 성토하며 이명박 지지를 선언했다. 6월 23일 개신교계는 서울시청 앞 광장에서 사립학교법 재개정을 위한 특별기도회를 개최하고 노무현 정부를 정면으로 비판했다.

7월 8일 주일예배에서 금란교회 김홍도 목사는 신도 3만 명 앞에서 "(이명박 후보의 경우) 여자·사생아 (얘기도) 있지만, (설사) 있다고 해도 우리는 상관하지 않겠다, 마음 흔들리지 말고 나가야 한다"고 이명박을 두둔하며 지지를 호소했다.[7] 이 발언에 대해 선관위는 서면 경고를 내렸다. 7월 27일 열린 뉴라이트기독교연합 창립식에서 김진홍

2005년 11월 출범한 뉴라이트전국연합은 2007년 대선에서 한기총과 함께 이명박 당선의
일등공신 역할을 수행했다.

목사는 '올 연말 대선에서 정권 교체를 실현하자'고 강조했으며, 최병
두 목사는 "선거가 임박한 시점에서 기독교인을 대표해서 뉴라이트
기독교연합의 지지 후보를 확정할 것"이라고 했다.[8]

9월 9일 이명박이 출석하는 소망교회의 김 모 장로가 주일예배에
서 대표 기도하면서 이명박 지지를 기원해 선관위가 서면 경고를 내
렸으며, 10월 3일에는 이명박이 직접 소망교회 집회에서 강의를 했다.
12월 10일 뉴라이트기독교연합은 이명박의 당선을 기원하는 '대선을
위한 특별기도회'를 개최했다.

개신교의 이명박 지지에 대해 보수 단체조차 경계의 눈길을 보낼
정도였다. 보수적 성향의 미래포럼이 성명을 통해 "교회가 아예 대놓
고 이명박 선거운동을 하고 있다"고 꼬집은 것이다. 미래포럼은 성명

서에서 이렇게 말했다.

"이명박이 전국 교회를 다니며 신앙 간증 집회를 하는 과정에서 많은 목사들이 공공연히 이명박을 지지하는 기도나 연설을 하는데도 김성호 법무부 장관은 왜 방관하는가? 대구제일교회에서 이명박이 신앙 간증 집회를 할 때 수많은 교회에 이명박의 이름과 사진이 걸린 현수막을 내걸어 공공연히 사전 선거운동을 해도 김성호 법무부 장관은 왜 수사하지 않는가?"[9]

뉴라이트와 한기총의 대활약

이명박 당선의 일등공신으로는 뉴라이트와 한기총을 꼽을 수 있다. 가장 적극적인 활동을 편 곳은 뉴라이트다. 뉴라이트는 노무현 정부에 반대하는 30~40대의 젊은 인사들이 '합리적 보수'를 주장하면서 만든 보수적 시민단체다. 이 단체를 대중운동 반열에 올린 사람은 이명박과 절친인 김진홍 목사다. 김진홍 목사는 2007년 1월 뉴라이트 청년연합 회원들과의 신년 간담회 자리에서 "이 시장(이명박)과 나는 30년 된 친구이고, 같은 개신교 신자이고, 6·3 한일수교 반대투쟁을 같이한 동지다. 이 시장과는 집의 숟가락, 몽둥이 숫자도 알 정도로 가까운 사이다"라며 친분을 과시했다.[10]

김진홍 목사는 뉴라이트전국연합 상임의장을 맡으며 이명박 지원을 위한 선거운동에 적극적으로 나섰다. 김진홍 목사는 대선 기간에 이명박의 각종 비리 의혹이 터지자 적극적으로 변론하고 나섰다.

김진홍 목사는 이명박의 비리 의혹이 터질 때마다
"허물없는 사람은 쪼다"라며 적극적으로 옹호하고 나섰다.

그는 7월 6일 KBS 라디오 〈안녕하십니까, 이몽룡입니다〉에 출연해 유독 이명박이 뭇매를 맞는 이유는 "1등이고 가장 강력한 후보인데다 일을 제일 많이 했으니까"라며 "이 시대에 허물없이 조용한 사람은 그동안 일을 안 했거나 본래 쪼다이거나 둘 중에 하나"라고 이명박을 옹호했다.

한기총 역시 이명박 당선의 일등공신이다. 보수 개신교와 대형 교회의 대변자 역할을 해온 한기총은 2007년 대선에서 누구보다도 적극적으로 임했다. 한기총은 김대중-노무현 정권과 대립하며 목소리를 키웠는데, 대선은 그들에게 조직의 영향력을 확보할 수 있는 절호의 기회였기 때문이다.

8월 21일 한나라당 대선후보로 선출된 이명박이 첫 공식 일정으로 국립묘지를 들른 뒤 가장 먼저 한기총을 방문하면서 한기총은 세간의 주목을 받았다. 이날 한기총의 이용규 대표회장은 "앞으로도 하나님이 이명박 후보와 함께하셔서 대선에서 승리할 것"이라고 덕담하며 축하 꽃다발을 전달했다. 이어 진행된 비공개 면담에서 이명박은 "본선이 경선보다 더 어려울 것이다. 모두 힘을 합쳐야 한다. 기독교도 적극 도와달라"고 요청한 것으로 전해졌다.[11]

대형 교회 역시 이명박 당선의 주역이다. 대형 교회 목사들은 교회 설교나 강연, 회의 자리 등에서 노골적으로 이명박에 대한 지지 의사를 밝혔다. 수천 명 또는 수만 명의 신도 앞에서 행해진 대형 교회 목사들의 설교 영향력이란 두말할 필요가 없다. 대표적인 목사로는 금란교회 김홍도 목사를 들 수 있다. 김홍도 목사는 이명박 지지 발언으로 인해 선관위에서 수차례 서면 경고를 받았지만, 이에 아랑곳하지 않았다.

전광훈 목사도 직설적이고 거친 표현으로 세간의 화제가 되었다. 그는 4월 18일 마산실내체육관에서 열린 집회에서 "만약에 이번 대선에서 이명박 안 찍는 사람은 내가 생명책에서 지워 버릴 거야"라고 말해 한동안 이 말이 회자되기도 했다. 또 설교를 통해 이런 말도 했다. "이명박 장로님이 나한테 약속했어. 개인적으로 꼭 청와대에 들어가면 교회 짓기로······그런데 처음부터 교회 짓는다 하면요, 불교인들이 또 반발한다고······처음에는 교회 짓는다 말고 종교관 짓는다 해야지. 종교관 짓는다 해놓고 중간에 다시 십자가 달면 됩니다."[12]

정도의 차이가 있을 뿐이지 대형 교회 목사들의 이명박 지지 발언은 광범위하게 나타났다. 예컨대 영락교회 이철신 목사, 새문안교회 이수영 목사, 사랑의교회 오정현 목사 등도 설교 등을 통해 직간접적으로 이명박을 지지했다. 대형 교회가 언론에 노출되기 쉽다는 점을 감안하면 이런 현상은 개신교 내에 광범위하게 퍼진 현상이었다고 볼 수 있다.

이명박 장로 대통령론

이명박은 개신교계의 전폭적인 지지에 힘입어 제17대 대통령에 당선되었다. 정동영 후보와의 표차는 무려 531만 표로, 이는 대통령 선거 역사상 최대 차이였다. 대통령 직선제가 실시된 이후 실시된 제14대 대선에서는 193만 표, 제15대 대선에서는 39만 표, 제16대 대선에서는 57만 표로 당락이 갈렸다.

사실 이런 결과는 선거 전부터 예견되었다. 개신교의 확고한 지지가 있었기 때문이다. 목사 500명을 대상으로 조사한 결과에 따르면, 64퍼센트가 이명박을 차기 대통령으로 생각했다.[13] 이런 지지는 대선 기간 동안 흔들림 없이 계속되었다. 장로 수련회에 참석한 장로

1,673명을 대상으로 한 조사에서도 응답자의 77.8퍼센트가 이명박을 지지한다고 밝혔다. 2위를 차지한 박근혜의 8.25퍼센트, 3위를 차지한 손학규의 6.04퍼센트에 비하면 압도적인 지지율이라 할 수 있다.[14] 실제 대선 후 목사 509명을 대상으로 한 조사에서 응답자의 63퍼센트가 이명박 후보를 찍었다고 답했다.[15]

이명박은 민주당의 지지 기반인 호남 지역에서도 선전했는데, 이를 가능케 한 것 역시 개신교였다. 예컨대 2007년 6월 한국기독교개혁운동이라는 목회자 모임이 이명박 지지를 선언했는데, 이 모임 회원의 70퍼센트는 고향이 호남이었다. 『뉴스파워』는 "광주·전남 지역 기독교계의 이명박 지지 분위기가 확산되고 있다. 민주당의 아성이자 전통적 반한나라당의 텃밭인 광주·전남에서 기독교계 지도급 인사들 중심으로 '이명박 장로 대통령론' 분위기가 조성되어가고 있는 것으로 확인되었다"면서 이렇게 보도했다.

"J 장로는 크리스천들에게 이 전 시장의 지지도가 높게 나타나고 있는 것은 '간증 정치' 때문이라고 말했다. '지난 해 7월 경주 현대호텔에서 장로수련회에 이 전 시장이 간증을 했다. 3천여 명이 참석했는데 간증을 들은 장로들은 한결같이 이 전 시장에 대해 호감을 나타냈다'고 말했다. 지역을 뛰어넘어 신앙의 동질성과 '은혜 나눔'이 먹혀들어가고 있다는 것을 보여주는 대목이다. 반한나라당 정서가 강한 광주·전남 지역에서도 예외는 아니라는 것이다."[16]

영남이 근거지인 한나라당은 전통적으로 호남에서 고전을 면치 못했는데, 제17대 대선에서 이명박에 대한 호남의 지지율은 20퍼센트에 육박했다.

개신교가 움직이면 집권한다!

압도적 표 차이가 난 제17대 대선 결과는 '개신교가 움직이면 집권한다'는 속설을 뒷받침해주는 근거가 되었다. 개신교인은 대체로 보수 성향이 강하다. 예컨대 한신대학교 교수 강인철은 교단 자료를 기초로, 개신교인의 성향을 보수 89퍼센트, 중도 8.5퍼센트, 진보 2.4퍼센트로 분류했다. 강인철은 이 비율을 바탕으로 개신교 유권자 수를 추량했는데, 이에 따르면 개신교 유권자 659만 명 중 보수 성향은 587만 명, 중도보수 성향은 56만 명, 진보 성향은 16만 명이었다. 587만 명의 보수 성향 개신교인은 선거의 변수가 될 수 있을 만한 수치다. 이명박 측의 전통적 지지층인 기존 보수층에, 보수 성향의 개신교인이 결합했을 때 상당한 폭발력을 발휘할 수 있는 수준이었기 때문이다.

보수 성향의 개신교인들이 제17대 대선에서 적극성을 보인 데는 크게 세 가지 이유가 있었다. 첫째, 이명박이 독실한 개신교 장로 후보였다. 둘째, 사립학교법과 국가보안법 등 개신교의 공분을 자아내게 하는 이슈가 있었다. 셋째, 이명박의 이력이 웅변하는 '신앙을 통한 성공 스토리'다. 개신교 후보가 개신교와 밀접한 관련을 맺고 있는 이슈를 옹호하면서 '신앙의 힘'을 강조하는 개인의 감동 스토리까지 전하는, 이른바 '3박자'가 어우러지며 압도적 표차를 만들어낸 셈이다. 같은 '장로 대통령'이지만 이명박의 당선은 두 번째로 많은 193만 표

차이로 대통령에 당선된 김영삼과도 비교된다. 제14대 대선에서도 개신교인들의 선거 개입은 있었지만 김영삼은 '장로 후보'라는 점 이외에 개신교인의 지지를 이끌어낼 만한 다른 이슈와 연결되지 않았다.

개신교의 정치적 영향력 확대와 꼭 관련이 있다고 할 순 없겠지만, 2007년 대선을 전후로 정치권에서는 목사들의 활동이 눈에 띄었다. 제17대 대통령 후보군에는 민주당의 장상 후보가 있었다. 민주당 최고의원을 지낸 장상은 연세대학교에서 신학을 공부하고 미국 예일대학에서 신학 석사학위를 받은 목사다. 2007년 의석수 143석으로 원내 제1당이었던 민주당의 대표는 오충일 목사였다. 오충일 목사는 1990년대 KNCC 회장을 지내는 등 오랜 기간 교회연합 활동에 몸담아왔다. 2007년 대통합민주신당 당내 경선주자로 나선 한명숙 전 총리의 남편은 박성준 목사로, 한명숙은 사모로 활동한 경험이 있어 목사급에 속한다.

같은 시기 한나라당 윤리위원장은 인명진 목사가 맡고 있었다. 강도 높은 당 개혁은 물론 후보 검증 작업을 진행했던 인명진 목사는 영등포도시산업선교회와 갈릴리교회를 담임하며 오랜 세월 도시산업선교 활동을 해온 인물이다. 오랜 기간 부스러기선교회를 운영해왔던 강명순 목사는 제18대 총선에서 한나라당 비례대표 1번으로 국회에 입성했고, 추부길 목사는 이명박 정부 출범과 함께 청와대 홍보기획 비서관에 발탁되었다. 이에 앞서 이재정 신부는 김대중 집권기 국회에 입성해 노무현 정부에서 통일부 장관으로 활동했다.

'개신교 코드 인사' 논란

이명박의 분명한 종교 성향은 취임 초부터 논란을 불러일으켰다. 초대 내각과 청와대 비서진 구성을 둘러싼 개신교 편중 인사가 발단이 되었다. 이명박 정부의 장관 16명 가운데 개신교 10명(62.5퍼센트), 천주교 2명(12.5퍼센트), 무교 4명(25퍼센트)으로 개신교가 압도적이었기 때문이다. 불교 신자는 1명도 없었다.

청와대 수석비서관도 마찬가지였다. 수석비서관 8명의 종교는 개신교 4명(50퍼센트)과 무교 4명(50퍼센트)으로, 천주교와 불교는 1명도 없었다. 천주교와 불교 신자는 전체 청와대 비서관 41명 중 각기 5명(12.2퍼센트), 3명(7.3퍼센트)에 불과했다. 개신교 비서관은 16명(39퍼센트)이었다.

이명박이 계속해서 개신교 인사를 중용하면서 이른바 '개신교 코드 인사' 논란도 불거졌다. 이명박은 2008년 12월 국가인권위원회 인권위원에 김양원 목사를, 2011년 6월 소망교회 교인인 유영숙을 환경부 장관에 임명했는데, 이때도 '코드 인사' 논란으로 시끌시끌했다. 김양원 목사는 임명 직전까지 한나라당 당적을 유지하고 있었기 때문에 '정치적 중립성'이 논란이 되었고, 유영숙은 환경 관련 경험이 전무했기 때문이다.

이는 새로운 현상이 아니었다. 이명박은 이미 대선 기간부터 개신교 인맥을 중용했기 때문이다. 이명박 대선 캠프의 핵심참모 그룹으로 알려진 이른바 '6인회'에서 개신교인은 4명에 달했다. 6인회는

2008년 2월 10일 청와대 수석비서관 인사 발표 장면. 8명 중 4명이 개신교인이었으며, 이 중 2명은 소망교회 출신이었다.

대통령 후보 이명박을 비롯해 그의 형인 이상득, 최시중, 박희태, 김덕룡, 이재오 등으로 구성되었는데, 이 가운데 최시중과 박희태를 제외하고는 모두 독실한 개신교인이다. 이명박과 이상득은 소망교회 장로 출신이며, 이재오는 서울 은평구 세광교회 집사, 김덕룡은 서울 서초동 사랑의교회 교인이다.

대통령직 인수위원회에도 개신교 인사들이 대거 참여했다. 우선 이경숙 인수위원장이 이명박과 같은 소망교회 출신이고 부위원장인 김형오 의원도 부산영도교회에서 집사로 활동하고 있었다. 이 밖에 맹형규 기획조정 간사, 진수희 정무위 간사, 강만수 경제1분과 간사, 박진 외교통일안보분과위 간사 등이 개신교인이다. 이명박 당선자의 보좌관인 정두언은 서울 홍성교회 권사이며, 대선 캠프에서 이명박의 교육과 복지 공약을 맡았던 곽승준 고려대학교 교수는 소망교회 출신이다.

한나라당 내에서 이명박의 측근 인사로 분류된 정몽준, 이방호, 원희룡 등도 대표적인 개신교인에 속한다. 현직 목사 신분으로 이명박 정부에 참여한 사람도 있다. 대선에서 이명박을 도왔던 김진홍 목사는 인수위 민간자문위원으로, 추부길 목사는 대통령 비서실 정책기획팀장으로, 박영모 목사는 청와대 행정관으로 이명박 정부에 합류했다.

지도에 '사찰'이 없다

이명박의 종교 편향 논란은 임기 내내 계속되었다. 이명박이 취임 초인 2008년 3월, 대선에서 자신을 도왔던 김진홍 목사를 청와대로 불러 예배를 보자 불교계는 예민하게 반응했다. 6월에는 국토해양부, 교육과학기술부, 서울시가 만든 교통정보시스템 지도에 '사찰'만 표기가 누락되어 불교계의 감정을 건드렸다. 7월에는 경찰이 조계사 앞에서 조계종 총무원장 지관 스님의 차량을 수색해 불교계의 감정은 격앙되었다. 불교계는 계속해서 문제가 불거지자 이를 '우연'이나 '우발적'인 것으로 받아들이지 않았다.

급기야 8월 초 미국의 조지 부시 대통령이 방한했을 때, 청와대가 조용기 목사를 초청해 기도했다는 소식이 전해지자 불교계가 폭발했다. 불교계는 8월 27일 정부의 종교 편향을 규탄하는 대규모 '범불교도대회'를 개최해 이명박 정부의 종교 차별 중지를 촉구하고 나섰다.

국토해양부와 교육과학기술부, 서울시가 만든 교통정보시스템에
교회는 표기되었지만 사찰은 누락되어 불교계의 반발을 샀다.
큰 원은 조계종 건물이지만 표기가 누락되어 있다.

불교계는 이명박 대통령의 사과와 재발 방지를 촉구하는 한편 공직자
의 종교 차별을 금지하는 법률 제정을 요구했다.

2010년 3월에는 한나라당 원내대표의 '봉은사 외압설'이 불거져
불교계와의 갈등이 또다시 발생했다. 서울 강남의 봉은사 주지인 명
진 스님이 안상수 원내대표가 조계종 총무원장에게 현 정권에 비판적
인 봉은사 주지를 교체하고 절을 조계종 직영 사찰화하라는 압력을
행사했다고 폭로한 것이다.[17] 이후 치열한 사실 공방이 벌어졌는데,
불교계는 이명박 정부와 한나라당이 불교계를 무시하고 있다고 받아
들였다.

7월에 열린 제42회 국가조찬기도회에서 이명박 대통령 내외가
무릎을 꿇고 통성 기도하는 모습이 언론에 보도되면서 사회적 논란이
일었다. 이른바 '무릎기도 사건'이다. 이 사건에 대해서는 불교계뿐만
아니라 야당까지 나서서 대통령 내외의 처신을 문제 삼았다. 사회자
의 즉석 제안으로 어쩔 수 없이 무릎을 꿇었다고 하지만, 가뜩이나 종

교 편향 문제가 집중적으로 제기되는 상황이었기에 대통령 부부의 처신은 신중하지 못했다는 것이다.

12월 한나라당이 새해 예산안을 강행 처리하면서 템플스테이 예산을 누락시키자 불교계는 또 분노했다. 이에 한나라당 심재철 정책위의장은 "불교계가 저희의 실수와 잘못을 용서해줄 때까지 조용히 기다리겠다"고 말하며 수습에 나섰다.[18] 그러나 불교계는 이를 단순한 실수로 보지 않았다. 과거의 기억 때문이었다. 2년 전 청와대는 일개 교회에 불과한 여의도순복음교회 창립 행사에 대통령 영상 메시지를 보냈지만, '부처님 오신 날' 축하 축전은 누락시켜 논란을 빚었는데, 이때도 단순 실수라고 해명했기 때문이다. 조계종은 전국 사찰에 '이명박 정부와 한나라당 의원의 전국 사찰 출입 거부' 플래카드를 내

종교 차별에 분노한 불교계가 전국 사찰에 걸어놓은
이명박 정부와 한나라당 국회의원의 사찰 출입을 거부하는 플래카드.

걸고, 이들의 출입을 막는 초강경 조치를 취했다.

조계종은 종교 편향 사례가 빈발하자, 2012년 역대 정권의 종교 차별 실태를 조사한 『대한민국 종교 차별 사례집』을 발간했다. 이 자료집은 개신교의 정교분리 위반 사례 270건 가운데 114건(42퍼센트), 종교 자유 침해 사례 67건 중 36건(54퍼센트), 종교 차별 훼불 사례 151건 중 54건(36퍼센트)이 이명박 정부에서 벌어졌다고 밝혔다.

역차별을 주장하며 역공에 나선 개신교

이명박 정부는 임기 내내 종교적 이슈를 달고 다녔다고 해도 과언이 아니다. 불교계의 경계심과 불만이야 그럴 수 있다고 볼 수 있겠지만, 흥미로운 점은 이명박 정부의 종교 편향 문제에 대해 대응을 자제하거나 소극적으로 대응해왔던 개신교계가 역공에 나서기 시작했다는 사실이다. 개신교계가 자신들도 이제는 할 말을 하겠다며 이명박 정부와 불교계를 향해 목소리를 높이기 시작한 것이다.

개신교계는 종교에 지원되는 예산을 문제 삼았다. 이런 문제 제기는 2010년 5월 서울신학대학교 교수 박명수가 정부 예산을 분석한 연구논문을 발표하면서부터 본격화했다. 박명수는 "국가의 전통문화 정책과 관련된 예산의 70퍼센트 이상이 불교계로 몰리고 있다"며, "2009년 3월 전통사찰 보존 및 지원에 관한 법률에 따라 2013년까지 1,294억 원이 투자되었으며 대부분이 정부 예산이었다"고 말했다.[19] 이 가운데는 190억 원이 들어간 국제 템플스테이센터뿐 아니라 대구 팔공산을 중심으로 2018년까지 1조 8,000억 원이 들어가는 불교문화 체험벨트 조성 사업 계획도 들어 있다고 말했다.

개신교계는 불교계가 앞에서는 '종교 편향'을 외치면서도, 뒤로는 역대 정권의 엄청난 지원을 받는 등 실속을 차려왔다고 주장했다. 불교계가 김영삼 정부에서는 '사찰의 종합토지세 면세 조치', 김대중 정부에서는 '불교중앙박물관 건립 지원', 노무현 정부에서는 '템플스테이 사업 지원', 이명박 정부에서는 '불교테마공원조성 사업 지원'을 받는 등 역대 정권에서 상당한 규모의 혜택을 받아왔다는 것이다.

개신교계는 예산 차별 문제를 계속해서 거론했다. 한국기독교지도자협의회 등 교계 5개 단체는 2010년 7월 14~15일 '종교계는 국민 혈세로 종단 운영 행위를 중단하라'는 신문 광고를 내고 "정부가 국민의 혈세를 원칙 없고, 무분별하게 재정 지원함으로써 오히려 종교계를 병들게 하고 있다"며 템플스테이를 대표적인 사업으로 꼽았다.

개신교계의 예산 차별 항의에 정부는 불교계 지원은 종교적 목적이 아닌 전통문화보존 차원이라고 해명했지만, 개신교는 명백한 역차별이라는 주장을 굽히지 않았다. 정부가 개신교는 '종교적' 시각으로 바라보면서 불교는 '전통문화적' 시각으로 접근하는 이중적 잣대를 갖고 있다는 것이다. 이와 관련 한국교회언론회 이억주 목사는 2012년 12월 '종교평화법 제정 반대 포럼'에 참석해 "불교계가 대정부 집회를 한 이듬해인 2009년에는 예산이 전년 대비 39.8퍼센트 상승했다. ……오히려 문화재 정비 예산은 참여정부 때보다 8.6퍼센트가 인상되었다. 그러나 이명박 정부는 조계종에 대한 유화책으로 문화재 보수

개신교 5개 단체는 "종교계는 국민 혈세로 종단 운영 행위를 중단하라"는
신문 광고를 내고 역차별을 주장하고 나섰다.

정비 예산을 급격히 인상시켰다. 문화재 보수 예산의 다른 용도가 있
었다는 것을 추론할 수 있었다"고 말했다.[20]

2013년 정부가 불교계를 지원하기 위해 책정한 예산은 714억 원
이었다. 불교계 지원 예산은 순수한 문화재 보호 예산을 뺀 액수로,
10·27법난 역사교육관(200억 원), 템플스테이(195억 원), 전통사찰 방
제시스템(110억 원), 전통사찰 보수정비(105억 원), 한국근대불교문화기
념관(29억 원), 양주 화엄사지 종합정비(23억 원), 불교기록문화 유산 아
카이브(20억 원), 전통음식 체험관(15억 원), 연등축제 활성화(7억 원), 해
인아트 프로젝트(5억 원), 오대산 자연명상센터 조성(5억 원) 등이 대상
이었다. 반면 개신교를 위해 책정한 예산은 세계교회협의회 총회 준비
20억 원, 세계복음주의연맹 총회 개최 3억 원 등 총 23억 원이었다.[21]

권력의 정점에 선 개신교

　이명박 정부에서 개신교는 흡사 '권력의 정점'에 선 것처럼 보였다. 그럴 만도 했다. 2007년 대선에서 이명박을 당선시킨 일등공신이었을 뿐만 아니라 2008년 이른바 소고기 광우병 사태로 반정부 시위가 최고조에 이른 시점에서 촛불을 든 시민들에 맞서 반대 집회를 열어 '대통령 구하기'에 나서는 등 영향력을 적극적으로 행사하고 있었기 때문이다. 당시 개신교는 '촛불집회 중단호소문'에 9,000명의 개신교 목사 서명을 받아내며 이명박 정부의 든든한 원군 역할을 자처했다.

　정권 창출과 정권 수호 과정에서 발휘된 막강한 영향력을 바탕으로 개신교는 입법 과정과 정치 현안에도 적극적으로 개입하기 시작했다. 2011년 개신교계는 이슬람채권법인 '수쿠크법'의 국회 상정을 앞두고 정권 퇴진 운동까지 언급하는 등 불만을 노골적으로 드러냈다. 여의도순복음교회 조용기 목사는 한 감사예배에서 "정부가 이슬람채권법을 계속 추진할 경우 이명박 대통령의 하야 운동을 벌이겠다"라고 말해 커다란 파문을 일으켰는데,[22] 개신교 대표단은 '낙선 운동'을 전개하겠다는 발언을 내놓기도 했다. 수쿠크법은 이슬람 율법상 이자를 받을 수 없는 오일 머니를 유치하기 위해 각종 세금면제 혜택을 주는 조치를 골자로 하는 법안이다.

　특히 대통령 임기가 중반기를 넘어서는 시점에서 터져나온 조용기 목사의 정권 퇴진 운동 발언은 개신교계의 자신감을 상징적으로

개신교는 2008년 소고기 광우병 촛불 집회에 맞서 반대 집회를 열어 '대통령 구하기'에 나서기도 했다.

보여준 사례로 거론되는데, 흥미로운 것은 조용기 목사의 발언에 대한 비판을 내놓은 사람은 이명박이 아니라 자유선진당 이회창 대표였다. 그는 당직자 회의에서 "조 목사는 기독교계가 지난 대선에서 대통령을 만든 만큼 대통령을 끌어내릴 수도 있다고 생각하는 것이 아닌가"라면서 이렇게 말했다.

"이명박 대통령은 기독교계의 표만으로 당선된 것이 아니다. 나는 이명박 후보와 겨룬 경쟁자였지만 이명박 대통령은 기독교 외 가톨릭, 불교 심지어 무신론자들의 표까지 합쳐져서 당선이 가능했다고 생각한다. 기독교가 당선시켰으니 하야시킬 수 있다고 하는 생각은 참으로 오만방자한 독선이 아닐 수 없다. 가령 이명박 대통령 당선에 기독교가 큰 몫을 했다고 치더라도 일단 당선된 대통령은 대한민국의 대통령이지 기독교계의 대통령이 아니다. 그가 교회의 장로 출신이라고 해서 다를 바 없다. 그런데 어떻게 기독교계의 의견에 따르지 않는다고 하야시키느니, 정권퇴진시키느니 하고 말할 수 있는가. 대형 교회가 대통령을 당선시켰다는 자만심으로 하야 운운의 발언이 나왔다면 이것은 권력화된 교회의 오만한 단면을 보여주는 것이며, 개신교에 대한 국민의 존경과 신뢰에 금이 가게 하는 행동이라고 하지 않을 수 없다." [23]

개신교의 영향력이 급속히 확대되면서 공개적으로 개신교에 SOS를 요청하는 정치인도 등장했다. 오세훈 전 서울시장이 대표적이다. 오세훈은 서울시장직을 걸고 추진한 '무상급식 폐지 주민 투표'가 무산될 위기에 처하자 대형 교회와 개신교 단체, 개신교 행사 등을 찾아다니면서 도움을 요청했다. 그는 2011년 2월 6일 여의도순복음교회 조용기 목사를 찾아가 지지 의사를 이끌어냈으며 한기총과 KNCC를 찾아가 지지를 호소하기도 했다.

세대 교체가 불러온 개신교의 변화

개신교의 정치적 영향력이 커진 가운데, 내부의 권력 구조에도 변화의 물결이 일고 있었다. 그것은 바로 2000년대 초부터 이루어지기 시작한 '성장 1세대' 목사들의 은퇴와 이로 인한 세대 교체였다. '성장 1세대' 목사는 개신교 최대 성장기인 산업화 시기에 교회를 개척해 대형 교회로 성장시킨 목사를 말한다. 이들은 개신교의 권력화를 가능하게 한 장본인이다.

첫 번째는 '카리스마 목회 시대'의 종말이다. 이는 강력한 1인 체제에서 당회를 중심으로 한 이른바 집단지도체제로 변화를 의미한다. 수십·수백 대 일의 경쟁을 통해 외부에서 청빙된 후임 목사가(세습목사도 별반 다르지 않다) 전임 목사와 같은 카리스마를 갖는다는 것 자체가 불가능하기 때문이다. 이 때문에 과거 목사 '개인'에게 집중되었던 교회의 많은 권한이 당회로 옮겨갈 가능성이 높다. 또 후임 목사들에겐 당분간 교회 실정 파악과 교회 내 구성원들과의 관계 설정, 세대 교체 과정에서 발생한 교회 내 상처들을 치유해야 하는 과제가 놓여 있다. 이는 향후 개신교의 정치적 영향력에 상당한 변화를 예고한다. 과거처럼 카리스마를 갖고 교회 자원을 일사분란하게 움직이며 정치적 영향력을 행사하는 것이 불가능한 시대로 접어들었다는 것을 의미하기 때문이다.

두 번째는 세대 교체 과정에서 교회 내 다양한 목소리가 표출되기 시작했다. 그동안 목사의 카리스마에 눌려왔던 소수의 목소리가 제보나 폭로 등의 형태로 전면화되고 있다는 게 직접적인 증거다. 2000년대부터 시작된 공중파 방송의 교회 비리 보도, 교회 세습, 교회 재정 비리, 목사 개인 비리 등은 갑작스럽게 표출된 게 아니라 이 시기가 세대 교체가 막 시작되던 때였다는 점과 무관치 않다. 당시 제보자의 상당수는 내부 고발자였기 때문이다.

세 번째는 한국 개신교의 '성향' 변화를 예고하고 있다. 이는 장기적 관점에서 반공 성향의 퇴조와 친미 성향의 강화로 나타날 가능성이 크다. '성장 1세대'의 중추 세력인 북한 출신 목사들이 대거 은퇴한 반면 그 자리를 미국 유학파 목사들이 메우고 있기 때문이다. 대부분의 대형 교회는 후임 목사 청빙 조건으로 미국 유학과 목회 경험을 제1조건으로 생각하고 있다.

이런 변화는 전반적으로 한국 개신교의 '정치적 영향력 감소'로 이어질 공산이 크다. 후임 목사가 교회 자원을 동원해 대사회적 영향력을 행사한다는 것 자체가 불가능한데다, 당분간 교회 내부 이슈에 집중해야 하기 때문에 외부로 눈을 돌릴 여력이 없기 때문이다. 또 후임 목사는 분출하는 내부의 다양한 목소리를 수렴해 교회를 운영해야 하는 상황에 놓여 있기 때문에 앞으로 개신교는 적지 않은 체질 변화를 겪을 것으로 예상된다.

이승만, 김영삼, 이명박의 공통점

이승만, 김영삼, 이명박 등 개신교 대통령에겐 몇 가지 공통점이 있다. 우선 이들의 교회 직분은 모두 '장로'다. 직분만 장로가 아니라 신앙심도 매우 깊었다는 것도 공통점이다. 이 때문에 재임 기간 개신교 편향 정책에 대한 구설이 끊이질 않았다. 목사로 불리던 이승만은 신앙과 정치를 구분하지 못해 정교일치政敎一致의 나라를 만들었다는 평가를 받았다. 김영삼은 가문 자체가 3대째 신앙을 간직해온 독실한 개신교 이력의 집안이다. 이명박 역시 매일 새벽 4시 어머니의 새벽기도를 듣고 자랐다.

이들은 개신교 'BIG 3' 교단의 출신이라는 공통점도 있다. 개신교의 교단을 교세 순위로 보면 1위는 예장합동 교단, 2위는 예장통합 교단, 3위는 감리교단인데, 이승만은 감리교단, 김영삼은 예장합동 교단, 이명박은 예장통합 교단 출신이다. 한국의 'BIG 3' 교단에서 1명씩 대통령을 배출한 모양새를 갖춘 것으로, 일부러 맞추기도 힘든데 우연의 일치가 아닐 수 없다.

이들이 출석한 교회도 'BIG 3' 교단의 대표라 할 수 있다는 점에서 닮았다. 이승만이 다녔던 정동제일교회는 역사와 전통 면에서 감리교단의 상징적인 교회였다. 김구, 김규식 등 임시정부 인사들의 환영식을 할 만큼 역사적으로도 의미가 있으며, 현재는 교회 건물이 국가문화재(사적 제256호)로 지정되어 있다. 김영삼이 출석했던 충현교회는 서울 강남에 있는데, 교세와 역사 면에서 예장합동 교단을 대표하는 교회였다. 최근 세습을 둘러싼 교회 내부 갈등으로 교세가 현저히 줄어들었지만, 김영삼이 출석할 때만 해도 상당한 교세를 자랑했다. 이명박이 출석한 소망교회는 예장통합 교단을 넘어서 한국 사회를 대표하는 교회로 자리매김했다.

이들 장로 대통령 뒤에는 멘토 목사들이 있었다. 때론 신앙적 조언자로, 때론 정치적 동지로 멘토 목사들은 대통령의 지척에서 알게 모르게 영향력을 행사했다. 이승만에게는 이윤영 목사가 있었다. 이윤영 목사는 이승만과 같은 교단인 감리교 목사로, 제헌국회에서 이승만의 권유로 개회 기도를 하면서 유명해졌다. 이승만과 이윤영 목사는 정치적 동지에 가깝다. 이윤영 목사는 해방 후 조만식 등과 건국

준비위원회에 가담했다가 조선민주당을 창당해 부당수로 활동했다. 이후 평양 인민정치위원회 부위원장에 선출되기도 했으나, 공산주의자들과 마찰을 빚다가 결국 월남했다. 이윤영 목사는 남한에서 조선민주당을 재조직하며 이승만과 관계를 맺는데, 신탁통치 반대 등 줄곧 이승만이 추구한 노선과 함께했다. 이윤영 목사는 이승만에게서 네 차례나 총리 추천을 받았으나 한민당 등 야당의 반대로 총리에 오르지는 못했다.

김영삼에게는 자신이 출석했던 교회의 담임목사인 신성종 목사가 있다. 이 둘의 관계는 그야말로 신앙적 멘토 관계다. 김영삼은 재임 기간 집중적으로 터진 각종 사건사고와 청와대 불상 논란 등으로 구설수에 자주 오르내렸는데, 이때 신앙적 멘토 역할을 했던 사람이 신성종 목사였다. 신성종 목사는 김영삼 대통령 취임식 당일 아침에 가족 예배를 주관하기도 했다. 1993년 2월부터 1995년 7월까지 2년 5개월 동안 청와대 예배를 주관하면서 김영삼의 지근거리에서 신앙적 조언을 해왔다.

이명박에게는 친구 관계에서 정치적 동지 관계로 발전한 김진홍 목사가 있다. 이 둘은 1941년생으로 나이가 동갑이고 고향도 각각 경북 대구와 경북 포항이다. 두 사람은 모두 민주화운동 출신이며, 소속 교단도 예장통합으로 같다. 김진홍 목사는 2007년 대선 기간 뉴라이트전국연합을 결성해 이명박 당선의 일등공신 역할을 했다. 그는 이명박 당선 직후 "뉴라이트 태동기부터 이명박 대통령을 염두에 두고 개혁 보수 세력이 집권하는 데 기여하자는 그림을 그렸다"고 말했다.[24] 그는 대통령직 인수위원회 민간자문위원으로 일했으며, 한때 '총리 기용설'까지 나오기도 했다.

이승만, 김영삼, 이명박에게는 이들을 지지하는 외곽 조직이 있었다. 이승만에게는 KNCC의 전신인 '한국기독교연합회'가, 김영삼에게는 '나라사랑협의회'가 있었으며, 이명박에게는 김진홍 목사가 주도하는 '뉴라이트전국연합'이 있었다.

이승만의 집권기에는 4번의 정·부통령 선거가 있었는데 선거 때마다 한국기독교연합회는 이승만의 당선을 위해 적극적으로 뛰었다. 한국기독교연합회는 1952년 제2대 정·부통령 선거에서 각 도와 군 개별 교회까지 기독교선거대책위원회를 조직하고, 이승만 지지를 호소했다. 1956년 제3대 정·부통령 선거 때부터는 과도한 선거 개입에 대한 자성의 목소리로 인해 공식적인 선거 지원 활동을 하지 않았다. 다만 개신교인들 가운데 일부는 개인적인 차원에서 선거에 개입했다. 1960년 제4대 정·부통령 선거에서는 교계 지도자 초청 간담회를 여는 등 간접적인 방법을 통해 이승만을 적극적으로 도왔다.

김영삼에게는 나라사랑협의회(나사협)가 있었다. 나사협은 김차생 장로에 의해 1987년 결성된 단체로, 전국 170여 곳에 지역본부를 두고 김영삼 지지 운동을 벌였다. 1992년 대선에서는 나라를 위한 기도회 등을 열면서 장로 대통령 만들기에 앞장섰다. 특히 선거를 코앞에 둔 12월 2일에는 1,000명이 넘는 교계 지도자들을 모아 '나라와 교회를 위한 목사 장로 기도회'를 여는 등 김영삼 후보의 당선에 기여했다.

이명박에게는 김진홍 목사의 '뉴라이트전국연합'이 있었다.

2005년 11월 결성된 '뉴라이트전국연합'은 창립 1년 만에 시군 단위의 180여 개 '지역 조직'을 구성했다. 기독교, 교사 연합 등 부문별 조직으로 구성된 뉴라이트전국연합은 2007년 전체 회원만 약 11만 명에 달할 정도로 성장하며, 2007년 대선에서 이명박 당선의 일등공신 역할을 수행했다.

개신교의 이미지 추락과 교세 하락

개신교는 이명박 당선의 일등공신 역할을 하며 정치적 영향력을 크게 키웠지만, 이명박 집권기를 거치면서 여러 형태의 위기상황을 맞는다. 이미지와 신뢰도, 교세의 동반 하락을 경험하게 된 것이다.

개신교의 이미지 추락은 2000년대 초반 공중파 방송의 교회 비리 보도에서부터 시작되었다. 그러나 이는 직접적인 계기였을 뿐 근본적인 이유는 개신교 특유의 공격적 선교 방식이었다. 공격적이고 배타적인 선교 방식은 비개신교인들로 하여금 개신교는 '안하무인 종교', '무례한 종교', '속 좁은 종교'라는 생각을 갖도록 했다. 특히 개신교인들이 지하철 등 공공장소에서 '예수천당, 불신지옥' 식의 일방적 선교를 진행하면서 이미지는 더욱 나빠졌다. 이는 개신교인도 인정하는 대목이다. 예컨대 새누리당 윤리위원장을 지낸 인명진 목사는 "나도 지하철에서 '예수천당, 불신지옥'이라고 외치는 사람을 겪어봤다"면서 이렇게 말했다.

"날 붙잡기에 '내가 목사'라고 했더니 '하나님 똑바로 믿으라'고

개신교의 이미지가 하락한 근본적인 원인은 그들의 공격적인 선교 방식이다. 그래서 개신교는 '안하무인 종교', '무례한 종교', '속 좁은 종교'라는 비난을 받는다.

설교하더라.……이 얼마나 무례하냐. 부산에서 (기독교계가) 집회할 때 '범어사 무너지게 해주십시오, 할렐루야!' 이런 말들이 나왔다. 내가 설교할 때 그랬다. 어느 불교도가 '영락교회 무너지게 해주십시오, 나무아미타불', '소망교회 무너지게 해주십시오, 나무아미타불' 이랬으면 우리가 참았겠느냐고."[25]

이미지 추락과 신뢰도 하락은 개신교의 교세에 영향을 미쳤다. 2005년을 기점으로 개신교 교세가 하락세로 돌아선 것이다. 1995년 876만 명이던 개신교 교세는 2005년 861만 명을 기록해 첫 마이너스 성장을 기록했다. 국내 최대 교단인 예장합동은 2010년 교인이 281만 명으로 정점을 찍은 뒤 2011년과 2012년 2년 연속 하락세를 이어갔다. 교회의 감소 현상도 나타났다. 2009년 1월 발표된 한국의 종교 현황 자료에 따르면, 2002년 6만 785개였던 교회는 2008년 5만 8,612개로 감소했다.

개신교의 이미지 추락과 교세 하락은 '개신교 위기'를 확대재생산했다. 당장 현실화되고 있는 문제로는 '무임 목사 증가'와 '교회의 고령화'를 꼽을 수 있다. 1970년대 이후 대부분의 개신교 교단은 경쟁하듯 교세 성장운동을 벌여왔다. 이에 따라 교단 신학생 수급 계획 역시 공격적으로 잡아 놓았는데, 성장 정체기에 들어선 최근까지도 신학생 정원은 그대로 유지되면서 문제가 발생하고 있다. 교회는 감소하고 있지만 신학생의 숫자는 줄지 않아 무임 목사의 증가로 이어질 가능성이 농후하기 때문이다. 시무할 교회를 찾지 못해 택시나 대리운전, 아르바이트를 찾아 거리를 방황하는 목사를 쉽게 볼 수 있는 시대가 열릴 것이라는 전망이 나오는 이유다.

예컨대 한국기독교목회자협의회 대표회장을 지낸 손인웅 목사는 2008년 한 토론회에 참석해서 "어느 신학교는 졸업생의 13퍼센트만이 교회에 사역지를 구하는 등 과도한 목사 안수가 한국 교회 전체의 70퍼센트에 이르는 미자립 교회를 양산하는 원인이 되고 있다"면서 "신학생 수를 과감하게 줄이는 등 대책을 마련해야 한다"고 촉구했다.[26]

'교회의 고령화'도 심각한 문제로 거론되고 있다. 교세 하락의 상당 부분이 청소년 등 젊은 층이 교회에 등을 돌리면서 나타난 현상이기 때문이다. 교회에서 청소년은 장년부로 흡수될 잠재군으로, 교회의 허리에 해당한다. 하지만 대부분 개신교회에서 초중고는 물론 대학생 청년들을 찾아볼 수 없게 되면서 교회가 '흰머리 교회'로 빠르게 전환되고 있다. 장로회신학대학교 기독교교육학 교수 양금희의 연구에 따르면, 전체 기독교인 대비 아동 수는 1985년 13.7퍼센트에서 1995년 10.7퍼센트, 2005년에는 10.2퍼센트로 계속 감소하고 있는 것으로 나타났다.[27] 개신교의 미래에 먹구름이 끼고 있는 것이다.

제10장

박근혜

가장 종교적인
무교
대통령

천주교, 불교, 개신교를 섭렵하다

박근혜의 종교는 공식적으로는 무교無敎다. 2012년 대선 기간 중에 종교가 없음을 공식적으로 밝혔고, 박근혜 정부 출범 이후에도 특별한 종교 성향을 보이지도 않았다. 박근혜의 종교에 대해 어떤 사람은 천주교, 어떤 사람은 불교, 어떤 사람은 개신교라고 말한다. 어떤 사람은 아예 3개 종교를 합친 기불천基佛天교라고 부르기도 한다.

실제 박근혜의 삶 속에는 여러 종교가 등장한다. 우선 박근혜는 청소년기를 천주교의 영향 아래서 보냈다. 천주교 재단이 운영하는 서울성심여자중학교와 서울성심여자고등학교를 다녔으며, 대학교도 천주교 재단에서 운영하는 서강대학교를 졸업했다. 이 때문에 학창 시절 자연스레 천주교를 접할 수 있었고 '율리아나'라는 세례명까지 있다.

불교 신자의 이미지는 독실한 불교 신자였던 어머니 육영수와 외할머니의 영향을 받으면서 성장했기 때문에 형성되었다. 또 부모를 모두 비운에 보내고 힘든 시기를 거치는 과정에서 불교에 많이 의지했다는 주장도 있다. 박근혜는 두 개의 법명을 갖고 있다. 2000년 조계종 종정 진제 스님에게서 대자행大慈行이라는 법명을 받았으며, 2006년에는 대구 동화사에서 신라의 선덕여왕과 같은 '선덕화善德華'라는 법명을 받았다. 천영식은 이렇게 말했다.

"박근혜의 삶의 방식과 사고는 불교의 영향을 많이 받은 것이 사실이다. 은둔기에 고통을 추스르고 삶의 존재 가치를 재발견하는 데 불교 철학에 많이 의지했다. 필자가 자택을 방문했을 때도 서재에서 금강경 등 여러 권의 불교 서적을 볼 수 있었다. 박근혜 스스로도 불교의 영향을 인정했다. '어머니가 불교 신자셨으니 아무래도 간접적인 영향을 받았죠.' 지금 읽고 있는 『인간 석가』는 많은 생각을 하게 해준다. 역시 불타 같은 분도 이런 고통을 당하는구나 싶어 마음의 위안이 되고, 인간 세상은 사람들에게 어김없이 이런 시련을 주는구나 싶기도 했다."[1]

개신교와의 인연은 어머니를 잃고 방황하던 시기에 최태민 목사를 만나 구국십자군 활동을 하면서 시작되었는데, 이때 개신교 목사들과도 친분 관계를 형성했다. 박근혜는 1977년 5월 29일 AFKN과의 인터뷰에서 자신의 신앙관을 밝혔다. 당시 박근혜는 "어머니께서 돌아가신 후 여러 가지 어려움을 극복하는 데 있어 신앙은 나에게 큰 도움을 주었다. 하나님의 은혜와 나의 노력으로 아버지의 외로운 마음을 어느 정도 위로해 드릴 수 있을 것이라고 믿었고, 우리 가정에 화목한 분위기를 이룩해 가면서 동생들의 허전한 마음을 어느 정도 채워 줄 수 있으리라 믿는다"면서 이렇게 말했다.

"신앙이란 하나님에 대한 우리 인간의 매우 마땅하고 자연스런 행동이며 의무라고 생각합니다. 나는 항상 하나님께 내가 해야 할 일이 무엇인가를 묻고 있으며 또한 하나님의 가호와 가르침에 힘입어 나에 대한 하나님의 바람이 이룩될 수 있도록 기도하고 있지요. 왜냐하면 우리 인간을 지상에 내보내실 때 하나님께서는 우리 각자에게 사명을 주셨다고 믿기 때문입니다. 따라서 신앙은 나에게 있어 인생의 모든 것을 의미하며 내 개인의 소망을 기도하기 전에 내 이웃과 사회, 더 나아가 세계를 위해 기도할 수 있도록 노력해야 한다고 생각해요." [2]

박근혜는 박정희가 죽고 청와대를 나온 지 2년 뒤인 1981년 개신교신학교인 장로회신학대학교 기독교교육학 대학원을 한 학기 다녔다고 한다. [3] 이렇듯 다양한 그의 종교 성향은 힘든 시기를 거치며 생겨난 '생존적 종교관'으로 볼 수 있을 것 같다. 부모를 모두 총탄에 잃고 난 후 마음의 평안을 얻기 위해 '위안을 주는 종교'를 찾아나서면서 형성된 결과물로 볼 수 있다는 말이다.

"나는 아버지의 피 묻은 넥타이와 와이셔츠를 빨면서 터져나오는 오열을 참을 수 없었다. 비서실장이 전해준 옷은 온통 시뻘건 피로 물들어 있었다. 수술한다고 여기저기 찢어놓아 처참하기가 이루 말할

박근혜는 부모를 모두 비운에 보내고 힘든 시기를 거치면서 개신교와 불교에 의지하기도 했다.
1979년 박정희의 국장 모습.

수 없는 옷을 보고 있자니 굵은 눈물 방울이 뚝뚝 떨어졌다. 몇 년 전
어머니의 피 묻은 한복을 빨던 기억이 스쳐 힘없이 바닥에 주저앉았
다. 한 분도 아니고 부모님 모두 총탄에 피를 흘리며 돌아가신 가혹한
이 현실이 원망스러웠다. 핏물이 가시지 않은 아버지의 옷을 빨며 남
들이 평생을 울 만큼의 눈물을 흘렸다. 죽을 만큼 힘든 고통의 시간이
지나고 있었다."[4]

　　박근혜는 자신의 종교를 무교로 밝히고 있지만, 순탄치 않았던
그녀의 인생사에는 항상 종교의 그림자가 따라 다녔다. 박근혜를 '가
장 종교적인 무교 대통령'이라고 말한 이유도 여기에 있다.

소리 높인 '불교', 조용한 '개신교'

2012년 제18대 대선에서는 불교계의 목소리가 높아졌다. 이명박 정권에서 종교 차별을 받았다고 판단한 불교계가 선거에 뛰어들었기 때문이다. 이 시기 불교계의 박근혜에 대한 공개 지지 선언은 줄을 이었다. 30·40대 불교 신자로 구성된 '3040 정각회'가 공개 지지 선언을 한 이후 태고종 보국회, 전국신도회, 대한불교종단진흥회, 대한민국지키기불교도총연합 등이 지지 선언에 동참했다. 특기할 만한 사실은 진보 단체로 알려진 불교인권위원회가 '불교동서화합선언' 형태로 박근혜에 대한 지지 성명을 발표해 한국불교종단협의회의 주의를 받았다는 점이다.

불교계의 활발한 활동에 비해 개신교는 조용했다. 한기총을 제외하면 그다지 조직적인 활동이 없었다. 한기총은 대선 기간 어려움에 처한 박근혜에 큰 도움을 주었다. 초대형 종교 이슈로 발전할 수 있었던 '신천지 관련설'과 '1억짜리 굿 사건' 등을 잠재우는 공을 세웠다. 한기총은 기자회견을 자청해 박근혜와는 관련이 없다고 밝혀 사태를 진정시키는 데 앞장섰다. 한기총의 이런 활동은 홍재철 대표회장과 박근혜의 친분 관계가 크게 작용한 것이었기에 개신교의 조직적인 활동으로 보기는 어렵다.

개신교는 조직적으로 대선에 뛰어들지 않았지만, 박근혜 캠프 내 개신교인들의 활동은 두드러졌다. 중앙선거대책위원회 위원장과 부위원장, 대변인 등 주요 직책에 개신교인이 중용되었기 때문이다. 중앙선거대책위원장을 맡은 김성주 성주그룹 회장과 황우여 새누리당 전 대표는 각기 사랑의교회 집사와 충무교회 장로로 독실한 개신교인 이다.

중앙선거대책위원회 부위원장으로 활동한 이혜훈 의원과 이병 석 의원은 각각 사랑의교회 집사와 새누리당 기독인회 회장을 맡고 있었다. 중앙선거대책위원회 대변인을 맡은 박선규 의원도 서울 신길 동의 동천교회 집사로, 교회의 성가대장과 청와대 기독신우회 회장을 맡아 활동한 이력이 있었다. 또 박근혜 후보와 막역한 사이였던 이상 춘 보좌관도 서울 동안교회 집사였으며, 목사 신분으로는 김규옥 목 사가 국민대통합위원회에서 활동했다.

'인수위원장'은 모두 개신교인이다?

대통령 선거가 끝나면 여론의 관심은 '대통령직 인수위원회'로 쏠리기 마련이다. 새 정부의 밑그림을 그리는 막중한 임무를 맡기 때 문에 대통령의 의중이 가장 많이 반영되는 자리이기 때문이다. 역대 인수위원장은 인수위 임기를 마치고 새 정부에서 중책을 맡는 경우가 많았다. 이명박에 비해 개신교의 지원을 전폭적으로 이끌어내지는 못 했지만, 박근혜 정부 역시 개신교인을 중용했다. 대통령직인수위원장 으로 활동한 김용준이 대표적인 인물이었다. 김용준은 아내의 권유로 마흔이 다 돼서 교회에 출석한 늦깎이 개신교인이지만, 독실한 개신 교인으로 알려진 인물이다. 그는 『성경』을 세 번이나 통독한 것으로 알려졌다.

1987년 대통령 직선제가 도입되고, 본격적인 대통령직인수위원회가 가동된 제14대 때부터 제18대까지 인수위원장은 정원식(김영삼 정부) – 이종찬(김대중 정부) – 임채정(노무현 정부) – 이경숙(이명박 정부) – 김용준(박근혜 정부)이 맡았는데, 이들은 모두 독실한 개신교인이었다.

김영삼 정부에서 인수위원장을 맡은 정원식은 서울 노량진 대성교회(현 평강제일교회) 장로로, 담임목사인 박윤식 목사와는 나이 · 학교 · 고향까지 같아 친구처럼 지냈다. 정원식은 국무총리가 된 이후 교회 출석이 어렵게 되자 총리공관으로 부목사를 초청해 예배를 드렸으며, 그의 부인 역시 교회 여선교회 회장을 10년이나 맡아온 독실한 신자였다. 정원식은 강원룡 목사와 박윤식 목사를 자신의 멘토 목사로 꼽았다.[5]

김대중 정부의 인수위원장이었던 이종찬도 개신교 집안에서 자랐다. 역사적으로 이종찬의 집안과 감리교의 상동교회는 인연이 깊다. 이종찬의 할아버지인 이회영은 동생인 이시영(대한민국 초대 부통령, 이종찬의 작은 할아버지)과 함께 신민회와 신흥무관학교를 조직하는 등 독립운동을 벌여왔는데, 이 활동의 근거지가 바로 상동교회였다. 이회영은 상동청년학원 학감을 맡기도 했으며, 결혼식도 상동교회에서 올리는 등 집안 자체가 개신교 집안이었다. 이종찬은 "우리 가문은 일제강점기에 국민계몽교육의 메카였으며, 독립운동의 발상지였던 상동교회와 끈끈한 인연을 가졌던 것을 가문의 영광으로 자랑스럽게

생각한다"고 말했다.[6]

노무현 정부에서 인수위원장을 맡았던 임채정 역시 서울 노원구에 있는 성덕중앙교회 집사다. 임채정의 개신교 관련 이력은 잘 알려져 있지 않지만, 성덕중앙교회의 홈페이지 교회 연혁에 "임채정 집사가 14대 국회의원에 당선되다"(2004년 4월), "임채정 집사가 제17대 후반기 국회의장으로 취임하다"(2006년 6월), "유소년부 학생들이 임채정 집사(국회의장)의 초청으로 국회의사당을 견학 방문하다"(2007년 1월) 등의 내용이 있는 것으로 미루어보아, 교적만 올려놓은 게 아니라 실제 신앙 활동을 한 것으로 보인다.

이명박 정부의 인수위원장으로 활동한 이경숙은 소망교회 권사다. 이명박과 이경숙은 소망교회에서 20년 이상 교우 관계를 유지해 이명박 정부 때 형성된 '소망교회 인맥'의 대표적 인물로 꼽힌다.

박근혜 정부 역시 이명박 정부와 마찬가지로 개신교인을 중용하면서 이른바 '교회 인맥'이 또다시 부상했다. 박근혜 정부에서는 '사랑의교회 인맥'이 주목받았다. 이 때문에 항간에는 소망교회 '지고', 사랑의교회 '뜨고'라는 말이 회자되기도 했다.

사랑의교회는 1990년대 이후 급속히 성장한 후발 대형 교회를 대표하는 교회로, 신도가 5만여 명에 달하는 것으로 알려졌다. '사랑의교회 인맥'의 대표주자는 박근혜 캠프에서 선거를 총괄한 김성주 중앙선거대책위원회 위원장과 이혜훈 부위원장이었다. 성공한 여성 실업가인 김성주 성주그룹 회장은 연세대학교 신학과를 졸업하고 사랑의교회 집사로 교회 활동에 열심이었다. 사랑의교회의 한 인사는

박근혜 정부에서는 교회 인맥이 다시 부상했는데, 항간에는 소망교회 '지고',
사랑의교회 '뜨고' 라는 말이 회자되었다. 2014년 9월 완공된 서울 서초동 사랑의교회.

"김성주 회장은 사석에서 오정현 사랑의교회 담임목사를 편한 호칭
으로 부를 정도로 가까운 사이"라고 증언했다.[7] 박근혜와 오랜 기간
함께해온 이혜훈 역시 독실한 개신교인이다. 4대째 개신교 집안에서
태어난 이혜훈은 사랑의교회 신축 부지 허가 당시 해당 지역구 국회
의원을 지내 교회 건축에 앞장섰다는 논란에 휩싸이기도 했다.[8]

　　허태열 비서실장과 주철기 외교안보수석도 사랑의교회 출신이
다. 허태열과 주철기는 각기 사랑의교회 집사와 사역 장로로 활동해
왔으며, 부인 역시 사랑의교회에서 권사로 활동 중이다. 또 장관급인
금융위원회 위원장에 임명된 신제윤도 2004년부터 사랑의교회에 출
석해 사랑의교회 인맥으로 분류된다.

　　'소망교회'에 이어 '사랑의교회' 신자가 정부 요직을 차지하는
현상이 발생하면서 개별 교회 인맥의 정부 참여는 대형 교회의 위상

을 다시 한 번 확인시킨 계기가 되었다.

무교인 박근혜의 개신교인 중용

박근혜는 특별한 종교를 갖지 않은 대통령이었지만, 인사를 둘러싼 '종교 편향'에서 자유롭지 못했다. 박근혜 정부에서도 개신교인이 중용되는 현상이 일어났기 때문이다. 청와대 수석비서관 12명 중에서 개신교인은 8명에 달했지만, 불교와 천주교는 1명도 없었다. 청와대의 3실장(허태열 비서실장, 김장수 국가안보실장, 박흥렬 경호실장)을 비롯해 정무수석(이정현), 홍보수석(이남기), 교육문화수석(모철민), 고용복지수석(최성재), 외교안보수석(주철기) 등이 모두 개신교인이었다. 특히 허태열 비서실장과 주철기 외교안보수석은 사랑의교회 출신이기도 했다.

초대 내각 인선도 개신교가 타종교에 비해 많았다. 18명 가운데 종교가 파악된 사람은 모두 9명으로, 개신교 4명, 불교 3명, 천주교 2명이었다. 정홍원 국무총리를 비롯해 황교안 법무부 장관, 진영 보건복지부 장관, 서승환 국토해양부 장관이 개신교인이었다. 서남수 교육부 장관, 김병관 국방부 장관, 조윤선 여성가족부 장관은 불교 신자였고, 유정복 안전행정부 장관, 유진룡 문화체육관광부 장관이 천주교 신자였다.

개신교인이 중용되면서 일각에서는 '개신교 대세 현상'이 회자되기도 했다. 어떤 사람을 임명하든 개신교인이 다수 선정되는 현상이 발생하고 있다는 지적이었다. 이 가운데 특히 주목을 받은 개신교인 국무위원은 정홍원 국무총리와 황교안 법무부 장관이었다. 정홍원은 경기도 분당에 있는 할렐루야교회 안수 집사로, 기독교대한감리회의 유지재단 변호사와 기독교계 로펌인 법무법인 로고스에서 활동해왔다. 주일에는 차량 봉사 등을 하며 하루 종일 교회에서 지내는 것으로 알려졌다.

황교안 법무부 장관은 실제 개신교 '전도사'다. 사법연수원 시절 야간 신학대학을 나와 서울 목동 성일침례교회의 '전도사'로 활동했다. 그는 검찰의 개신교 신자 모임인 '검찰 신우회'를 주도하고, 2012년에는 개신교 입장에서 법을 설명하는 『교회가 알아야 할 법 이야기』를 출간하기도 했는데, 이를 근거로 불교계는 대표적인 종교 편향 인사로 그를 지목했다.

박근혜 정부의 인선을 바라보는 불교계의 시각은 엇갈렸다. 『법보신문』은 2013년 2월 13일 "기독교 국무총리와 기독교 법무부 장관에 앞서 임명된 김신 대법관까지 종교적 행보에 대한 우려가 크다"며 "지난 MB정부 5년간 공직자들의 종교 편향 행보로 온 사회가 몸살을 앓았던 만큼 주요 공직자의 경우 공적 차원의 종교 활동에 대해서는 신중한 검토가 필요하다"고 우려했다.[9] 반면 『불교닷컴』은 박근혜 정부의 인사가 "지나치게 특정 종교로 기울었다는 분석도 타당하다"면서도 "무종교인 박근혜 당선인의 성향 등을 고려할 때 인위적으로 기독교계 인사를 중용했다고 몰아가기에는 무리가 있는 것으로 보인다"고 했다.[10]

이런 논란이 벌어지고 있는 와중에 무교인 유민봉 국정기획수석이 청불회 회장을 맡는 해프닝이 벌어지기도 했다. 수석비서관 가운데 불교 신자가 1명도 없어 발생한 일이었다. 이와 관련 청와대 관계자는 "역대로 수석비서관이 청불회장을 맡았는데 수석비서관급 중 불자가 없다고 해서 행정관이나 일반 비서관을 그 자리에 앉힐 수는 없는 노릇 아니냐"며 "유 수석은 무교라고는 하지만 그래도 불교와 가까운 편"이라고 해명했다.[11]

종교인 과세에 반발하는 개신교

2000년대 들어 개신교는 국회 입법 과정에 막강한 영향력을 행사했다. 개신교가 저지한 법률도 적지 않은데, '사립학교법'(2006), '이슬람채권법'(2011), '차별금지법'(2013) 등이 대표적인 사례다. 그래서 오래전부터 법안 상정이 추진되었지만 개신교의 눈치를 보느라 외면당하고 있는 법률도 있었다. '종교법인법'과 '종교평화법'이 그런 경우다.

'종교법인법'은 미국과 일본에서 이미 1908년과 1952년부터 실시하고 있는 법률로 한국에서도 오래전부터 법률 제정 움직임이 있어 왔다. 2008년부터는 종교법인법제정추진시민연대(종추련)라는 시민단체가 법안 제정을 위한 서명 운동과 세미나 등을 벌여왔지만, 여전히 국회에 상정되지 못하고 있다.

'종교평화법'은 이명박 정부 시절 차별을 경험한 불교계가 2007년 대선을 겨냥해 제기한 법률이지만 국회의원들의 반응은 싸늘했다. 불교계는 각종 여론조사 결과를 바탕으로 종교 간 평화를 규정하는 법률 제정의 필요성을 역설하며 종교평화법을 제안했다. 개신교는 종교평화법이 종교 간 갈등을 일으킬 수 있고, 선교의 자유를 억압할 수 있다며 반대하고 있다.

박근혜 정부는 집권 기간 풀어야 할 숙제가 있다. '종교인 과세'와 '차별금지법'이다. 과거 정권에서 결정을 미루어왔거나 박근혜 정부 들어 이슈화할 조짐을 보이고 있는 문제들이다.

먼저 종교인 과세 논란이다. 사실 종교인 과세 논란은 역사가 깊은 이슈다. 과세는 하지 않았고 단순한 언명 차원에 그쳤지만 1968년 7월 국세청장은 목사와 신부 등 성직자에게도 갑종근로소득세를 부과하겠다고 밝혀 논란의 불씨를 당겼다. 1987년 기독교윤리실천운동(기윤실)이 개신교 최초로 '목회자 납세'를 주장하고 나서면서 찬반 논쟁이 본격적으로 시작되었으며, 찬성하는 쪽에서는 자발적으로 세금을 납부하기 시작했다.

1992년에는 한명수 목사가 『월간목회』에 "성직자의 납세 행위는 이중과세"라는 주장의 글을 싣자, 손봉호 교수가 "목회자가 납세의 의무를 다하지 않음으로써 다른 이들의 재정적 부담을 크게 하는 것은 잘못"이라고 반박했다. 이 종교인 과세 논란은 1월호부터 7월호까지 모두 7차례 진행되었고, 목회자들 사이에서 세금 납부에 대한 논쟁을 가열시켰다.[12]

정부 차원에서 종교인 과세를 공론화한 것은 노무현 정부 시절이

노무현 정부 시절부터 종교인 과세가 공론화되었지만, 대형 교회들은 종교인 과세에 대해 강력하게 항의했다. 2007년 대선 당시 민주노동당 당원들이 여의도순복음교회 앞에서 종교인 과세를 촉구하고 나섰다.

다. 2006년 국세청은 재정경제부에 종교인 과세 가능성을 묻는 질의 서를 보내 종교인 과세를 공론화하기 시작했다. 이명박 정부 시절인 2012년 8월 박재완 기획재정부 장관은 세법개정안을 발표하면서 "현 행법상 종교인을 불문하고 소득이 있는 곳에 납세 의무가 따른다"고 밝혔다. 박재완은 시행령 입법 예고 카드까지 꺼냈는데, 이는 종교계 의 반발로 슬그머니 사라졌다.[13]

　　2013년 8월 8일 기획재정부는 2013년 세법개정안을 발표하면서 2015년 1월 1일부터 종교인 전면 과세를 실시하겠다고 밝혀 종교인 과세는 박근혜 정부에서 종교계 최대 이슈로 부상할 것임을 예고했 다. 이 발표는 지난 40여 년간 지속되어온 종교인 과세 논란에 종지부 를 찍는 일대 사건으로 받아들여졌기 때문이다. 하지만 정부 뜻대로 될 것인지는 미지수다. 지난 역사가 말해주듯이 종교인 과세는 역대 정권에서도 논쟁거리였지만, 종교계의 반발로 인해 어떤 정권도 시행하지 못한 정책이었기 때문이다.

박근혜 정부가 시한까지 정해 종교인 과세를 시행하겠다고 발표하자 개신교를 비롯한 종교계는 크게 반발했다. 종교계는 성직 활동을 일반 근로 활동과 동일시하는 것은 문제가 있으며, 원천 과세한 헌금에 세금을 무는 것은 '이중과세'라고 주장하며 반발의 강도를 높였다. 이미 개신교의 한국장로교총연합회는 정부 방침에 대해 '수용불가' 입장을 밝혔으며 개신교의 각 교단도 이에 대한 입장을 모으고 있다. 그간 종교인 과세에 대해 반대 입장을 보여온 한기총 등 보수 개신교가 결집할 경우, 종교인 과세는 대형 종교 이슈로 발전할 가능성이 크다.

차별금지법 제정에 반대하는 개신교

차별금지법은 UN 인권이사회 등 국제사회가 제정을 권고해온 인권 법률로, 성별·나이·장애·종교·사상·성적 지향 등을 이유로 차별을 해서는 안 된다는 내용을 담고 있다. 국내에서는 민주당이 2013년 4월 10일 입법 예고하고 여야 합의로 국회 법제사법위원회 상정을 눈앞에 두고 있었다.

차별금지법은 지난 2007년과 2010년 두 차례 입법이 추진되었지만 무산되었다. 차별금지법 제정에 제동을 걸고 나선 곳은 보수 개신교다. 보수 개신교가 문제 삼은 조항은 종교, 사상, 성적 지향의 차별금지 조항이다. 개신교는 이 법이 통과되면 타종교나 이단을 비판하거나(종교의 차별 금지) 종북 세력을 비판할 수 없고(사상의 차별 금지), 교회에서 동성애를 죄라고 가르칠 수도 없다(성적 지향의 차별 금지)며 반대했다.

한기총, 한국교회언론회, 기독교사회책임 등 보수 개신교 단체는 차별금지법을 아예 '동성애법'으로 규정하고 조직적인 반대 운동을 벌였다. 이들은 홈페이지 등을 통해 '의원실에 항의 전화하기', '입법예고 누리집에 글 올리기' 등을 독려했다. 국회의 입법예고 의견 게시판에는 10만여 건이 넘는 댓글이 달렸고, 법무부 자유게시판에도 11만여 건의 입법 반대 의견이 제출되기도 했다.

의원실에는 항의 이메일과 항의 전화가 빗발쳤으며 법안을 발의한 의원을 호출하는 경우도 있었다. 인천광역시기독교총연합회는 차별금지법에 대해 발의·서명한 해당 지역구 의원을 직접 불러 "법안 내용을 바꾸든지, 철회하든지 이에 대한 답변서를 작성해오라"고 요구하기도 했다.[14] 2013년 4월 한기총 등은 차별금지법 '공동발의 의원들에 대한 낙선운동'까지 언급하며 압박의 수위를 높였다. 예컨대 홍재철 한기총 대표회장은 차별금지법을 발의한 민주통합당과 통합진보당에 "낙선운동 내지는 정당 해체까지 주장할 예정"이라고 경고했다.[15] 한 의원 보좌관은 "법제사법위원회 소속 새누리당 의원들까지 덩달아 곤욕을 치렀다. 공동 발의에 참여한 모 의원은 지역구 교회로 불려갈 정도였다"고 말했다.[16]

민주통합당의 한 관계자는 "민주당 당 대표가 유력시 된다는 의

한기총 등 보수 개신교 단체들은 차별금지법을 동성애법으로 규정하고 조직적인 반대 운동을 벌이는 한편 낙선운동과 당 해체를 주장하고 나섰다. 2013년 4월 국회 앞에서 시민단체 회원들이 차별금지법 반대 시위를 하고 있다.

원이 낸 법안임에도 보수 기독교 단체에 흔들리고 있다"며 씁쓸함을 감추지 못했고,[17] 한기총 등의 조직적인 반발에 법안을 발의한 민주통합당은 굴복했다. 4월 17일 법안 철회 의사를 공식적으로 밝힌 것이다. 민주통합당 기독신우회 회장인 김진표 의원은 4월 19일 보수교계 단체장들에게 문자 메시지를 보내 "민주당은 동성애·동성혼의 법제화에 반대하는 기독교계의 주장에 깊이 공감하고 있다. 동성애·동성혼을 허용하는 법률은 제정하지 않도록 노력하겠다"고 말했다.[18]

민주통합당은 차별금지법 제정은 UN 등 국제사회의 요구인 만큼 정부가 나설 수밖에 없다며 정부가 나서는 시점에 이 문제를 다시 공론화하겠다고 했다. 차별금지법 제정을 둘러싼 논쟁은 제2라운드를 남겨놓고 있는 셈이지만, 보수 개신교의 반발이 워낙 거센 상황이라 제정 여부는 미지수다.

기독신우회, 청불회, 청가회

청와대에는 국회와 마찬가지로 각 종교별 모임이 있다. 처음에는 청와대 직원들끼리의 '직장 신우회' 성격이 짙었으나, 청와대가 갖는 무게감 때문에 각 종교와의 소통창구 역할도 수행해왔다. 청와대 내 개신교 모임으로는 '기독신우회', 불교 모임에는 '청불회', 천주교 모임으로는 '청가회'가 있다.

가장 먼저 생긴 것은 개신교의 '기독신우회'다. 1992년 청와대 경호 처장인 주대준 장로(여의도순복음교회)에 의해 청와대에 근무하는 비서관과 경호관 300여 명으로 출발했다. 출범 당시는 '기독교선교회'였으나 2008년 '기독신우회'로 명칭을 바꾸고, 매월 1회 정기예배와 매일 오전 대통령과 국가를 위한 합심기도회 등을 갖는다.

불교 모임인 '청불회'는 1996년에 조직되었다. 청불회의 탄생에는 청와대의 '불심 달래기'가 적지 않게 작용했다. 김영삼의 불교 홀대 논란에 이어 '청와대 불상을 없앴다'는 루머까지 나돌아 불교계의 분위기가 심상치 않자 조직한 것이다. 청불회는 한 달에 한 번 법회를 열고 있으며, 석가탄신일에는 전국 사찰을 방문해 불교계 인사와 교류를 한다. 100여 명의 청와대 직원이 참여하고 있는 것으로 알려졌다.

천주교 모임인 '청가회'는 2010년에 출범했는데, 천주교와의 관

계 개선이라는 정치적 목적이 작용했다. 이명박 정부에서 추진한 '4대
강 사업'에 대해 천주교 주교회의가 공식 반대 입장을 천명하는 등 갈
등을 겪자 천주교와의 소통 강화 차원에서 만들어졌기 때문이다. 당
시 김백준 총무비서관을 중심으로 70여 명의 청와대 직원이 참가한
가운데 조직되었다.

　　이런 배경이 시사하듯이 청와대 종교 모임은 각 종교와의 소통창
구 역할을 톡톡히 해왔다. 김영삼과 이명박 등 개신교 대통령이 불교
편향 논란에 휩싸였을 때는 청불회가 나서 메신저 역할을 했는데, 이
때문에 "청불회가 불교계의 로비 창구로 이용된다"는 말까지 나올 정
도였다.[19]

　　청불회는 정권 실세가 많이 거친 곳으로 유명하다. 박세일 사회
복지수석(김영삼), 박준영 공보수석(김대중), 김병준·변양균 정책실장
(노무현), 박재완 국정기획수석(이명박) 등 역대 정권에서 실세로 통하
던 수석이 청불회장을 맡아왔다. 특히 청불회는 김병준·변양균 등
정책실장이 청불회장을 맡았던 노무현 집권기에 최고의 전성기를 누
렸는데, 이 시기에 템플스테이 지원 등 불교계에 대한 지원 사업이 활
기를 띠었던 것도 이 때문이다. 청와대의 한 관계자는 "종교계에서 드
러내놓고 말은 안 하지만 내심으로는 누가 신도 모임 회장을 맡느냐
에 따라 종교의 위상과 관련짓는 경향이 있어 민감하게 반응한다"고
말했다.[20]

　　종교 모임 결성 시기를 보면 불교 성향이 강했던 노태우 집권기
에는 개신교 모임인 '기독신우회'가, 개신교 성향이 강했던 김영삼과

이명박 집권기는 불교 모임인 '청불회'와 천주교 모임인 '청가회'가 조직되었다. 일반적으로 대통령의 종교 성향이 강하면 청와대 분위기도 이를 따라가기 마련인데, 이와 반대되는 현상을 보인 것이다.

군종제도의 변천사

군종제도는 개신교 성장의 중요한 발판이자 대표적인 특혜 정책 중 하나다. 군종제도는 개신교가 국가 기관 내에서 신자를 확보할 수 있는 중요한 제도적 통로가 되었다. 징병제 사회하에 이러한 통로를 갖게 된다는 것은 엄청난 특혜다. 실제 군종제도는 1951년 창설 당시 국군 내 개신교인 비율은 5퍼센트 정도였으나 5년 만인 1956년에는 15퍼센트로 3배 가까이 성장했다. 2011년 한국기독교군선교연합회는 "지난 20년간 해마다 20만 명에 가까운 장병에게 세례를 주었고, 현재까지 350만 명이 세례를 받았다"고 밝혔다.

이 제도는 시행 이후 18년간을 개신교가 독점해왔다. 이에 따라 개신교는 군내 강력한 인맥을 형성할 수 있었다. 1956년에 한국기독장교회, 1960년 한국기독장교회 공군연합회, 1963년 한국기독장교회 육군연합회 등이 만들어졌고, 이어 해군, 해병, 주월한국군사령부 내에 개신교 관련 연합회가 속속 발족했다. 1966년에는 국방부 장관을 비롯해서 육군, 해군, 공군 참모총장, 해병대사령관, 주월한국군사령관이 모두 개신교인이었다.

이는 개신교가 군사정권 시절을 버틴 힘이 되었을 뿐만 아니라 성장의 발판이 되기도 했다. 이승만 정권 말기 반개신교 정서가 팽배했고, 이어 등장한 5·16쿠데타 세력 내에 불교 신자가 많았기 때문에 개신교 탄압은 예견되었다. 하지만 실제 그런 일을 일어나지 않았다. 군종제도 실시 이후 5·16쿠데타가 일어나기까지 10년간 개신교는 군내 광범위한 인적 네트워크를 형성하고 있었기 때문이다. 군종제도가 5·16쿠데타를 예상하고 만들어진 것은 아니지만 결과적으로 탄압의 예봉을 피할 수 있었던 '의도되지 않은 포석'이 된 셈이다.

군종제도는 개신교 대통령인 이승만에 의해 만들어졌지만, 정작이를 활성화시킨 사람은 박정희였다. 박정희는 '신앙 전력화' 차원에서 '전군 신자화 운동'을 벌일 것을 주문하며, 자신이 직접 쓴 '신앙 전력화'란 휘호를 전군에 내려 보내기도 했다. '전군 신자화 운동'은 개신교에 특정된 의미는 아니었지만, 이미 군종제도를 선점해온 개신교가 가장 많은 혜택을 받은 것은 당연했다. 이에 따라 개신교 선교가 군대 내 공식운동으로 지위를 갖게 되었다.

한신대학교 교수 강인철은 "군종제도가 처음 도입된 것은 이승만 정권 시기였지만 개신교에 긍정적인 영향을 미친 것은 박정희 시대였다"며 "이미 10년 동안 군대가 밑바닥으로부터 그리스도교화되고 있었던 상황에서, 군부 엘리트들이 쿠데타를 계기로 파워엘리트 그룹의 최상층을 점령하게 되었을 때, 개신교는 그 수혜자가 되기 쉬운 조건에 놓여 있었던 것이다"고 강조했다.[21]

군종제도가 타종교에 개방된 것은 1969년부터였다. 이 시기 불교가 군종제도에 참여함으로써 비로소 3대 종교의 모양새를 갖추었다. 이후 군종제도의 방향은 타종교와의 형평성을 맞추는 데 초점이 맞춰졌다. 김영삼 집권기에는 기존 4대 1 비율이던 군목 대 군승의 비율을 2대 1로 조정했고, 김대중 집권기인 2002년에는 군종장교 인사법을 개정해 소수 종교도 군종장교를 낼 수 있는 법적 근거를 마련했다. 노무현 집권기인 2007년에는 소수 종교인 원불교도 군종 장교를 낼 수 있었다. 이명박 정부 들어서는 가정과 학교에서 이루어지는 인성교육의 부족한 점을 군대 내 종교교육으로 보완한다는 내용의 21세기형 군종제도를 위한 시스템 업그레이드를 목표로 삼았다.

박근혜 정부 들어서는 금녀의 벽이었던 군종 병과에 여성의 참여가 가능해졌다. 첫 여성통수권자 시대를 맞아 여군의 활용도를 높이기 위해 그동안 금녀의 벽이었던 병과의 개방을 추진했다. 이에 따라 2014년부터 여성 군종장교 1명(불교)이 배정되었으며, 이를 시작으로 앞으로 5년간 총 14명의 여성을 군종 병과에 배치할 예정이다.[22]

교회의 파산 공포와 세습 논란

2010년대 들어 교회의 파산을 우려하는 목소리들이 나오고 있다. 교인의 감소와 장기간의 경기 침체 때문에 교회의 은행 연체율이 급증하고 있기 때문이다. 2013년 민주통합당 김영주 의원이 금융감독원에서 제출받은 교회 대출 현황에 따르면 교회가 은행 등 18개 금융회사에서 빌린 돈은 3,659건에 4조 5,107억 원인 것으로 나타났다. 문제는 교회 대출 연체율이 증가 추세에 있다는 점이다. 2013년 6월 말 현재 교회 대출 연체율은 0.97퍼센트로, 이는 2012년 0.43퍼센트 보다 2배 이상 증가한 것이다. 특히 교회 대출의 3분의 1을 차지하는 수협은행의 연체율은 2.16퍼센트로, 2012년 말의 0.24퍼센트에 비해 9배나 높은 것으로 조사되었다.[23]

개신교의 금융권 대출의 상당 부분은 교회 건축이나 증축 등에 쓰인다. 사랑의교회와 온누리교회는 교회 건축을 위해 각각 600억 원과 400억 원의 은행 대출을 받았다. 100억 원대 이상의 대출을 받은 곳도 새문안교회(208억 원), 지구촌교회(188억 원), 주안장로교회(130억 원), 인천숭의교회(107억 원) 등 상당수에 달한다.[24] 연 3퍼센트 최저 금리로 따져도 사랑의교회는 한 달에 1억 5,000만 원, 온누리교회는 1억 원의 이자 비용을 감당해야 하는 상황인 것이다. 수입의 거의 전부가 헌금에 의해 충당되는 교회 특성상 교인 감소는 곧 교회의 도산으로 이어질 가능성이 크다. 경매 시장에 교회 매물이 꾸준히 늘고 있는 것도 이런 우려를 뒷받침한다. 2013년 7월에는 경기도 분당에 있는 충성교회가 종교 시설 가운데 역대 최고 감정가액인 523억 원에 매물로 나와 관심을 끌기도 했다.[25]

교회 세습을 둘러싼 논란도 개신교의 이미지와 신뢰도를 추락시키는 요인 가운데 하나다. 한기총의 전현직 대표회장들이 줄줄이 교회를 세습하며 구설수에 올랐기 때문이다. 예컨대 세 차례나 한기총 대표회장을 지낸 왕성교회 길자연 목사는 2011년 아들에게 교회를 물려주었으며, 2013년에는 2007년 한기총 대표회장을 지낸 성남성결교회 이용규 목사가 교회를 아들에게 물려주었다. 2013년에는 현

개신교가 받은 대출금은 주로 교회 건축이나 증축 등에 쓰이는데,
교인의 감소와 연체율이 급증해 파산하는 교회들이 생겨나고 있다.
2013년 7월 523억 원에 매물로 나온 경기도 충성교회.

직 한기총 대표회장 홍재철 목사(경서교회)마저 사실상의 세습 절차를
마친 것으로 알려지면서 한기총마저 곤혹스러워할 정도였다.[26]

교회 세습에 대한 비난 여론이 일고 있지만, 이런 일이 계속되는
이유는 어디에 있는 것일까? 개신교계에는 불문율이 있는데, "담임목
사는 아무리 잘못해도 교회에서 쫓겨나는 법이 없다. 다만 교회가 둘
로 갈라질 뿐이다"는 것이다. 잘못을 저지르면 개인이 단체에서 떠나
는 게 순리지만 개신교회는 그렇지 않다. 담임목사가 개인 비리 등으
로 사회적으로 문제가 되어도 목사 개인이 사임하는 경우는 극히 드
물다. 대신 교회가 둘로 갈라지는 경우가 훨씬 많다는 것이다.

이런 불문율은 오랜 세월 공고하게 다져진 교회 내부의 이권 관
계 때문에 생겨났다. 오래된 교회일수록 담임목사를 중심으로 하는

교회 내 기득권 세력의 힘은 공고하다. 대개 이런 기득권 세력은 담임목사의 신변 이상을 자신들이 누려온 기득권 포기로 이해하기 때문에 담임목사에게 문제가 생기면 대부분 문제를 덮으려는 경향이 강하다. 이 때문에 담임목사의 허물을 덮으려는 기득권 세력과 문제를 제기하는 쪽이 충돌했을 때 심한 경우에는 교회가 둘로 갈라지는 상황이 발생한다.

교회 세습도 마찬가지다. 교회 세습은 담임목사 '개인의 윤리'에서 비롯되었지만, 이를 떠받치고 있는 것은 교회 내 기득권 세력이다. 교회 내 기득권 세력으로서는 담임목사의 아들이 후임 목사가 되는 것이 기득권 유지에 유리하기 때문이다. 담임목사와 교회 내 기득권 세력의 이해관계가 맞물리면서 외부의 공격에도 흔들리지 않는 방어막을 형성하고 있는 것이다. 즉, 교회 세습은 담임목사의 '개인적인 욕망'과 교회 내 기득권 세력의 '이해관계'가 맞아떨어진 결과물인 셈이다.

종교의
미래를 위해

이 책을 집필하는 동안 또 한 번의 대통령 선거가 지나갔다. 제18대 대선에서 내가 관심을 가졌던 것은 이번에도 개신교의 영향력이 계속될까 하는 문제였다. 주지하다시피 과거와 같은 개신교의 정치 개입은 불가능하다는 것이 내 생각이었고, 이는 대선 과정에서 어느 정도 사실로 입증되었다. 아니 여력이 없었다는 게 더 옳은 표현일 것이다. 2000년부터 10여 년간 집중적으로 진행된 개신교의 세대 교체는 이렇게 교회의 권력 구조를 흔들어 놓았던 것이다.

그동안 개신교 세대 교체의 의미는 과소평가되어왔다. 국가의 산업화와 함께 성장해온 한 세대가 가고 새로운 세대가 등장하는 일대 사건인데도 말이다. 이는 단순한 인력 교체를 넘어 개신교의 정치화를 이끌었던 카리스마, 성장제일주의, 일사분란함이 역사적 유물이 되어가고 있다는 말이기도 하다. 제18대 대선을 거치면서 갑작스레

닫힌 개신교의 '입'은 이 같은 상황이 반영된 결과였다.

희한한 것은 '개신교인 중용 현상'은 박근혜 정부 들어서 오히려 두드러졌다는 점이다. 초기 청와대 수석의 개신교인 비율은 66퍼센트(12명 중 8명)로, 과거 이명박 정부 때(50퍼센트, 8명 중 4명)보다 높아졌고, 지금까지 총리 지명자 4명(김용준, 정홍원, 안대희, 문창극) 중 안대희를 제외하면 모두 개신교인이다. 종교를 고려하지 않았음에도 개신교인이 간택되는 기이한 현상이 발생하기 시작한 것이다. 이는 우리 사회 국가 지도층에 개신교인이 얼마나 뿌리깊게 존재하는지를 보여주는 사례가 된다.

'개신교 세대 교체'가 개신교의 위기를 증폭시켰다면, '개신교 대세 현상'은 여전히 맹위를 떨치고 있는 '개신교의 위력'을 표현한다. 이렇게 '위기'와 '위력'이 공존하는 현 시기 개신교는 그야말로 소용돌이치는 변화의 물결의 중심에 서 있다고 볼 수 있다. 이는 국가권력과의 관계에서도 마찬가지의 변화를 요구받고 있다. 단순화시켜보면 과거 국가권력과 종교의 관계가 '부당한 국가권력'과 이에 맞서는 '착한 종교'라는 양자 구도였다면, 앞으로는 '민주화된 국가'와 '권력화된 종교', '전문화된 시민단체'라는 3자 구도가 될 것으로 보인다.

과거 개신교는 전국민적 지지와 공감을 얻었던 민주화 투쟁과 소외된 자들의 대변자 역할을 했다. 그러나 지금 개신교는 보수 세력의 어설픈 정치 실험으로 한국 사회에서 '권력화된 이익집단'으로 내몰리게 되었다. 안티기독교카페, 종교권력감시시민연대의 등장은 그만큼 개신교 자체가 권력화되었음을 반증하는 것이다. 이것은 비단 개신교만 해당되는 문제는 아니다. 개신교가 종교를 대표했을 뿐, 다른 종교들도 이 시기 변화를 겪기는 마찬가지다.

마지막으로 한 가지 분명히 해두고 싶은 부분이 있다. 그것은 지금까지 보아왔지만 국가권력과의 관계에서 종교가 절대 주변부가 아니라는 점이다. 이는 책을 집필하는 과정 내내 내 머릿속을 떠나지 않았던 중요한 테마이기도 했다. 개신교를 비롯한 종교가 갖는 위력은 권력과의 표면적인 관계만을 갖고는 설명이 되지 않는 부분이 있다.

생각해보라. 10여 만 명에 육박하는 종사자(목사)와 수백만 명의 추종자(신도)들이 적어도 매주 한 차례씩 일정한 장소(교회)에 모여 학습(설교)하고 교제하는 조직이 한국에 또 어디 있단 말인가? 그 학습 내용이 사람을 변화시키는 신념과 믿음에 관한 것이고, 그것도 수십 년을 꾸준히 해왔다면 말이다. 개신교 주류를 형성했던 보수 목사들이 쏟아낸 설교는 한국 사회를 아주 서서히 보수와 반공 사회로 물들이기에 충분했을 것이다. 개신교가 그러할진대 한국의 3대 종교에 속하는 천주교와 불교까지 합친다면 그 힘은 어떠하겠는가? 종교가 권력과 밀고 당기며 그려왔던 한국 현대사를 과소평가해서는 안 되는 이유다. 이 책을 계기로 '종교와 권력'에 대한 활발한 논의가 시작되었으면 한다.

주

제1장

1 강인철, 『한국 기독교회와 국가 · 시민사회 1945~1960』(한국기독교역사연구소, 2003), 87쪽.

2 강인철, 『한국 기독교회와 국가 · 시민사회 1945~1960』(한국기독교역사연구소, 2003), 87쪽.

3 김진호, 『시민 K, 교회를 나가다』(현암사, 2012), 156쪽.

4 『2008 한국의 종교 현황』(문화체육관광부, 2009).

5 강인철, 『한국 기독교회와 국가 · 시민사회 1945~1960』(한국기독교역사연구소, 2003), 231쪽.

6 최형묵 · 백찬홍 · 김진호, 『무례한 자들의 크리스마스』(평사리, 2007), 236쪽.

7 허명섭, 『해방 이후 한국 교회의 재형성 1945~1960』(서울신학대학교출판부, 2009), 27쪽.

8 최형묵 · 백찬홍 · 김진호, 『무례한 자들의 크리스마스』(평사리, 2007), 24쪽.

9 이상규, 「이상규의 새롭게 읽는 한국교회사 (73): 선교사들의 귀환」, 『국민일보』, 2012년 7월 29일.

10 허명섭, 『해방 이후 한국 교회의 재형성 1945~1960』(서울신학대학교출판부, 2009), 155쪽.

11 한국기독교역사학회, 『한국 기독교의 역사 Ⅲ』(한국기독교역사연구소, 2012), 33쪽.

12 「변모된 일본 신사 절간 터들」, 『기독공보』, 1956년 9월 24일; 한국기독교역사학회, 『한국 기독교의 역사 Ⅲ』(한국기독교역사연구소, 2012), 35쪽에서 재인용.

13 허명섭, 『해방 이후 한국 교회의 재형성 1945~1960』(서울신학대학교출판부, 2009), 129쪽.

14 허명섭, 『해방 이후 한국 교회의 재형성 1945~1960』(서울신학대학교출판부, 2009), 134~141쪽.

15 김삼웅, 『독부 이승만 평전』(책보세, 2012), 153쪽.

제2장

1 유영익, 『젊은날의 이승만: 한성감옥생활(1899~1904)과 옥중잡기연구』(연세대학교출판부, 2002), 60~61쪽.

2 맹청재, 「이승만의 종교 활동과 종교정책에 관한 연구」, 목원대학교 석사학위 논문, 2004년, 47쪽.

3 우남실록편찬회, 『우남실록: 1945~1948』(이승만박사기념사업회, 1976), 343쪽.

4 「[사설] 대통령 선거에 대하여」, 『기독공보』, 1952년 7월 4일.

5 강인철, 『한국 기독교회와 국가 · 시민사회 1945~1960』(한국기독교역사연구소, 2003), 167쪽.
6 『기독공보』, 1953년 3월 8일; 강인철, 『종속과 자율』(한신대학교출판부, 2013), 83쪽에서 재인용.
7 「역사적 신(新)국회 개막」, 『동아일보』, 1948년 6월 1일.
8 「하나님의 축복하에 역사적 국회 개회」, 『기독공보』, 1948년 6월 9일; 허명섭, 『해방 이후 한국 교회의 재형성 1945~1960』(서울신학대학교출판부, 2009), 71쪽에서 재인용.
9 「국권 회복의 역사적 성전」, 『동아일보』, 1948년 7월 25일.
10 「기도로 시작된 대통령 선거」, 『기독신보』, 1952년 8월 18일; 허명섭, 『해방 이후 한국 교회의 재형성 1945~ 1960』(서울신학대학교출판부, 2009), 71쪽에서 재인용.
11 허명섭, 『해방 이후 한국 교회의 재형성 1945~1960』(서울신학대학교출판부, 2009), 124쪽.
12 「방송문화와 대중」, 『동아일보』, 1957년 9월 27일.
13 「많이 만들어내자! 성탄 예물과 X마스 카드」, 『동아일보』, 1953년 11월 12일.
14 「국회 성탄절 축하 파티」, 『경향신문』, 1953년 12월 25일.
15 한국교회역사연구소, 『CBS 50년사』(CBS재단이사회, 2004), 28쪽.
16 윤종열, 「석간탄신일 공휴일 지정: 윤종열의 법조 이야기」, 『서울경제』, 2001년 3월 27일.
17 강천봉, 『대종교중광60년사』(동진문화사, 1971), 713~714쪽; 강인철, 『종속과 자율』(한신대학교출판부, 2013), 429쪽에서 재인용.
18 한배호 · 김규택, 「1952~1962 장차관, 고급 공무원, 대사, 장성, 의회 지도자 298명에 대한 조사」, 1963년; 강인철, 『한국 기독교회와 국가 · 시민사회 1945~1960』(한국기독교역사연구소, 2003), 177쪽에서 재인용.
19 강인철, 『한국 기독교회와 국가 · 시민사회 1945~1960』(한국기독교역사연구소, 2003), 177쪽.
20 허명섭, 『해방 이후 한국 교회의 재형성 1945~1960』(서울신학대학교출판부, 2009), 157쪽.
21 강인철, 『한국 기독교회와 국가 · 시민사회 1945~1960』(한국기독교역사연구소, 2003), 207쪽.
22 박명수, 「해방 후 한국 정치의 변화와 다종교 사회 속의 기독교」, 『한국교회사연구』, 제29집 (2011년 11월), 한국교회사연구소.
23 강인철, 『한국 기독교회와 국가 · 시민사회 1945~1960』(한국기독교역사연구소, 2003), 223쪽.
24 강인철, 『한국 기독교회와 국가 · 시민사회 1945~1960』(한국기독교역사연구소, 2003), 224쪽.
25 한상봉, 「격동의 한국 천주교 현대사 1: 남한 정부 수립 후 반공전선의 보루, 가톨릭 교회」, 『가톨릭뉴스 지금여기』, 2010년 4월 4일.
26 한상봉, 「격동의 한국 천주교 현대사 5: 자유당과 갈등하는 천주교회─1956년 정부통령 선거와 장면」, 『가톨릭뉴스 지금여기』, 2010년 5월 3일.
27 한상봉, 「격동의 한국 천주교 현대사 7: 4 · 9민주혁명과 교회」, 『가톨릭뉴스 지금여기』, 2010년 5월 16일.
28 김병문, 『그들이 한국의 대통령이다』(북코리아, 2012), 98쪽.
29 김원철, 「격동의 현대사─교회와 세상 1: 대한민국 승인을 도와주십시오」, 『평화신문』, 2008년 1월 20일.
30 한상봉, 「격동의 한국 천주교 현대사 2: 교우에게 투표하라─1950년 제2차 총선거와 가톨릭 교회」, 『가톨릭뉴스 지금여기』, 2010년 4월 11일.
31 한배호 · 김규택, 「1952~1962 장차관, 고급 공무원, 대사, 장성, 의회 지도자 298명에 대한 조사」, 1963년; 강인철, 『한국 기독교회와 국가 · 시민사회 1945~1960』(한국기독교역사연구소, 2003), 177쪽에서 재인용.
32 박부영, 「육비구 할복 사건 하(下)」, 『불교신문』, 2010년 2월 3일.

33 강인철, 『한국 기독교회와 국가 · 시민사회 1945~1960』(한국기독교역사연구소, 2003), 246쪽.
34 이이화, 『역사 속의 한국 불교』(역사비평사, 2002), 401쪽.

제3장

1 조우석, 『박정희 한국의 탄생』(살림, 2009), 179쪽.
2 김인만, 「대통령의 하느님은 우리나라 보우하는 하느님」, 『데일리안』, 2010년 12월 23일.
3 윤치영, 『윤치영 회고록: 윤치영의 20세기』(삼성출판사, 1991), 417쪽.
4 김지방, 『정치 교회』(교양인, 2007), 202~203쪽.
5 노병천, 『박정희 마지막 신앙고백』(대서, 2008), 122~128쪽.
6 노병천, 『박정희 마지막 신앙고백』(대서, 2008), 85쪽.
7 김장환, 『섬기며 사는 기쁨』(나침반, 2012), 49~50쪽.
8 한배호 · 김규택, 「1952~1962 장차관, 고급 공무원, 대사, 장성, 의회 지도자 298명에 대한 조사」, 1963년; 강인철, 『한국 기독교회와 국가 · 시민사회 1945~1960』(한국기독교역사연구소, 2003), 177쪽에서 재인용.
9 강인철, 『한국 기독교회와 국가 · 시민사회 1945~1960』(한국기독교역사연구소, 2003), 179쪽.
10 강인철, 『저항과 투쟁』(한신대학교출판사, 2013), 60쪽.
11 강원룡, 『빈들에서 2』(열린문화, 1993), 143쪽.
12 강위조, 서정민 옮김, 『한국 기독교사와 정치』(한국기독교역사연구소, 2005), 153쪽.
13 「국가안보 당면과제, 기독교지도자협 세계교회에 메시지」, 『경향신문』, 1975년 7월 26일.
14 강위조, 서정민 옮김, 『한국 기독교사와 정치』(한국기독교역사연구소, 2005), 151쪽.
15 박명수, 「해방 후 한국 정치의 변화와 다종교 사회 속의 기독교」, 『한국교회사연구』, 제29집(2011년 11월), 한국교회사연구소.
16 류대영 · 연규홍, 「베트남 전쟁에 대한 한국 개신교의 태도」, 『한국기독교와 역사』, 제21호(2004년 9월), 한국기독교역사연구소.
17 김도균, 「박근혜, 목사 총검술 '구국십자단' 지원」, 『오마이뉴스』, 2012년 10월 22일.
18 김도균, 「박근혜, 목사 총검술 '구국십자단' 지원」, 『오마이뉴스』, 2012년 10월 22일.
19 박명수, 「해방 후 한국 정치의 변화와 다종교 사회 속의 기독교」, 『한국교회사연구』, 제29집(2011년 11월), 한국교회사연구소.
20 이근미, 『김장환 목사 이야기 해(下): 그를 만나면 마음의 평안이 온다』(조선일보사, 2000), 165쪽.
21 장규식, 「군사정권기 한국 교회와 국가권력」, 『한국기독교와 역사』, 제24호(2006년 3월), 한국기독교역사연구소.
22 김동수, 「군종신부 사상검증을 계기로 본 군종역사」, 『오마이뉴스』, 2013년 3월 14일.
23 장규식, 「군사정권기 한국 교회와 국가권력」, 『한국기독교와 역사』, 제24호(2006년 3월), 한국기독교역사연구소.
24 김지방, 『정치 교회』(교양인, 2007), 61~62쪽.
25 「세계최대 여의도순복음교회 조용기 목사의 오늘과 내일」, 『월간조선』, 2000년 8월호.
26 김진호, 『시민 K, 교회를 나가다』(현암사, 2012), 83쪽.
27 김진호, 『시민 K, 교회를 나가다』(현암사, 2012), 75쪽.
28 조범식, 「박정희 시대의 한국 개신교에 대한 재평가」, 『성결교회와 신학』, 제25권(2011년), 한국기독교역사연구소.

29 채병건, 「"속도 · 인맥 중시하는 한국인 DNA와 맞아 떨어져"」, 『중앙SUNDAY』, 2011년 7월 31일.

30 채병건, 「대한민국 역동성의 근원? 새벽 호텔 조찬 모임에 답 있다」, 『중앙SUNDAY』, 2011년 7월 31일.

31 조병호, 『한국기독청년 학생운동 100년사 산책』(땅에쓰신글씨, 2005), 142쪽.

32 서중석, 「역사학자가 본 천주교정의구현사제단」, 『천주교정의구현사제단 30주년 기념 심포지엄 자료집』, 2004년 10월.

33 「교황청서 표명 지학순 주교 군재 공정히」, 『경향신문』, 1974년 8월 7일.

34 오세택, 「격동의 현대사—교회와 세상 12: 지학순 주교의 투옥과 민주화의 기나긴 여정」, 『평화신문』, 2009년 3월 8일.

35 「비대주교가 전문 박 대통령 · 포드에 지 주교 석방을 호소」, 『동아일보』, 1974년 11월 23일.

36 「군사혁명과 반공정책: 반공은 국토 통일보다 중요하다」, 『가톨릭시보』, 1961년 5월 28일.

37 한상봉, 「격동의 한국 천주교 현대사 8: 1960년대, 교회 역시 "반공은 국토통일보다 중요하다"」, 『가톨릭뉴스 지금여기』, 2010년 5월 23일

38 한상봉, 「격동의 한국 현대 교회사 13: 1960년대 한국 교회, 처음 노동문제 관심—강화 심도직물 사건」, 『가톨릭뉴스 지금여기』, 2010년 7월 11일.

39 서중석, 「역사학자가 본 천주교정의구현사제단」, 『천주교정의구현사제단 30주년 기념 심포지엄 자료집』, 2004년 10월.

40 강위조, 서정민 옮김, 『한국 기독교사와 정치』(한국기독교역사연구소, 2005), 162쪽.

41 오세택, 「격동의 현대사—교회와 세상 12: 지학순 주교 투옥과 민주화의 기나긴 여정」, 『평화신문』, 2009년 3월 8일.

제4장

1 김남인, 「'대한민국 1호 앵커맨' 시대를 곱씹다」, 『조선일보』, 2010년 11월 27일.

2 권복기, 「12 · 12 뒤 전두환 면전서 "서부활극 같다" 일침」, 『한겨레』, 2009년 2월 17일.

3 송월주, 「나의 삶 나의 길: 송월주 회고록 ⑦ 전두환 前 대통령…"인과의 수레바퀴 기억해야"」, 『동아일보』 2011년 11s일.

4 유성문, 「한용운과 전두환이 머물다 간 그 곳」, 『스포츠경향』, 2009년 2월 18일.

5 송월주, 「나의 삶 나의 길: 송월주 회고록 ⑦ 전두환 前 대통령…"인과의 수레바퀴 기억해야"」, 『동아일보』 2011년 11월 10일.

6 송기춘, 「'국가조찬기도회'의 헌법적 문제」, 『헌법학연구』, 제18권 제1호(2012년 3월), 한국헌법 학회, 69쪽.

7 송월주, 「나의 삶 나의 길: 송월주 회고록 ② 80년 광주와 함께한 불교」, 『동아일보』, 2011년 11월 3일.

8 송월주, 「나의 삶 나의 길: 송월주 회고록 ② 80년 광주와 함께한 불교」, 『동아일보』, 2011년 11월 3일.

9 송월주, 「나의 삶 나의 길: 송월주 회고록 ① 조계종의 봄, 그리고 서빙고」, 『동아일보』, 2011년 11월 2일.

10 송월주, 「나의 삶 나의 길: 송월주 회고록 ③ 끝나지 않은 법난(法難)」, 『동아일보』, 2011년 11월 4일.

11 송월주, 「나의 삶 나의 길: 송월주 회고록 ⑦ 전두환 前 대통령…"인과의 수레바퀴 기억해야"」,

『동아일보』, 2011년 11월 10일.

12 송월주, 「나의 삶 나의 길: 송월주 회고록 ② 80년 광주와 함께한 불교」, 『동아일보』, 2011년 11월 3일.

13 김영봉, 「우리가 싸워야 할 이상한 싸움」, 네이버 블로그(http://blog.naver.com/60011238426).

14 이현주, 「대폭발, 특공대, 전초기지 등 교회 내 군사 용어 심각」, 『아이굿뉴스』, 2007년 11월 5일.

15 경수현, 「황석영, "나이 들면 욕먹을 각오 해야"」, 『연합뉴스』, 2010년 5월 6일.

16 강인철, 『저항과 투항』(한신대학교출판부, 2013), 244쪽 · 246쪽.

17 김원철, 「격동의 현대사–교회와 세상 16: 나라와 교회를 발칵 되집어놓은 불길」, 『평화신문』, 2009년 8월 23일.

18 한상봉, 「격동의 한국 천주교 현대사 마지막회: 최기식 신부 구속 사건」, 『가톨릭뉴스 지금여기』, 2010년 12월 8일.

19 박수만, 「문부식 · 김현장 사형선고」, 『경향신문』, 1982년 8월 11일.

20 박형규, 신홍범 정리, 『나의 믿음은 길 위에 있다』(창비, 2010), 373쪽.

제5장

1 김병문, 『그들이 한국의 대통령이다』(북코리아, 2012), 287쪽.

2 송월주, 「나의 삶 나의 길: 송월주 회고록 ⑧ 노태우 전 대통령…"인과의 짐을 내려놓아야"」, 『동아일보』, 2011년 11월 11일.

3 김병문, 『그들이 한국의 대통령이다』(북코리아, 2012), 277쪽.

4 김진영, 「노태우 전 대통령, 조용기 · 하용조 목사 등 통해 예수 영접」, 『크리스천투데이』, 2012년 7월 12일.

5 노석조, 「노태우 전 대통령 맏딸 노소영씨 신앙 인터뷰: "남편 수감 · 아픈 아들 시련 속에 만난 하나님"」, 『국민일보』, 2012년 7월 12일.

6 이근미, 『김장환 목사 이야기 하(下): 그를 만나면 마음의 평안이 온다』(조선일보사, 2000), 196쪽.

7 송월주, 「나의 삶 나의 길: 송월주 회고록 ⑧ 노태우 전 대통령…"인과의 짐을 내려놓아야"」, 『동아일보』, 2011년 11월 11일.

8 「한국 불교종단협 노 후보 지지 표명」, 『동아일보』, 1987년 11월 28일.

9 김충식, 「쉰목소리 강행군…차분한 호응」, 『동아일보』, 1987년 11월 28일.

10 김충일, 「불붙은 선거전 4당4약 (2): 공 · 사 조직 확충」, 『경향신문』, 1987년 11월 5일.

11 「대구경북 목사 417명 김영삼씨 후보 지지 성명」, 『동아일보』, 1987년 10월 21일.

12 이동주, 「불붙는 선거전 4당4약 (1): 기본 득표 구도」, 『경향신문』, 1987년 11월 4일.

13 정요섭, 「"세 과시, 민심 훑기" 불붙은 주말 유세전」, 『경향신문』, 1987년 10월 24일.

14 배주선, 「상가 · 지역 순방 부동표 막바지 공략」, 『경향신문』, 1987년 12월 9일.

15 남병곤, 「10원 동전에 불상 조각 말라」, 『국민일보』, 1995년 11월 4일; 전남식, 「'10원짜리 동전 불상 도안'은 위헌」, 『경향신문』, 1995 11월 4일.

16 박주호, 「여의도 정가 산책: 정치인과 악소문」, 『국민일보』, 2002년 2월 2일.

17 신현태, 「"10원짜리 동전 다보탑 도안 물체 불상 아닌 돌사자상"」, 『연합뉴스』, 1995년 11월 3일.

18 박명수, 「해방 후 한국 정치의 변화와 다종교 사회 속의 기독교」, 『한국교회사연구』, 제29집(2011년 11월), 한국교회사연구소.

19 「NCC, '통일 선언' 싸고 공방 가열」, 『동아일보』, 1988년 4월 22일.

20 백중현, 『북한에도 교회가 있나요?』(국민일보, 1998), 224쪽.

21 최창민, 「한국 교회 통일 운동 "막히면 돌아가도 멈추지는 않았다"」, 『아이굿뉴스』, 2012년 7월 19일.

22 한국기독교역사학회, 『한국 기독교의 역사 Ⅲ』(한국기독교역사연구소, 2009), 174쪽.

23 이범진, 「"한기총 없어진다고 변하는 건 없어"」, 『뉴스파워』, 2010년 4월 15일.

24 「노 정권 퇴진운동 결의 기독교 인사 80여 명」, 『동아일보』, 1989년 3월 18일.

25 이준희, 「"사상 왜곡 바로 잡아라": 5공화국 녹화사업 '종교문제실무대책반' 운용」, 『시민의신문』, 2005년 5월 12일.

26 이승균, 「"진보종교인 탄압? 자유민주주의 수호였을 뿐": [인터뷰] 박철언씨, 5공 종교대책반은 주류 온건·보수 종교인 보호가 목적」, 『뉴스앤조이』, 2005년 5월 28일.

27 김지방, 『정치 교회』(교양인, 2007), 159쪽.

28 이승균, 「5공, 진보종교계 와해 공작 실체 드러나: 박철언 당시 정무비서관 지휘…한기총 탄생에 의혹도 제기」, 『뉴스앤조이』, 2005년 5월 28일.

제6장

1 고병택, 「YS 부친 '김홍조옹' 97세 나이로 별세」, 『뉴스제주』, 2008년 9월 30일.

2 허영섭, 「대선 후보 연구 (15)—종교: 조부 때부터 크리스천 가정, 김영삼」, 『경향신문』, 1992년 8월 18일.

3 김충근, 「대권을 향한 사람들 5, 김영삼: '원칙'엔 양보없는 의회주의자」, 『동아일보』, 1987년 9월 25일.

4 강준만, 『한국 현대사 산책: 1990년대편 1권』(인물과사상사, 2006), 273~274쪽.

5 「"청와대에 찬송가 울리게 하자" '김영삼 지지 기도회' 잇따라」, 『한겨레신문』, 1992년 12월 2일

6 허영섭, 「대선 후보 연구 (15)—종교: 조부 때부터 크리스천 가정 김영삼」, 『경향신문』, 1992년 8월 18일.

7 최성민, 「조용기 목사, 기독교 입국론 파문」, 『한겨레신문』, 1992년 3월 1일.

8 한국종교사회연구소, 『한국종교연감』(한국종교사회연구소, 1993).

9 백상현, 「인터뷰: 김선도 광림교회 원로목사」, 『국민일보』, 2011년 10월 4일.

10 송월주, 「나의 삶 나의 길: 송월주 회고록 ⑨ 김영삼 前 대통령—대도무문(大道無門)」, 『동아일보』, 2011년 11월 14일.

11 법정, 「연못에 연꽃이 없더라」, 『동아일보』, 1993년 7월 25일.

12 이현주, 「스님은 갔지만, 스님을 보내지 아니하였습니다」, 『뉴시스』, 2010년 3월 20일.

13 「사설」 '눈물의 황산성' '의혹의 엄삼탁'」, 『한겨레신문』, 1993년 5월 14일.

14 조운찬, 「'공무원 시험 평일 실시' 종교계 논란」, 『경향신문』, 1997년 1월 25일.

15 정인식, 「군부대 불상 훼손 사건 파문: 불교계 피해의식에 기름붓기」, 『한겨레신문』, 1993년 4월 4일; 「"17사단 불상훼손 유감…구속 등 조처" 권 국방장관」, 『한겨레신문』, 1993년 4월 13일.

16 서화동, 「"김 대통령 군교회 예배 중 타종교 활동 제한": 불교계 "신앙자유 침해" 반발 확산」, 『경향신문』, 1996년 1월 29일.

17 임형두, 「육군 특수전학교서 특정종교 전도 물의」, 『연합뉴스』, 1997년 6월 17일.

18 장정수, 「청와대 '불상 소동'에 곤혹 뜬소문 진정 기대」, 『한겨레신문』, 1994년 10월 28일; 김학순, 「청와대 '불상 루머'에 골머리」, 『경향신문』, 1994년 10월 28일.

19 김동철, 「부처님 청와대 입성불교도 모임 '청불회' 결성」, 『동아일보』, 1996년 8월 30일.

20 이동관, 「10시 55분 청와대 경내 시설에 벼락: 소방차 출동 등 한때 소동」, 『동아일보』, 1997년 5월 31일.

21 김민재, 「모습 드러낸 철도노조 지도부…긴장 가득한 조계사」, 『노컷뉴스』, 2013년 12월 25일.

22 김택근, 「우리의 언덕, 명동성당: 사랑으로 세상을 씻는 '민주화의 성지'」, 『경향신문』, 1996년 7월 9일; 김태호, 「명동성당·조계사, 수배자들의 '소도'?」, 『한국경제』, 2013년 12월 25일.

23 정녹용, 「"무단 장기집회 불허"」, 『한국일보』, 2000년 12월 24일.

제7장

1 송영승, 「대선 후보 연구 (15)—종교: 고난의 정치 역정 속 가톨릭, 김대중」, 『경향신문』, 1992년 8월 18일.

2 민경중, 「김대중 전 대통령 CBS TV 개국 5주년 기념 특별대담」, 『노컷뉴스』, 2007년 4월 1일.

3 민경중, 「김대중 전 대통령 CBS TV 개국 5주년 기념 특별대담」, 『노컷뉴스』, 2007년 4월 1일.

4 「단일화보다 공명 선거 중요」, 『동아일보』, 1987년 11월 25일.

5 조성식, 「세습·횡령·불륜 논란, 금란교회 김홍도 목사 인터뷰」, 『신동아』, 2007년 7월호.

6 박명수, 「해방 후 한국 정치의 변화와 다종교 사회 속의 기독교」, 『한국교회사연구』, 제29집 (2011년 11월), 한국교회사연구소.

7 조갑제, 「조용기 목사—김정일의 연극에 속지 말자」, 『조갑제닷컴』, 2000년 6월 1일(http://www.chogabje.com /board/view.asp?C_IDX=77&C_CC=AZ).

8 조성식, 「세습·횡령·불륜 논란, 금란교회 김홍도 목사 인터뷰」, 『신동아』, 2007년 7월호.

9 김진호, 『시민 K, 교회를 나가다』(현암사, 2012), 242쪽.

10 이범진, 「"한기총 없어진다고 변하는 건 없어"」, 『뉴스파워』, 2010년 4월 15일.

11 김지방, 『정치 교회』(교양인, 2007), 161쪽.

12 오명철, 「전-현직 대통령과 불교 어떤 인연 있었나」, 『동아일보』, 2011년 3월 31일.

13 신혁진, 「고 김대중 전 대통령과 불교계」, 『불교포커스』, 2009년 8월 18일.

제8장

1 박찬수, 「박찬수의 청와대 vs 백악관: 대통령이기 이전에 기독교인」, 『한겨레21』, 2009년 2월 13일.

2 조성식, 「노무현의 정신적 스승 송기인 신부」, 『신동아』, 2007년 7월호.

3 오명철, 「전-현직 대통령과 불교 어떤 인연 있었나」, 『동아일보』, 2011년 3월 31일.

4 송월주, 「나의 삶 나의 길: 송월주 회고록 ⑪ 노무현 전 대통령…생야일편부운기(生也一片浮雲起)」, 『동아일보』, 2011년 11월 16일.

5 최형묵·백찬홍·김진호, 『무례한 자들의 크리스마스』(평사리, 2007), 181쪽.

6 강홍준·고정애, 「"사학법 반대", 수위 높이는 종교계」, 『중앙일보』, 2005년 12월 15일.

7 유영대·강주화, 「사학법 재개정 총력전 나섰다, 24개 교단장협 연합기도회…국회 방문 처리 촉구」, 『국민일보』, 2007년 2월 22일.

8 김지방, 『정치 교회』(교양인, 2007), 179쪽.

9 김지방, 『정치 교회』(교양인, 2007), 125쪽.

10 이원진·강기헌, 「학교도 학생도 '선택권 없는' 평준화…종교교육 논란 불러」, 『중앙일보』, 2010년 4월 23일.

11 「주여, 이 나라와 민족을 지켜주소서」, 『국민일보』, 2003년 1월 20일.

12 조성식, 「세습·횡령·불륜 논란, 금란교회 김홍도 목사 인터뷰」, 『신동아』, 2007년 7월호.

13 안연용, 「미 대통령, 한기총 회장에 친서 전달」, 『설교신문』, 2003년 8월 12일.

14 김순배, 「보수극우단체, 국보법 사수 대규모 군중집회」, 『한겨레』, 2004년 10월 4일.

15 백찬홍, 「노무현 전 대통령의 최대 정적은 한국 교회였다」, 『오마이뉴스』, 2009년 6월 8일.

16 조연현, 「도올 김용옥 교수, "기독교인 정치서 손떼라"」, 『한겨레』, 2007년 2월 16일.

17 김지방, 『정치 교회』(교양인, 2007), 70쪽.

18 김진호, 『시민 K, 교회를 나가다』(현암사, 2012), 38~39쪽.

19 한국기독교역사학회, 『한국 기독교의 역사 III』(한국기독교역사연구소, 2012), 69쪽.

20 김지방, 『정치 교회』(교양인, 2007), 114쪽에서 재인용.

21 김지방, 『정치 교회』(교양인, 2007), 127쪽에서 재인용.

22 김지방, 『정치 교회』(교양인, 2007), 116쪽에서 재인용.

23 조성식, 「세습·횡령·불륜 논란, 금란교회 김홍도 목사 인터뷰」, 『신동아』, 2007년 7월호.

24 김지방, 『정치 교회』(교양인, 2007), 126쪽.

25 김지방, 『정치 교회』(교양인, 2007), 63쪽.

26 허명섭, 「해방 이후 한국 교회의 재형성 1945~1960」(서울신학대학교출판부, 2009), 80~81쪽.

27 백중현, 『북한에도 교회가 있나요?』(국민일보, 1998), 217쪽.

제9장

1 윤중식, 「이명박 당선자 신앙 스토리 ① 대통령 만든 어머니 기도」, 『국민일보』, 2007년 12월 19일.

2 최효찬, 「어머니의 기도는 자녀교육의 묘약」, 『뉴스메이커』, 2007년 9월 11일.

3 김성원, 「나의 나 된 것은 어머니의 기도 때문」, 『뉴스파워』, 2004년 6월 27일.

4 김지방, 『정치 교회』(교양인, 2007), 243쪽.

5 정천기, 「인터뷰: 한기총 새 대표회장 이용규 목사」, 『연합뉴스』, 2006년 12월 28일.

6 조성식, 「세습·횡령·불륜 논란, 금란교회 김홍도 목사 인터뷰」, 『신동아』, 2007년 7월호.

7 구영식, 「"이명박 장로가 대통령 되도록 목숨 건 금식기도 선포합니다"」, 『오마이뉴스』, 2007년 7월 12일.

8 송영락, 「'뉴라이트 기독교연합' 창립됐다」, 『아이굿뉴스』, 2007년 8월 10일.

9 김지방, 『정치 교회』(교양인, 2007), 131쪽에서 재인용.

10 김지방, 『정치 교회』(교양인, 2007), 198쪽.

11 이승우, 「李 '3대 종교' 지도자에 당선 인사」, 『연합뉴스』, 2007년 8월 21일.

12 이승규, 「전광훈 목사, "이명박 안 찍으면 생명책에서 지운다"」, 『뉴스앤조이』, 2007년 10월 5일.

13 이승규, 「목회자 64%, 차기 대서에서 이명박 지지」. 『뉴스앤조이』, 2007년 1월 4일.

14 김철영, 「예장통합 장로 77.8퍼센트, 이명박 장로 지지」, 『장로신문』, 2007년 7월 28일.

15 조혜진, 「한국 목회자, 이명박 지지도 높아」, 『뉴스앤조이』, 2008년 2월 28일.

16 김철영, 「광주 전남 교계, 이명박 장로 지지 분위기 높다」, 『뉴스파워』, 2007년 4월 30일.

17 서상현, 「안상수 원내대표 '봉은사 주지 교체' 압력설 논란」, 『매일신문』, 2010년 3월 22일.

18 정의종, 「"템플스테이 예산 누락…불교계 용서 기다릴 것"」, 『경인일보』, 2010년 12월 29일.

19 박명수, 「이명박 정부 시대의 정치와 종교: 불교와 기독교를 중심으로」, "영익기념강좌", 2012년 3월 28일; 이대웅, 「이명박 정부의 정치와 종교 ③: 법과 제도, 예산으로 불교 전폭 지원중인 이

명박 정부」, 『크리스천투데이』, 2012년 5월 19일에서 재인용.

20 신태진, 「"종교평화법 제정되면 선교 활동까지 법적 제재 받아"」, 『크리스천투데이』, 2012년 12월 7일.

21 백상현, 「불교-기독교 2013 예산 737억 VS 23억」, 『국민일보』, 2013년 1월 14일.

22 황희경, 「조용기 목사 "수쿠크법 추진하면 대통령 하야운동"」, 『연합뉴스』, 2011년 2월 25일.

23 이대웅, 「이회창 대표 "조용기 목사, 대한민국 좌지우지하나"」, 『크리스천투데이』, 2011년 2월 28일.

24 정강현, 「"이명박이란 대통령감 있어 2년 전 뉴라이트운동 시작"」, 『중앙일보』, 2007년 12월 25일.

25 이태희, 「"대통령은 기독교를 역차별해야"」, 『한겨레21』, 2008년 9월 4일.

26 정천기, 「대형교회-작은교회 '상생의 길' 없나?」, 『연합뉴스』, 2008년 3월 27일.

27 공종은, 「'2020, 어린이 없는 교회' 현실로 다가오나」, 『아이굿뉴스』, 2011년 4월 26일.

제10장

1 천영식, 『고독의 리더십: 인간 박근혜의 60년』(학고재, 2013), 42~43쪽.

2 「박근혜양 AFKN-TV 회견」, 『경향신문』, 1977년 5월 30일.

3 최경호, 「박 대통령 '불교계 달래기' 왜?」, 『주간한국』, 2013년 4월 18일.

4 박근혜, 『절망은 나를 단련시키고 희망은 나를 움직인다』(위즈덤하우스, 2007), 141~142쪽.

5 정원식, 『변혁의 시대에서: 정원식 회고록』(기파랑, 2010), 304~307쪽.

6 김준섭, 「"나라 위해 고난의 길 선택한 이회영 선생"」, 『기독교타임즈』, 2010년 9월 30일.

7 이승욱, 「'사랑의 교회' '미경연', 꼭꼭 숨었던 박근혜 정부 인맥」, 『시사저널』, 2013년 3월 21일.

8 장용진, 「사랑의교회 특혜 의혹, 서울시 감사 받는다」, 『불교방송』, 2012년 4월 19일.

9 송지희, 「'골수기독인' 법무부 장관 내정자, 종교 편향 우려」, 『법보신문』, 2013년 2월 13일.

10 서현욱, 「청와대·내각에 장로·집사가 7명…」, 『불교닷컴』, 2013년 2월 20일.

11 최경호, 「박 대통령 '불교계 달래기' 왜?」, 『주간한국』, 2013년 4월 18일.

12 김영배, 「종교인은 과세의 십자가를 질 것인가」, 『한겨레21』, 2007년 7월 18일.

13 박수윤, 「종교인 '탈세 성역' 또다시 유지…과세 원칙은 확정」, 『연합뉴스』, 2013년 1월 17일.

14 이주연, 「"종북 게이" 논란에 파묻힌 차별금지법 결국…」, 『오마이뉴스』, 2013년 4월 18일.

15 백철, 「'인권의 마지노선' 차별금지법은 먼 나라 이야기」, 『경향신문』, 2013년 4월 27일.

16 이용필, 「보수 개신교 공세에 차별금지법안 철회」, 『뉴스앤조이』, 2013년 4월 20일.

17 이주연, 「"종북 게이" 논란에 파묻힌 차별금지법 결국…」, 『오마이뉴스』, 2013년 4월 18일.

18 이용필, 「보수 개신교 공세에 차별금지법안 철회」, 『뉴스앤조이』, 2013년 4월 20일.

19 장용석, 「유민봉 청 수석 신임회장에 취임한 청불회는?」, 『뉴스1』, 2013년 5월 3일.

20 김당, 「청와대, 내부 종교 모임도 견제와 균형?」, 『오마이뉴스』, 2005년 5월 29일.

21 강인철, 「대한민국 초대 정부의 기독교적 성격」, 『한국기독교와 역사』, 제30호(2009년 3월), 한국기독교역사연구소.

22 김선영, 「여군 1만 시대 눈앞…육해공 금녀의 벽은 없다」, 『세계일보』, 2013년 9월 6일.

23 윤혜진, 「교회 건축 세미나, 누구를 위한 것인가?」, 『시사코리아』, 2013년 11월 1일.

24 김은석, 「신앙, 은행에 담보 잡히다」, 『뉴스앤조이』, 2012년 3월 2일.

25 이후연, 「교회도 '불황의 늪'…분당 총성교회 523억에 경매」, 『문화일보』, 2013년 7월 22일.

26 김석종, 「한기총 회장 출신 목사들, 줄줄이 교회 세습」, 『경향신문』, 2013년 1월 21일.

참고문헌

강원룡, 『빈들에서 2』, 열린문화, 1993.

강위조, 서정민 옮김, 『한국 기독교사와 정치』, 한국기독교역사연구소, 2005.

강인철, 『민주화와 종교』, 한신대학교출판부, 2012.

━━━, 『저항과 투항』, 한신대학교출판부, 2013.

━━━, 『종교 정치의 새로운 쟁점들』, 한신대학교출판부, 2012.

━━━, 『종속과 자율』, 한신대학교출판부, 2013.

━━━, 『한국 기독교회와 국가 · 시민사회 1945~1960』, 한국기독교역사연구소, 2003.

━━━, 『한국의 종교, 정치, 국가: 1945~2012』, 한신대학교출판부, 2013.

강준만, 『한국 현대사 산책: 1940년대~2000년대편』(전23권), 인물과사상사, 2002~2011.

강준식, 『대통령 이야기』, 예스위캔, 2011.

강천봉, 『대종교중광60년사』, 동진문화사, 1971.

김대중, 『옥중서신』(전2권), 시대의창, 2009.

김병문, 『그들이 한국의 대통령이다』, 북코리아, 2012.

김삼웅, 『독부 이승만 평전』, 책보세, 2012.

김상구, 『믿음이 왜 돈이 되는가?』, 해피스토리, 2011.

김장환, 『섬기며 사는 기쁨』, 나침반, 2012.

김지방, 『정치 교회』, 교양인, 2007.

김진호, 『시민 K, 교회를 나가다』, 현암사, 2012.

노무현재단, 유시민 정리, 『운명이다: 노무현 자서전』, 돌베개, 2010.

노병천, 『박정희 마지막 신앙고백』, 대서, 2008.

노치준, 『한국 개신교 사회학』, 한울, 1998.

대한불교조계종 교육원 불학연구소 · 대한불교조계종 종교평화위원회, 『불교와 국가권력 갈등과 상생』, 조계종출판사, 2010.

류대영, 『한국 근현대사와 기독교』, 푸른역사, 2009.

문규현, 『민족과 함께 쓰는 한국 천주교회사』(전3권), 빛두레, 1994~1997.
박근혜, 『절망은 나를 단련시키고 희망은 나를 움직인다』, 위즈덤하우스, 2007.
박문규, 『뜻으로 본 한국 정치』, 민들레피는날, 2011.
박형규, 신홍범 정리, 『나의 믿음은 길 위에 있다』, 창비, 2010.
백중현, 『북한에도 교회가 있나요?』, 국민일보, 1998.
봉두완, 『너 어디 있느냐』, 중앙북스 2010.
사와 마사히코, 김숙자 옮김, 『남북한 기독교사론』, 민중사, 1997.
서중석, 『사진과 그림으로 보는 한국 현대사』, 웅진지식하우스, 2013.
손봉호 · 조성표, 『한국 사회의 발전과 기독교』, 예영커뮤티케이션, 2012.
송국건, 『도대체 청와대에선 무슨 일이』, 네모북스, 2007.
우남실록편찬회, 『우남실록: 1945~1948』, 이승만박사기념사업회, 1976.
유영익, 『젊은날의 이승만: 한성감옥생활(1899~1904)과 옥중잡기연구』, 연세대학교출판부, 2002.
윤치영, 『윤치영 회고록: 윤치영의 20세기』, 삼성출판사, 1991.
이근미, 『김장환 목사 이야기: 그를 만나면 마음의 평안이 온다』(전2권), 조선일보사, 2000.
이동형, 『김대중 vs 김영삼』, 왕의서재, 2011.
이성덕, 『이야기 교회사』, 살림, 2009.
이원규, 『한국 교회의 위기와 희망』, KMC, 2010.
이이화, 『역사 속의 한국 불교』, 역사비평사, 2002.
정원식, 『변혁의 시대에서: 정원식 회고록』, 기파랑, 2010.
조병호, 『한국기독청년 학생운동 100년사 산책』, 땅에쓰신글씨, 2005.
조우석, 『박정희 한국의 탄생』, 살림, 2009.
천영식, 『고독의 리더십: 인간 박근혜의 60년』, 학고재, 2013.
최윤식, 『2020 2040 한국교회 미래지도』, 생명의말씀사, 2013.
최형묵 · 백찬홍 · 김진호, 『무례한 자들의 크리스마스』, 평사리, 2007.
한국기독교역사학회, 『한국 기독교의 역사 Ⅲ』, 한국기독교역사연구소, 2012.
허명섭, 『해방 이후 한국 교회의 재형성 1945~1960』, 서울신학대학교출판부, 2009.
황교안, 『교회가 알아야 할 법 이야기』, 요단, 2012.

대통령과 종교

ⓒ 백중현, 2014

초판 1쇄 2014년 10월 31일 찍음
초판 1쇄 2014년 11월 5일 펴냄

지은이 | 백중현
펴낸이 | 강준우
기획 · 편집 | 박상문, 안재영, 박지석, 김환표
디자인 | 이은혜, 최진영
마케팅 | 이태준, 박상철
인쇄 · 제본 | 대정인쇄공사

펴낸곳 | 인물과사상사
출판등록 | 제17-204호 1998년 3월 11일

주소 | (121-839) 서울시 마포구 서교동 392-4 삼양E&R빌딩 2층
전화 | 02-325-6364
팩스 | 02-474-1413
www.inmul.co.kr | insa@inmul.co.kr

ISBN 978-89-5906-268-3 03300
값 15,000원

이 도서의 국립중앙도서관 출판시도서목록(CIP)은 서지정보유통지원시스템 홈페이지(http://seoji.nl.go.kr)와
국가자료공동목록시스템(http://www.nl.go.kr/kolisnet)에서 이용하실 수 있습니다.